«Weltengänger» in krisenhaften Zeiten

Veröffentlichungen des Archivs für Zeitgeschichte
des Instituts für Geschichte der ETH Zürich, Band 12

DANIEL NERLICH | MATTHIAS WIESMANN (HG.)

«Weltengänger» in krisenhaften Zeiten

Der Winterthurer Industrielle und Diplomat Hans Sulzer (1876–1959)

CHRONOS

Die Herausgeber und das Archiv für Zeitgeschichte bedanken sich
für die grosszügige Unterstützung dieser Publikation bei:

Stiftung Familie Fehlmann, Winterthur
Dr. Werner Greminger Stiftung
Archivierungs- und Forschungsfonds Erben Karl Heinrich Gyr
Schweizerische Nationalbank
Georg und Bertha Schwyzer-Winiker-Stiftung
Alfred R. Sulzer
Sulzer AG
Stadt Winterthur
Stiftung Zeitzeichen Winterthur

Informationen zum Verlagsprogramm:
www.chronos-verlag.ch

Umschlaggestaltung: Thea Sautter, Zürich
Umschlagbild: Hans und Lili Sulzer mit ihren Söhnen John (l.) und Alfred
in New York, 1944. Archiv für Zeitgeschichte, NL Hans Sulzer, 55.1.2.

ISBN 978-3-0340-1730-5

Inhalt

Biografie auf neuer Quellenbasis 7
DANIEL NERLICH | MATTHIAS WIESMANN

Verankerung im Winterthurer Milieu 11
MIGUEL GARCIA

An der Spitze des Sulzer-Konzerns 47
FLORIAN ADANK

Wirtschaftsmacht im «Zeitalter der Katastrophen» 81
PIERRE EICHENBERGER

Diplomat und Unternehmer in zwei Weltkriegen 113
FLORIAN WEBER

Lili Sulzer-Weber – Partnerin auf Augenhöhe 153
EVA SCHUMACHER

Zentrale Figur der neoliberalen Bewegung 185
ANDREA FRANC

Hans Sulzer und die «zweite Gründung» der Schweiz 213
TOBIAS STRAUMANN

Chronologie 221
Wichtige Personen 227
Bildnachweis 233

Herausgeber, Autorinnen und Autoren 235

Wenn man da überall den Kontakt aufrechterhalten will, muss man eben dabei sein oder dann abtakeln

Hans Sulzer an Alfred Sulzer, 4. 4. 1943

Biografie auf neuer Quellenbasis

DANIEL NERLICH | MATTHIAS WIESMANN

«Ich werde darüber nie hinwegkommen.»[1] So kommentierte der Winterthurer Industrielle Hans Sulzer gegenüber einem seiner Söhne die Tatsache, dass die eigene Firma von den Alliierten im Herbst 1943 auf die sogenannte schwarze Liste gesetzt worden war. Ausgerechnet die Gebrüder Sulzer AG wurde nun offiziell geächtet, obwohl sie keine Rüstungsgüter und im Vergleich zu anderen Firmen nur wenig kriegswichtige Güter an Nazideutschland lieferte. Und gerade ihm musste das passieren, der seit seiner Tätigkeit als Gesandter in Washington während des Ersten Weltkriegs eine enge Bindung an die USA entwickelt hatte.

Was für ihn völlig unverständlich war, war aus Sicht der Briten und Amerikaner nur vernünftig. Mit Hans Sulzer traf man eine «Schlüsselperson der Schweizer Wirtschaft»[2] und erregte damit maximales Aufsehen – mit entsprechendem Einschüchterungspotenzial. Er war eben nicht nur Chef des erfolgreichen und weltweit tätigen Familienunternehmens aus Winterthur, sondern als Präsident des Vororts, des Leitungsgremiums des Schweizerischen Handels- und Industrie-Vereins, auch der oberste Repräsentant der Schweizer Privatwirtschaft.

Doch seine Ausstrahlung ging noch viel weiter. Während des Ersten Weltkriegs und auch in den ersten Jahren des Zweiten Weltkriegs spielte er eine wichtige Rolle bei offiziellen diplomatischen Missionen im Auftrag des Bundesrats. Wenn Hans Sulzer und seine Firma auf die schwarze Liste gesetzt wurden, dann entfaltete dies grösstmögliche Wirkung und traf im Grunde die gesamte Schweizer Politik- und Wirtschaftselite.

Wer war Hans Sulzer? Von der «Schweizer Illustrierten» wurde er in einem Porträt zum achtzigsten Geburtstag als «grosser Weltengänger»[3] bezeichnet. Zwar bezieht sich diese Zuschreibung vor allem auf seine ausgedehnte Reisetätigkeit, der Begriff passt aber auch zum geschickten Manövrieren in unterschiedlichsten Welten und in vielerlei Rollen: als Chef eines grossen Maschinenbaukonzerns, als Diplomat in den wichtigsten Hauptstädten der westlichen Welt, als Wirtschaftsexperte im Bundeshaus, im Präsidium von wirtschaftspolitischen Dachverbänden, als Verwaltungsrat zahlreicher Unternehmen, als Promotor neoliberaler Theorien, als einer der bekanntesten Vertreter der weitverzweigten Familie Sulzer und nicht zuletzt als Ehemann und Vater dreier Söhne.

Bisherige Forschungen und Publikationen zu seiner Person konzentrierten sich auf Einzelaspekte der vielfältigen Tätigkeiten. Eine umfassende biografische Gesamtschau fehlt.[4] Und die Quellenlage zu Hans Sulzer war zudem eher spärlich. Insbesondere persönliche Beweggründe und Ansichten waren aus den bislang vorliegenden Dokumenten kaum herauszuschälen.

Als Glücksfall für diese Publikation erwies sich deshalb die Schenkung umfangreicher privater Korrespondenz und Fotografien aus Familienbesitz an das Archiv für Zeitgeschichte der ETH Zürich, das bereits den Nachlass von Hans Sulzer betreut. Im Gleichschritt mit dieser Ablieferung durch den Enkel Alfred R. Sulzer reifte der Gedanke, den bedeutenden Schweizer Wirtschaftsführer einer biografischen Studie zu unterziehen, die sich insbesondere auch auf diese bisher unveröffentlichten privaten Quellen stützen konnte.

Im Austausch mit Initiator Alfred R. Sulzer entstand folgendes Konzept: Sechs Autorinnen und Autoren, die mit einzelnen Themenkreisen bereits vertraut sind, beleuchten wichtige Aspekte von Hans Sulzers Leben. In der Gesamtschau fügt sich damit ein Lebenspuzzle, das in seiner Vielfalt bunter und erkenntnisreicher ist als die klassische Biografie aus einer Hand. Dass sich bei einem solchen Vorgehen nicht alle Teile lückenlos ineinanderfügen, ist zugleich Herausforderung und Chance. Es schafft Interpretationsspielräume für jeden einzelnen Autor, für jede einzelne Autorin, regt aber auch zur Diskussion über allenfalls widersprüchliche Erkenntnisse und damit zu weiteren Forschungen an.

Im ersten Beitrag widmet sich Miguel Garcia dem Winterthurer Milieu, in das Hans Sulzer hineingeboren wurde und welches ihn prägte – und er seinerseits ein Stück weit mitgestaltete. Florian Adank nimmt sich der Geschäftsentwicklung und einiger wichtiger Weichenstellungen bei Gebrüder Sulzer an, um die Bedeutung von Hans Sulzer, dem Vorsitzenden der Unternehmensleitung und späteren Verwaltungsratspräsidenten, für die Firmenentwicklung aufzeigen zu können. Pierre Eichenberger betrachtet Sulzers zahlreiche Mandate in Verwaltungsräten, Verbänden und Kommissionen. Wie funktionierte das wirtschaftliche Netzwerk des Hansdampf in allen Gassen und warum wurde er immer wieder für Spitzenpositionen ausgewählt? Florian Weber beleuchtet, neben kleineren diplomatischen Einsätzen, insbesondere die sogenannte Swiss Mission rund um Minister Sulzer, die ab 1917 in Washington über dringend benötigte Lebensmittellieferungen in die Schweiz verhandeln sollte. Wie sich zeigt, spielte in den USA auch Ehefrau Lili Sulzer-Weber eine wichtige Rolle, die ihre Familie als Repräsentantin einer weltoffenen Schweiz in Szene setzte und viel Goodwill für die Eigenheiten der Schweiz schaffen konnte. Der Beitrag von Eva Schumacher zeigt die vielschichtige Persönlichkeit der Unternehmer- und Diplomatengattin auf. Und schliesslich beleuchtet Andrea Franc die Rolle Hans Sulzers als Geldgeber und Netzwerker bei der Etablierung der neoliberalen Denkrichtung in der Schweiz. Sie beantwortet die Frage, was diese Wirtschaftstheorie mit der geistigen Landesverteidigung verbindet, und untersucht, ob Sulzer die neoliberalen Konzepte als Unternehmer auch umsetzen konnte.

Bilanzierend verwebt Tobias Straumann die gesponnenen Fäden der Annäherung zu einem biografischen Teppich und fragt nach, welche Rolle Hans Sulzer insbesondere in der krisenbehafteten ersten Hälfte des 20. Jahrhunderts spielte. Wie weit hat er eine «zweite Gründung» der Schweiz mitgeprägt und inwiefern war er ein repräsentativer Exponent dieser Zeit?

Im März 1944 wurde Hans Sulzers Firma nach Zugeständnissen der offiziellen Schweiz in Sachen Kriegsmaterialexport wieder von der schwarzen Liste genommen. Von der tief empfundenen Kränkung erholte sich Sulzer relativ schnell. Und auch sein Ruf war nicht nachhaltig beschädigt. Bereits im Herbst 1944 reiste er zwar im Range eines Ministers, nun jedoch als Repräsentant der Schweizer Privatwirtschaft, wieder in die USA: zur International Business Conference in Rye. Der Winterthurer «business-statesman»,[5] wie ihn die «New York Herald Tribune» später treffend nannte, war wieder auf Achse.

Anmerkungen

1 Hans Sulzer an Alfred Sulzer, 23. 2. 1944, beigelegtes Memorandum «Ueber die Angelegenheiten der schwarzen Liste», S. 2 (AfZ, NL Hans Sulzer, 54.5.).

2 Mach, André; David, Thomas; Ginalski, Stéphanie; Bühlmann, Felix: Schweizer Wirtschaftseliten, Baden 2017, S. 72.

3 Hans Sulzer 80 Jahre alt, in: Schweizer Illustrierte, 19. 3. 1956.

4 Eine Ausnahme bildet der Aufsatz von Adrian Knöpfli, in dem er die Biografien von Hans Sulzer und Ferdinand Aeschbacher einander gegenübergestellt. Knöpfli, Adrian: Heisse Tage in Winterthur. Hans Sulzer und Ferdinand Aeschbacher. Der Unternehmer und der Gewerkschaftssekretär, in: Elisabeth Joris, Bruno Meier, Martin Widmer (Hg.): Historische Begegnungen. Biografische Essays zur Schweizer Geschichte, Baden 2014, S. 205–229.

5 Tribute to Dr. Hans Sulzer, in: New York Herald Tribune, 17. 3. 1956.

der Familie
durch Arbeit und
Charakter den guten
Namen zu erhalten

Hans Sulzer, letztwillige Verfügung, 12. 3. 1942

Verankerung im Winterthurer Milieu

MIGUEL GARCIA

DIE SULZER-TRADITION

Die Sulzers sind eines der bedeutendsten der alten Geschlechter Winterthurs. Ab dem 16. Jahrhundert werden zehn verschiedene Linien unterschieden. Zeitweise war jedes vierte getaufte Kind ein Sulzer, und die Mitglieder der Familie besetzten bis zur Hälfte aller Ratsherrensitze. Entsprechend verästelt sind die verschiedenen Familienstränge.[1]

Als Stammvater von Hans Sulzers Familienzweig gilt Johann Jakob Sulzer-Neuffert (1782–1853), der 1834 mit seinen beiden Söhnen Johann Jakob Sulzer-Hirzel (1806–1883) und Salomon Sulzer-Sulzer (1809–1869) die Eisengiesserei im Tössfeld errichtete, welche diese unter dem Namen «Gebrüder Sulzer» zum erfolgreichen Industrieunternehmen ausbauten. Im Gegensatz zu anderen Stammlinien entspringen die Mitglieder dieses Zweiges nicht der politischen Elite. Doch durch Heiraten mit Töchtern aus höher gestellten Familien gelang den Vorfahren von Hans Sulzer innerhalb von kurzer Zeit ein gesellschaftlicher und wirtschaftlicher Aufstieg. Diese über Generationen weitergeführte «Heiratspolitik»[2] verschaffte den Familienmitgliedern ein breites soziales und geschäftliches Netzwerk.[3]

Von den Gründungsbrüdern trat Salomon 1866 aus gesundheitlichen Gründen von der Leitung der Eisengiesserei zurück, und Johann Jakob wurde zum führenden Kopf des Unternehmens. Dementsprechend dominierten seine drei Söhne später die Firma. Die herausragende Figur in der zweiten Generation[4] war der erstgeborene Heinrich Sulzer (1837–1906), der Vater von Hans Sulzer. Er übernahm 1872 die Leitung des Geschäfts von seinem Vater und heiratete Bertha Louise Steiner, die Tochter des ehemaligen Stadtpräsidenten Carl Eduard Steiner-Ziegler (1803–1870).

Heinrichs Bruder Eduard Sulzer-Ziegler (1854–1913) schaffte es als überzeugter Liberaler über die lokale und kantonale Politik hinaus in den Nationalrat. Das Bekenntnis der Sulzers zu den Liberalen, die im Gegensatz zu den in den 1860er-Jahren aufstrebenden und in Winterthur stark verankerten Demokraten als Interessenvertreter der Oberschicht galten, zeigte sich auch in der Diskussion um die Nationalbahn.[5] Mit dieser versuchten die Demokraten, angeführt vom Winterthurer Stadtpräsidenten und Nationalrat Johann Jakob Sulzer (1821–1897) – der aus einem anderen Sulzer-Zweig stammte –, das Eisenbahnmonopol von Alfred Eschers Nordostbahn (NOB) zu brechen. Heinrich Sulzer-Steiner, dessen Schwiegervater lange im Präsidium der NOB sass, war Teil einer von Unternehmern getragenen Opposition gegen das Nationalbahnprojekt. Er warnte vor einer zu grossen finanziellen Belastung der Stadtkassen und wehrte sich gegen die Vergabe von Krediten durch die öffentliche Hand. Er sollte recht behalten: Das Nationalbahnprojekt scheiterte grandios und die Stadt Winterthur musste bis Mitte des 20. Jahrhunderts Schulden abzahlen.[6]

Hans Adolf Sulzer kam am 17. März 1876 als jüngstes von sechs überlebenden Kindern von Heinrich und Bertha Sulzer-Steiner zur Welt – zwei Tage vor der ersten grossen Gemeindeversammlung, auf der das Nationalbahndebakel diskutiert wurde. Auch das Familienunternehmen befand sich in einer schwierigen Lage. Nach einer Phase des rasanten Aufschwungs standen die Zeichen in den 1870er-Jahren auf Sturm. Die Wirtschaftskrise nach 1873 führte zu einer starken Reduktion der Belegschaft.[7] Zudem gründete der ehemalige Chefingenieur der Firma Sulzer, der Engländer Charles Brown, die Schweizerische Lokomotiv- und Maschinenfabrik (SLM), die als Konkurrentin wahrgenommen wurde, unmittelbar neben dem Fabrikgelände der Sulzer.[8]

Die Stadt Winterthur befand sich in den 1870er-Jahren mitten im Umbruch. Die Bevölkerung war nach dem Schleifen der Stadttore und der Öffnung der historischen Kernstadt auf rund 10 000 Einwohnerinnen und Einwohner gewachsen und dehnte sich rasch in alle Richtungen aus. Die Winterthurer Bürger hätten begonnen, «aus dem verträumten Seldwyla, das sie früher war, eine Stadt der Industrie zu machen», schrieb Oscar Sulzer (1888–1967), ein Cousin zweiten Grades von Hans aus dem Familienzweig von Salomon Sulzer-Sulzer, in seinen Lebenserinnerungen. «Rings um die Altstadt haben sich die Fabriken niedergelassen, aus denen werktäglich Dampf und Lärm strömten und in Abständen die Fabrikate, Garne, Tücher und Maschinen in die weite Welt hinausrollten.»[9] Fabrik und Familie Sulzer sind untrennbar mit der Dynamik dieses Wandels verknüpft.

Zum Zeitpunkt von Hans Sulzers Geburt lebte seine Familie noch mit den Grosseltern Sulzer-Hirzel im Wohnhaus direkt neben der Giesserei. Diese belegten den ersten Stock im Dreigenerationenhaus, die Familie von Hans das Erdgeschoss und den späteren Anbau. Beheizt wurde das Gebäude von den Dampfkesseln der Fabrik, die sich unmittelbar hinter der alten Messinggiesserei befanden. «Wenn dort [im Wohnhaus] ein Bad gebraucht wurde, bestellte man beim Heizer das nötige Warmwasser»,[10] erinnerte sich Hans' Bruder Robert Sulzer-Forrer (1873–1953) später. Privat- und Berufsleben waren also noch stark verwoben und das Familienleben durch den Betrieb bestimmt: «Fast jeden Abend arbeitete der Vater nach dem Essen noch bis in die tiefe Nacht hinein, und sehr oft war er um sechs Uhr bei Arbeitsbeginn schon in der Werkstatt.»[11]

So wuchsen Hans, seine beiden Brüder Carl und Robert sowie seine Schwestern Bertha, Lydia und Jenny im wahrsten Sinn ins Unternehmen hinein und wurden geprägt vom Gründergeist. 1934 schrieb er im Vorwort zur Festschrift anlässlich des hundertsten Geburtstags der Firma: «Aus kleinen Anfängen ist unser Unternehmen hervorgegangen. Zwei junge, tatenbegeisterte Brüder haben es begonnen, geleitet von der weisen Hand eines lebenserfahrenen, in Ehrfurcht geliebten Elternpaars, erzogen in denkbar einfachsten Verhältnissen zu harter Arbeit, eiserner Selbstzucht, zum kategorischen Imperativ von Pflicht und Rechtlichkeit, beseelt vom Glauben an den Aufstieg des Tüchtigen, an die Kraft der Persönlichkeit, an das ‹Hilf dir selbst, so wird dir Gott helfen›.»[12]

Die genannten Ideale gehören zum bürgerlichen Tugendkanon des 19. Jahrhunderts, der sich in Spielarten in sämtlichen Nekrologen und Nachrufen aus dem Umfeld von Hans Sulzer wiederfindet. Dass Hans als Vertreter der dritten Generation sich ihnen verpflichtet fühlte, brachte er im Vorwort der erwähnten Festschrift zum Ausdruck: «Ehrfurchtsvolles Festhalten an den von den Gründern hochgehaltenen Traditionen, in diesem Geist hat die zweite Generation seinerzeit die Führung übernommen, diesem Geist zu folgen, war auch die dritte redlich bemüht und wird weiterhin bemüht bleiben.»[13]

DIE SULZERS ZWISCHEN GLORIFIZIERUNG UND FUNDAMENTALKRITIK

Das Narrativ der tugendhaften Unternehmer und die Tendenz zur Selbstglorifizierung sind typisch für die Innensicht des Winterthurer Industriellenmilieus. Demgegenüber zeigt sich bei Kritikern eine Neigung zur Fundamentalkritik.[14] Stellvertretend dafür steht der Zurzacher Karl Mallaun, der in den 1940er-Jahren in einen internationalen Betrugsfall verwickelt war. Er

▸ Familientreffen, um 1901: Hans Sulzer (stehend, Dritter von links) mit seinen Eltern Heinrich (stehend, Zweiter von rechts) und Bertha Louise (stehend, Dritte von rechts) Sulzer-Steiner und seinen Geschwistern Robert (stehend, Zweiter von links), Carl (stehend, Erster von rechts) und Jenny Brown-Sulzer (sitzend, Erste von rechts).

vermutete, dass ein Sohn von Hans Sulzer, welcher damals ein Volontariat bei der Schweizerischen Bankgesellschaft (SBG) absolvierte, Informationen zu seinen Ungunsten weitergegeben habe. Deshalb versuchte er über den späteren Präsidenten der Schweizerischen Nationalbank, Gottlieb Bachmann, und den Anwalt Robert Corti mit Sulzer in Kontakt zu treten. Er blitzte allerdings überall ab. In seinem Lebenslauf beschrieb er die Industrie- und Finanzelite um Hans Sulzer deshalb als Filz, deren Mitglieder durch verwandtschaftliche Bande miteinander verbunden waren: «Präsident Ernst der SBG verwandt mit Dr. Bachmann, Bachmann verwandt mit Sulzer, Sulzer verwandt mit Dr. Corti, Dr. Corti verwandt mit Ernst, Corti und Sulzer Verwaltungsräte der SBG.» Ob diese Verhältnisse genau so stimmten, wie er sie vor seiner Verurteilung den Strafverfolgungsbehörden zu Protokoll gab, konnte er nicht mit Sicherheit sagen: «Aber sie spielen auch eine untergeordnete Rolle, vorhanden waren sie auf alle Fälle und finanzkapitalmässig war auf alle Fälle alles verfilzt.»[15]

Mit der Darstellung des Milieus von Hans Sulzer als undurchschaubare und undurchdringbare Führungsschicht, die kollektiv Macht ausübt, steht Mallaun nicht allein. Insbesondere in den 1980er-Jahren gerieten die grossen Winterthurer Industriellen- und Händlerfamilien ins Visier von kritischen Autoren. Der Journalist Erich Schmid etwa, der in seinem Buch «Verhör und Tod in Winterthur» die 1980er-Unruhen verarbeitete, bezeichnete Winterthur als «Sulzercity». Er kolportiert die Legende von der frühen Polizeistunde, die bis weit in die 1980er-Jahre galt, als Beleg für die Allmacht der weitverzweigten Familie Sulzer: «Der staatlich verordnete Vormitternachtsschlaf, lasse ich mir sagen, zeige deutlich, wer bestimme, wos in dieser Stadt langgeht. Die Winterthurer Oberschicht, durch Ehen und Verwandtschaften mit den grossen Industriellen verflochten, sei daran interessiert, dass die Arbeitskräfte ausgeruht zur Arbeit erscheinen.»[16] Kritiker, so Schmid, würden die Sulzers durch den Einfluss und die Macht von Firma und Familie mundtot machen.[17] Schmid bezog sich damit insbesondere auf einen Artikel im «Stadtanzeiger» des elitekritischen Journalisten Niklaus Meienberg, der Hans Sulzer unterstellte, er habe im Zweiten Weltkrieg auf den Sieg Deutschlands gehofft. Gemäss einem damaligen Redaktor der Zeitung setzte die Unternehmensleitung die Herausgeber danach unter solchen Druck, dass sie in der nächsten Nummer neben einer Entschuldigung eine Replik des Gemeinderats und späteren Bundesrats Rudolf Friedrich, der als bürgerlicher Wortführer und «Sulzer-Sprössling»[18] ebenfalls Ziel von Meienbergs Polemik[19] gewesen war, abdruckten.

Auffällig sind die Pauschalität der Kritik und die Diskrepanz zwischen der Selbstsicherheit, mit der die Machtgeflechte postuliert werden, und der

Hans Sulzer mit Pferd, porträtiert vom Winterthurer Fotografen Hermann Linck, um 1915.

effektiven Wissensbasis. Der Name Sulzer war und ist in Winterthur zwar omnipräsent. Trotzdem gibt es kaum fundierte Untersuchungen über das gesellschaftliche Milieu der Winterthurer Industriellen. Bis auf wenige Ausnahmen[20] sind die Publikationen zu den Sulzers wie oft bei Angehörigen der Schweizer Wirtschaftselite «hagiografisch und oberflächlich»,[21] stammen aus dem Umfeld der Familie selber oder stellen die Firmen- und Technikgeschichte in den Fokus. Dieser Beitrag soll deshalb ausgehend von Hans Sulzer exemplarisch dessen Verflechtungen in der gesellschaftlichen, politischen und kulturellen Landschaft Winterthurs untersuchen, um die Mechanismen seines Milieus zu beleuchten.

EINE STANDESGEMÄSSE AUSBILDUNG

Ein kritischer Aussenblick auf die Sulzers betont die sozialen Mechanismen, die im Selbstbild der Wirtschaftselite durch die Betonung der individuellen Leistungen und persönlichen Tugenden verdeckt werden. Dazu zählen das Familienvermögen, das Studium an prestigeträchtigen Bildungsinstitutionen und die einflussreichen gesellschaftlichen Netzwerke.[22] Das gilt auch für Hans Sulzer und teilweise dessen Söhne.[23]

«Ich habe in der warmen Liebe zweier geistig und ethisch selten hochstehender Eltern eine wundervolle Jugendzeit verlebt. [...] Im Hause unserer Eltern herrschte der Ton wohlhabender, vornehmer Einfachheit. Jeder Klassendünkel lag Eltern und Kindern fern», schrieb Hans Sulzer später.[24] Trotz der betonten Bescheidenheit war klar, dass er als Sprössling einer Aufsteigerfamilie wie die anderen Kinder der Winterthurer Elite eine klassische bürgerliche Karriere verfolgen würde. «Wem die Musse gegeben wird, durch das akademische Studium Einblick in die geistigen Wissenschaften zu erhalten, der muss sich bewusst sein, dass ein akademisches Studium verpflichtet. Es erzieht zur geistigen Aristokratie, zu Führung. Es verschafft dem Menschen das Rüstzeug, die Geistes- und Charakterbildung, die er zur Erfüllung seiner Führeraufgabe bedarf, es erhebt ihn zur denkenden, freien Persönlichkeit», schrieb Hans Sulzer später dem eigenen Sohn in einem Brief hinsichtlich dessen Ausbildung.[25]

So trat Hans Sulzer 1889 standesgemäss ins Gymnasium ein.[26] Dort lernte er in der ersten Klasse Robert Corti (1875–1964) kennen, der ebenfalls aus einer aufsteigenden Unternehmerfamilie stammte und zeitlebens einer seiner engsten Freunde war.[27] Zusammen traten Hans und Robert in die Mittelschulverbindung Vitodurania ein. Der Generation um 1890 gehörten neben seinem Bruder Robert Sulzer auch Hans' zukünftiger Nachbar Georg Reinhart (1877–1955) oder der spätere Präsident der Schweizerischen Nationalbank Gottlieb Bachmann (1874–1947) an.[28] Die Mittelschulverbindung, insbesondere die 1902 von Hans' Onkel Eduard Sulzer-Ziegler gegründete Altherrenvereinigung, stellte ein wichtiges gesellschaftliches Netzwerk für die bildungsbürgerliche Elite dar.[29] Die hier geknüpften Kontakte entwickelten sich nicht nur zu geschäftlichen, sondern auch zu verwandtschaftlichen Beziehungen und trugen wesentlich zur erwähnten engen Verflechtung der Winterthurer Oberschicht bei.[30]

Nach der Matura studierte Hans Sulzer Rechtswissenschaften und Nationalökonomie in Genf, Berlin und Leipzig, wo er 1900 in Jura promovierte. Die juristische Fakultät der Universität Leipzig war damals ein regelrechter

Hans Sulzer (Dritter von rechts) mit Studienkollegen in Leipzig, um 1899.

Magnet für Schweizer Juristen. Robert Corti studierte zwei Semester gemeinsam mit seinem Freund Hans, und auch Gottlieb Bachmann sowie Hans' Cousin zweiten Grades Oscar waren zeitweise in Berlin und Leipzig immatrikuliert.[31] Wie sich die Winterthurer in den deutschen Grossstädten gefühlt haben müssen, vermittelt Oscar Sulzer in seinen Lebenserinnerungen: «Als schüchterner Provinzknabe tauchte ich in der Kaiserstadt Berlin auf. Ich hatte manches zu lernen. Es fing damit an, dass mich ein väterlicher Freund über die Anzüge aufzuklären hatte, die man in der guten Gesellschaft trug [...].»[32] Nach dem Studium absolvierte Hans eine Lehre in Bank, Handel und Industrie in Basel, Newcastle und Rom, um sich finanzpolitische Kenntnisse anzueignen, ehe er 1903 ins Familienunternehmen eintrat.[33]

Bereits in der Schulzeit habe er mit seinem Bruder Robert jede schul- und aufgabenfreie Stunde benutzt, um sich in der Fabrik herumzutreiben, schrieb Hans in seinem Lebensrückblick. «Mit einer grossen Zahl von Angestellten und Arbeitern standen wir auf freundschaftlichem Fuss und lernten so das Leben und Denken der Arbeiter aus nächster Nähe kennen.»[34] Nach Arbeitsende am Samstag um halb sechs konnten die Jungen mit ihren Schulkameraden, darunter auch Robert Corti, in der Fabrik herumtummeln.[35] Sicherlich war das Leben in der Fabrik für die Heranwachsenden aufregend und die Nähe zum Fabrikalltag prägend. Dass aber darin der Grundstein für einen besonders verständnisvollen Umgang mit der Arbeiterschaft liegt, wie bisweilen suggeriert wurde,[36] könnte auch einer retrospektiven Verzerrung aus der Zeit nach dem Arbeitsfrieden von 1937 geschuldet sein, als sich der Konflikt zwischen der Belegschaft und der Firmenleitung entschärfte und die geistige Landesverteidigung unter dem Eindruck der faschistischen Bedrohung zu einer Annäherung zwischen Sozialdemokratie und bürgerlichen Parteien führte.[37]

Eigentlich wäre Hans Sulzer auch gerne Ingenieur geworden, da ihn die technischen Probleme und insbesondere die Mathematik interessierten, wie er in seiner letztwilligen Verfügung 1942 schrieb: «Auf Wunsch meines Vaters und seiner Partner, die den technischen Nachwuchs in meinen beiden Brüdern und anderen Nachkommen unserer Generation als reichlich gedeckt betrachteten und auf eine Ergänzung des kaufmännisch-finanziell-administrativen Nachwuchses Wert legten, ergriff ich dann aber diese letztere Carriere. Es hatte dabei die Weisung, dass ich nach Abschluss meines juristisch-nationalökonomischen Studiums noch ein paar Semester an einer technischen Hochschule studieren sollte. Leider kam es nicht mehr dazu, da mein Onkel Eduard Sulzer-Ziegler zu seiner Entlastung auf meinen baldigen Eintritt ins Geschäft drängte. In meiner leitenden Stellung in dem Unternehmen habe ich zeitlebens unter diesem Versäumnis gelitten.»[38] Weder fehlende technische Kenntnisse noch die Tatsache, dass er der jüngste unter seinen Brüdern war, verunmöglichten es Hans, nach dem Generationenwechsel, der durch den Tod seines Vaters eingeläutet wurde, eine führende Rolle im Unternehmen zu spielen.

▸ S. 56

Die Besetzung der Führungsgremien der Firma Sulzer war auch ein Abbild von Hans Sulzers Milieu. Er und sein Bruder Robert bildeten ab 1914 zusammen mit Richard Ernst-Sulzer (1870–1949) die geschäftsführende Delegation des Verwaltungsrates.[39] Dessen Bruder, der eingangs erwähnte SBG-Präsident Rudolf Ernst-Blumer (1865–1956), nahm ebenfalls Einsitz im Verwaltungsrat der Dachfirma Sulzer Unternehmungen AG.[40] Nach dem Tod seines Bruders Carl übernahm Hans das Präsidium des Verwaltungsrates und holte unter anderem seinen Jugendfreund Robert Corti ins Führungsgremium.[41] Seinen langjährigen Mitarbeiter und Vertrauten, Fritz Oederlin, verheiratet mit seiner Nichte, machte er zum Verwaltungsratsdelegierten.

Im Gegenzug vertrat Hans Sulzer sein Unternehmen in 26 Verwaltungsräten und Führungsgremien. Dazu gehörten, neben der Nationalbank oder der SBG, die auf die Bank in Winterthur zurückgeht, auch Winterthurer Unternehmen wie die Schweizerische Unfallversicherungs-Aktiengesellschaft, die wie die Bank in Winterthur von seinem Vater mitgegründet wurde, oder die

Eulachgarage AG, die Buchdruckerei Winterthur und die Arbeiterkolonie Herdern. Dazu kamen Mandate in wichtigen Schweizer Wirtschaftsverbänden sowie in Winterthurer Vereinigungen wie der dortigen Handelskammer.[42] Die Mandate dienten in erster Linie der Pflege seines weitverzweigten Netzwerks und unternehmerischen Interessen. Die finanzielle Abgeltung solcher Engagements war wohl temporär ein zusätzliches Motiv für ihn, zumal die Familie während des Ersten Weltkriegs und in den wirtschaftlichen Krisen der 1920er- und 30er-Jahre an Vermögen und Einkommen aus seiner Sulzer-Tätigkeit erheblich eingebüsst hatte.[43] ▸ S. 84

Die herausragenden Tätigkeiten in Hans Sulzers Karriere waren allerdings zweifellos die diplomatischen Missionen im Dienst des Bundesrates während der beiden Weltkriege. In der öffentlichen Wahrnehmung wurde er so stark mit diesen Ämtern in Verbindung gebracht, dass er in den meisten Artikeln der lokalen Presse aufgrund des diplomatischen Rangs als «Minister Sulzer» bezeichnet wurde. Der Titel half ausserdem, ihn im Geflecht der weitverzweigten Sulzer-Dynastie von den anderen Familienmitgliedern zu unterscheiden.[44] ▸ S. 113

«IN RASTLOSER ARBEIT»

Sulzers Tätigkeit als Diplomat, seine vielen Ämter in Verbänden und Verwaltungsräten wie auch sein Kernjob an der Spitze des Sulzer-Konzerns wurden dabei primär als Dienst an der Öffentlichkeit, an der Heimatstadt und am Vaterland verstanden. So schrieb das liberale «Neue Winterthurer Tagblatt», eine dem Unternehmertum nahestehende Zeitung, anlässlich von Hans Sulzers siebzigstem Geburtstag, er habe dazu beigetragen, «dem Namen unserer Stadt Winterthur in allen Weltteilen zu ehrenvollem Ansehen zu verhelfen».[45]

Er selbst bekräftigte diese Sicht in seinem Nachruf auf Gottlieb Bachmann, den er für dessen «Dienen der menschlichen Gemeinschaft, ein Dienen vor allem seinem geliebten Vaterland» lobte.[46] Dass die Engagements auch der Firma oder den privaten Interessen dienen könnten, war kein Thema.

Doch die Betriebsamkeit von Hans Sulzer hatte auch eine Kehrseite: Er war in der Firma und in der Winterthurer Öffentlichkeit häufig abwesend. Der Vertreter der Angestelltenschaft sagte in seiner Trauerrede, Hans Sulzer sei im Büro und in der Werkstatt nur noch selten anzutreffen gewesen.[47] Der Winterthurer «Weinländer» kommentierte: «Dass er durch seine Tätigkeit in der Öffentlichkeit über den Rahmen des Geschäftes hinaus in die Rolle eines schweizerischen Wirtschaftsführers hineinwuchs, mag auch der Grund gewesen sein, dass er im öffentlichen Leben Winterthurs nicht mehr stark in Erscheinung trat.»[48]

Im Zusammenhang mit seinen enorm vielen Betätigungsfeldern wurde auch die Gesundheit immer wieder thematisiert. «Wenn wir vor unserem geistigen Auge unsere hervorragenden Winterthurer Industriellen und Wirtschaftsführer der Firma Gebrüder Sulzer Revue passieren lassen, so ist – um nur bei der vorausgegangenen Generation zu verweilen – die erstaunliche Tatsache zu konstatieren, dass keiner der massgebenden Herren das siebzigste Altersjahr erreicht hat. In rastloser Arbeit haben die Herren Sulzer-Steiner, Sulzer-Grossmann, Nationalrat Sulzer-Ziegler, Sulzer-Imhoof und später Carl Sulzer-Schmid ihre geistigen und körperlichen Kräfte im Dienste ihrer Firma und unseres Landes vorzeitig verbraucht», schrieb das «Neue Winterthurer Tagblatt» anlässlich von Hans' siebzigstem Geburtstag, betonte aber gleichzeitig, dass er nach wie vor «in voller Spannkraft und mit bewundernswerter Elastizität» an der Spitze des grössten Industrieunternehmens der Stadt stehe.[49] In der Trauerrede tönt Pfarrer Zollinger aber auch eine gewisse Überlastung an, wenn er sagt, Hans Sulzer habe sich «enorm viel» abverlangt.[50] Aus den privaten Briefwechseln geht hervor, dass Hans mit gesundheitlichen Problemen wie Magenbeschwerden kämpfte und immer wieder zur Kur fuhr. Welche medizinischen Leiden genau dahintersteckten und wie ausgeprägt sie waren, ist schwer abzuschätzen.

Ebenso schwierig ist es, zu beurteilen, wie er alle Verpflichtungen unter einen Hut zu bringen vermochte. In einem Brief aus dem Jahr 1929 an seine Frau, die gerade mit den Kindern im Urlaub in Frankreich war, berichtet er von seinem Arbeitsalltag: «Die Tage gehen im gewohnten Trum vorbei, an Arbeit immer reich gesegnet. [...] Mittwoch war ich im Club, Donnerstag an einem Nachtessen der Bankgesellschaft im Dolder, Samstag an einer Saurersitzung mit nachfolgendem Mittagessen. Samstag Abend und Sonntag hielten wir zusammen und machten zum Sonntagnachtessen eine Exkursion zu Hegners, wo nachher noch Bridge gespielt wurde. Montag ass ich mit Hans Wunderly, Frau Ammann und Frau Dr. Haab (Emmely) im Baur au Lac und dann sahen wir uns – bei strömendem Regen – die nächtlichen Sechseläuten-Zunftumzüge an. Dieser Brauch ist wirklich ganz hübsch. Bis zum Wochenende ist die Zeit nun wieder gut ausgefüllt, morgen Donnerstag Gonzensitzung, Freitag unsere eigene Bilanzsitzung [...], Samstag Saurer-Generalversammlung. Dann fahre ich also, voraussichtlich erst Mittwoch, nach Paris, absolviere dort am Donnerstag 3 Verwaltungsratssitzungen und werde wohl Samstag früh wieder zurück sein. Montag darauf nach Ludwigshafen und wohl Mittwoch, 1. Mai, zurück.»[51]

Seltener Moment der Entspannung: im Garten mit Sohn Alfred und Hund Rex, um 1925.

Vor der zweiten diplomatischen Mission während des Zweiten Weltkriegs schrieb Lili Sulzer ihrem Sohn Alfred «Tidi» Sulzer-Merian (1914–1987), der mit seiner Frau in New York lebte: «Papa ist nun daran, seinen Job beim Eisenamt aufzugeben, und mehr nur noch konsultativ dabei zu sein. Er bildet sich ein, dann mehr zu Hause zu sein, woran ich mir aber vorläufig noch zu zweifeln erlaube. Ich muss aber immer staunen, wie gut es ihm bei seiner riesigen Arbeitslast geht, im ganzen behagt ihm dieses Leben eben doch, wenn er es auch nicht wahr haben will.»[52] Als sich Lili kurz nach der Mission mit dem Gedanken einer erneuten Reise nach England beschäftigte, sinnierte sie ebenfalls über die Arbeitsbelastung ihres Mannes: «Der Vorteil wäre allerdings der, dass Vater trotz aller Aufregungen drüben viel ein gesünderes Leben führte als hier, wo das ewige Gerenn mit Zürich und Bern sofort wieder eingesetzt hat. Es ist sogar ärger als je, und er ist auch recht müde, was übrigens nicht zum Verwundern ist, da er keine drei Tage Ferien mehr hatte, seit wir alle zusammen im Palace in St. Moritz waren. Es ist ganz erstaunlich, was er immer leisten kann, aber einmal könnte es ja auch zu viel werden. In London hat man wenigstens in aller Gemütsruhe gefrühstückt um 8 Uhr 30, während jetzt wieder zu den unheimlichsten Zeiten fortgerannt wird. Vater kann einfach seine Zeit nicht einteilen, er nimmt immer viel zu viel an, mit dem er dann nicht fertig wird. Und dann macht es ihn selbstverständlich nervös.»[53] Im Gegensatz zu Lili, die das Zeitmanagement ihres Mannes rügte, stellte Hans seine ausufernde Arbeitstätigkeit in einem Brief an seinen Sohn Alfred als grundlegend für seine berufliche Existenz dar: «Gesundheitlich geht es mir recht gut, wenn ich mich auch zuweilen etwas müd fühle. Seit unserer Rückkehr habe ich wirklich noch wenig Ruhe gehabt. Vieles hat sich während meiner langen Abwesenheit angestaut und jetzt kommen, neben den zahlreichen öffentlichen Wirtschaftsfragen, mit denen ich mich als Praesident des Vorortes intensiv beschäftigen muss, und neben den wichtigen Besprechungen in Bern über unsere internationalen Wirtschaftsangelegenheiten, die Rechnungsabschlüsse all der Gesellschaften, deren Verwaltung ich angehöre. Wenn man da überall den Kontakt aufrechterhalten will, muss man eben dabei sein oder dann abtakeln.»[54]

SEHNSUCHTSORT ALPGUT

Als Gegenpol zu seiner bisweilen hektischen diplomatischen und geschäftlichen Reisetätigkeit diente Hans Sulzer sein Wohnsitz im Oberen Alpgut. Immer wieder erwähnte er das Anwesen in Briefen als Referenzpunkt für sein

Heimweh und seine Sehnsucht nach familiärer Geborgenheit. 1922 schrieb er seiner Frau von einer Geschäftsreise aus Amerika: «Es geht noch so lange bis ich wieder bei Euch bin. Jetzt wird dann alles so schön im Gütli und das Tennis täte mir auch besser, als in Städten, Hotels und Schiffen herumzuhocken.»[55] Während seiner Mission in England im Mai 1942 wünscht ihm Lili, dass er bald für ein paar Wochen zurückkehren könne, «dann hättest du doch etwas von unserem schönen Sommer, fändest wieder den Kontakt mit der Heimat, der Dir so sehr fehlt, könntest die schönen Erd- und Himbeeren essen».[56] Ein Jahr später, als Hans ein erneuter Londonaufenthalt drohte, schrieb er seinem Sohn Alfred: «Es wird mir [...] nicht leicht, mitten im Sommer das schöne Heim zu verlassen. Garten und Wald sind jetzt so wundervoll und man möchte doch die letzten Jahre seines Lebens noch etwas davon haben.»[57]

Das Alpgut geht ursprünglich auf ein Bauerngut am Lindberghügel im Gebiet Rychenberg[58] zurück. Das Anwesen ist über die Familie von Hans' Mutter, Bertha Sulzer-Steiner, in den Besitz der Familie Sulzer gelangt.[59] Während mehrerer Generationen arrondierten die beiden Familien Land und Wald. Im 19. Jahrhundert nutzten sie das Alpgut als Sommeraufenthaltsort. «Im Winter wohnten wir in der Fabrik. [...] Und im Sommer zogen wir hinaus ins schöne ‹Gütli›»,[60] erinnerte sich Hans Sulzer. Sein Vater, Heinrich Sulzer-Steiner, liess 1872 ans alte Gutshaus vom bekannten Winterthurer Villenarchitekten Ernst Jung einen Anbau errichten. 1901 folgten der Abriss des Altbaus und eine Erweiterung der Villa.

1906, im selben Jahr, in dem Hans Sulzers Vater starb, heiratete er Elisabeth «Lili» Weber (1884–1964), die Enkelin des Industriellen Johann Jakob Weber, der die Textilfabrik in der Schleife gegründet hatte.[61] Aus der Ehe gingen drei Söhne hervor: Hans Rudolf (1907–1990), Johann Georg (1909–2001) und Alfred Eduard (1914–1987). Anfänglich wohnte die Familie in einem Haus an der Trollstrasse im Inneren Lind am Fusse des Lindbergs. Das Haus soll Sulzers Vater kurz vor seinem Tod noch gekauft haben[62] und war ein wichtiger Treffpunkt von Hans Sulzers Netzwerk. ▸ S. 153

Nachdem Hans Sulzer 1914 an der Spitze der neuen Geschäftsleitung der Gebrüder Sulzer AG stand, hatte er «das Bedürfnis nach einer grösseren, auf eine gewisse Repraesentation eingestellte Wohnung»,[63] wie er später schrieb. 1916 liess er im oberen Teil des Alpguts anstelle der älteren Villa von 1872 einen neuen Landsitz erstellen. Den Auftrag dafür erhielt der Architekt Lebrecht Völki, der das frühere Büro von Ernst Jung führte und eine enge Beziehung zu Firma und Familie Sulzer hatte.[64]

Mit dem Umzug von der Trollstrasse ins Alpgut folgte Hans Sulzers Familie einer allgemeinen städtebaulichen Entwicklung. In den 1860er-Jahren ver-

1.-August-Feier bei Nachbar Georg Reinhart-Schwarzenbach, 1922.

lagerte sich die Bautätigkeit ins Innere Lind und später an den Lindberg, wo sich die Gründer der grossen Industrie- und Handelsunternehmen ihre Villen bauten. Um 1880 waren bereits grosse Teile der näheren Stadtumgebung überbaut, und an den stadtnahen Hängen der umliegenden Hügel erstreckten sich ausgedehnte Domänen, die sich die führenden Familien als Landreserven gesichert hatten. Die Rieters, Bühlers, Sulzers und Reinharts hätten so ihre Plätze an bevorzugter Lage eingenommen und die Grenzen abgesteckt, schreibt der Villenspezialist Martin Pauli: «Die angestammten Terrains bleiben von nun an in Familienbesitz und werden im Laufe der Jahre so weit wie möglich noch erweitert.»[65]

Die Devise lautete: «Je weiter oben beim Waldrand desto weiter oben in der Sozialhierarchie.»[66] Diese Attitüde kommt auch in einem Brief von Hans' Nachbar Georg Reinhart zum Ausdruck, der sich darauf freute, Sulzer im Kreis der Rychenberg-Bewohner willkommen zu heissen, und diesem 1918 nach Washington schrieb: «So frage ich mich denn oft, wann wol [sic] der Tag kommen werde, wo eine Procession von Fuhrwerken den Herrn Minister, seine Gemahlin und Herren Söhne sowie die Dienstschaft und einige vierzig Koffern [...] die Tössertobelstrasse hinauf seinem neuen Heim entgegen fahren werden. Ich male mir dann aus, wie ich vom Fenster des Sonnenbads aus auf dem Jagdhorn eine Begrüssungsfanfare schmettere, dessen Echo vom Bäumliwald herüber klingt und wie wir dann bei erster Gelegenheit mit einer guten Flasche die neue Nachbarschaft verschwellen wollen.»[67]

Das Obere Alpgut von 1916–1920 setzt den Schlusspunkt hinter die lange Reihe von Villenbauten seit der Mitte des 19. Jahrhunderts.[68] Typische Merkmale der «Magnatenvillen» waren laut Pauli die erhöhte Lage, die Isolation von anderen Bauten, die Einheit von Architektur und Natur sowie das Mäzenatentum der Bewohner.[69] Ausführendes Bauunternehmen der Villen im Rychenberg war in allen Fällen die Firma Corti aus der Familie von Hans' Jugendfreund.[70] Sulzers Anwesen umfasste neben der grosszügigen Villa und dem Ökonomiegebäude eine ausgedehnte Garten- und Wiesenlandschaft, einen Pool und einen Tennisplatz. «In Anbetracht der Weiträumigkeit der Anlage und des baulichen Aufwandes des ‹Obern Alpgutes› ist es gerechtfertigt, vom Haus als einer Residenz zu sprechen. Zumal diese Villa nicht nur den Lebensgewohnheiten der Ministerfamilie diente, sondern auch den Bedürfnissen der gesellschaftlichen Verpflichtungen genügen musste, die dem Hausherrn aus seiner beruflichen Tätigkeit erwuchsen», bilanziert Pauli.[71]

In der Korrespondenz mit seiner Frau Lili ist das gemeinsame Heim eine wichtige Konstante. Über Bauarbeiten tauschten sie sich rege aus. So berichtete Hans seiner Frau während ihrer Ferien in Italien ausführlich vom Fortschritt der Bauarbeiten. «Beim Schwimmbad gehts langsam voran; ich habe Corti aber jetzt Beine gemacht. Aber ich glaube, es dürfte schon Ende Mai werden, bis Alles fertig ist. Den Tennisplatz hoffen wir Samstag einweihen zu können.»[72]

Leisten konnte sich Hans Sulzer seinen üppigen Wohnsitz dank der Erbschaft seines Vaters. Allerdings erwies sich der Neubau bald als Belastung. «Der Uebergang von einer gewissen finanziellen Abhängigkeit von meinen Eltern zur Verfügung über eigene large Mittel war vielleicht etwas zu rasch und stellte mich vielleicht etwas zu sehr unter den Eindruck, dass ich mir alles leisten könne, was mein Herz begehre», schrieb Hans Sulzer in seiner letztwilligen Verfügung. «Der Fehler, den ich mit dieser, in der Illusion unverändert fortdauernder Prosperität allzu grosszügig und kostspielig konzipierten Umgestaltung von Haus und Garten gemacht habe, hat mich zeitlebens bedrückt.»[73] Der Bau fiel in die Zeit des Ersten Weltkriegs und sprengte wegen der Preissteigerungen den Kostenrahmen. Zudem befand sich die Familie in der Bauzeit mehrheitlich ausser Land, sodass sie die Bauarbeiten nur ungenügend kontrollieren konnte. Schliesslich sank das Einkommen Sulzers wegen des Weltkriegs und der wirtschaftlichen Krisen der Zwischenkriegszeit markant, bis die Konjunktur ab 1937 wieder anzog.[74] 1942 sinnierte er darüber, ob seine Kinder das Anwesen nach seinem Ableben weiterhin tragen könnten. «Wir müssen uns darüber klar sein, dass es eine Scheinkonjunktur ist, die

Villa Oberes Alpgut, Luftaufnahme, um 1955.

Villa Oberes Alpgut, um 1925.

Villa Oberes Alpgut, um 1960.

jeden Augenblick zusammenbrechen und eine Zertrümmerung der Vermögenswerte bringen kann. [...] Von dieser ungünstigen Lage werden vor allem diejenigen Kreise betroffen werden, die sich auf ein aus der Industrie fliessenden Luxusstandard eingestellt haben.»[75]

Die in Zeitungsartikeln zu Sulzers Ehren beschworene «Bescheidenheit»[76] und der «Drang nach einer fast puritanischen Schlichtheit»[77] kann in Anbetracht der Lebensverhältnisse also etwas relativiert werden. Dazu passt auch, dass er «eine gewisse Reputation» wegen seines Weinkellers geniesse, der überfüllt sei «mit guten Weinen, die alle sehr geschätzt werden».[78] Hans Sulzer war sich seiner privilegierten Lage durchaus bewusst. 1922 schrieb er beispielsweise «seiner» Lili von einer Dienstreise aus Buenos Aires: «Ich merke wieder einmal, wie verwöhnt ich bin, namentlich in Bezug auf Heizung und Wasser. Am Abend gibt es das hier nicht mehr und ich vermisse sehr die angenehme Gewohnheit, mich vor dem Schlafengehen durch ein heisses Bad ordentlich durchzuwärmen [...].»[79] Klare Hinweise, dass sich Hans Sulzer kritisch mit seinen Privilegien und den prekären Lebensverhältnissen der benachteiligten Schichten auseinandergesetzt hätte, lassen sich in den Quellen allerdings nicht finden.

Dass er seine Interessen zu verteidigen suchte, zeigte sich auch, als die Parzelle zwischen ihm und Georg Reinhart in den 1920er-Jahren von Zürcher Eigentümern mit einem Mehrfamilienhaus überbaut wurde. Es gelang ihm trotz einem guten Kaufangebot nicht, den Bau zu verhindern und seine freie Aussicht zu retten.[80] Schliesslich kaufte er das Haus 1937 heimlich auf, ohne gegen aussen als Eigentümer in Erscheinung zu treten.[81] Nur: Einfach sprengen konnte man das Mietshaus nicht, wie er gegenüber Reinhart bemerkte: «Wären die Zeiten etwas anders, so hätte ich mich nicht besonnen, die Dynamitpatrone zu kaufen. Heute aber kann man sich leider das nicht leisten, sodass nichts anderes übrig bleibt, als die Verunstaltung vorläufig weiter bestehen zu lassen.»[82] Die Haus blieb stehen und die Aussicht somit beeinträchtigt, obwohl sich die Liegenschaft im Besitz der Familie befand, bis es sein Sohn Georg Sulzer verkaufte.[83]

GESELLSCHAFTLICHES UND POLITISCHES ENGAGEMENT

Die Schweizer Wirtschaftseliten sind gemäss der Studie von André Mach und seinen Mitautoren aufgrund des Milizsystems und der Kleinräumigkeit des Landes typischerweise in mehreren Machtsphären vertreten. Dazu gehören neben der Politik auch der militärische, der kulturelle, der wissenschaftliche und der philanthropische Bereich.[84] Diese Verflechtung lässt sich am Beispiel von Hans Sulzer gut nachvollziehen.

So vertrat er von 1907 bis 1917 die Liberalen im Grossen Stadtrat.[85] Im Gemeindeparlament sassen zuletzt auch seine Bekannten Gottlieb Bachmann, Robert Corti, Georg Reinhart und Rudolf Ernst.[86] Hans' Bruder Carl wurde in Nachfolge seines Onkels Eduard Nationalrat, und auch Hans Sulzer hätte sich 1939 als liberaler Kandidat aus Winterthur für das eidgenössische Parlament aufstellen lassen sollen. In einem Brief an den Präsidenten der Zürcher Freisinnigen, Theodor Gut, teilte er allerdings mit, dass er zehn Jahre zuvor dem Aufruf mit Begeisterung Folge geleistet hätte, sich nun aber in seinem Alter die Kraft nicht mehr zutraue, «zu meiner jetzigen Arbeitslast noch eine neue und zwar eine ganz besonders schwere zu übernehmen».[87] In der Familie wird allerdings für die Absage noch ein weiterer Grund kolportiert: Er habe einem seiner Freunde, Nationalbankpräsident Gottlieb Bachmann, der unbedingt in den Nationalrat wollte, den Vortritt für den traditionellen Winterthurer FDP-Sitz überlassen wollen.[88]

Nach seiner Rückkehr aus Washington wurde Hans Sulzer Präsident der 1915 gegründeten Winterthurer Sektion der Neuen Helvetischen Gesellschaft (NHG), in der auch Gottlieb Bachmann mitwirkte. Sulzer übernahm das Amt 1920 und behielt es bis 1928. Anlässlich des Vierzig-Jahre-Jubiläums der NHG wurde Hans Sulzer zum Ehrenmitglied ernannt – ein Titel, der bis anhin Mitgründern der Gesellschaft vorbehalten war. Die Festschrift lobt «seine umfassende Kenntnis der schweizerischen Wirtschaft, seine Beziehungen zu Persönlichkeiten des In- und Auslandes und sein weltoffener [sic] Geist».[89] Trotz seiner hohen Belastung stellte er sich auch nach seiner Vorstandstätigkeit immer wieder für Referate zur Verfügung, etwa über die Probleme der schweizerischen Maschinenindustrie, über seine Erfahrungen in Amerika oder über die Finanz- und Wirtschaftspolitik der Schweiz im Zweiten Weltkrieg.[90] Eine bedeutende Rolle scheint Sulzer in der NHG nicht gespielt zu haben. «Minister Sulzer» wird in den Festschriften primär als Beleg für die Weltgewandtheit der NHG aufgeführt, und seine Ehrenmitgliedschaft wurde nicht mit Verdiensten für die NHG, sondern für die Versorgung der Schweiz in den Weltkriegen begründet.[91]

Ähnlich kann seine Funktion im Vorstand des 1848 gegründeten Kunstvereins eingeschätzt werden. 1907 fand eine «Palastrevolution»[92] statt, bei welcher der alte Vorstand um den Architekten Ernst Jung von einer neuen Generation abgelöst wurde. Zu dieser gehörten die Kunstfreunde und Sammler Richard Bühler, Arthur Hahnloser und Georg Reinhart, welche den heutigen Ruf Winterthurs als Kunststadt mitbegründeten. Auch der Bau des

Kunstmuseums geht auf den neuen Vorstand unter der Leitung des Architekten Robert Rittmeyer zurück.[93] Hans Sulzer übernahm im Kunstverein ab 1908 das Amt des Quästors, das er bis zu seiner Berufung nach Washington innehatte.[94] Eine wichtige Bedeutung wird ihm in den Annalen des Kunstvereins nicht beigemessen. Sein Abgang wird als «unwesentliche Veränderung» eingestuft. Der Grund für seinen Eintritt in den Vorstand könnte Friedrich Imhoof-Blumer (1838–1920), der Grossvater seiner Frau, gewesen sein. Dieser gehörte zwar der älteren Generation um Ernst Jung an, war aber Ehrenmitglied und eine treibende Kraft im Bau des Kunstmuseums.[95] Auch im engeren familiären Umfeld von Hans Sulzer spielte Kunst eine Rolle: Seine Schwester Jenny Brown-Sulzer (1871–1968) baute mit ihrem Mann, Sidney Brown, einem Sohn des Ex-Sulzer-Ingenieurs Charles Brown, in Baden eine grosse Gemäldesammlung auf. Hans' Schwägerin Emma Sulzer-Forrer war ausserdem Bildhauerin und Vorstandsmitglied im Galerieverein zur Unterstützung des Kunstmuseums, dem sein Jugendfreund Robert Corti vorstand.[96] Hans Sulzer und seine Frau besassen ebenfalls Kunstwerke: Bilder der Winterthurer Maler Johann Jakob Biedermann und Anton Graff, aber auch Ölgemälde von Eugène Boudin, Auguste Renoir, Albert Marquet, Ferdinand Hodler oder Giovanni Segantini, welche die Wände der Villa Alpgut schmückten.[97]

Ein weiteres gesellschaftliches Engagement Sulzers war seine Vorstandstätigkeit im Musikkollegium 1905–1912. In der Vereinschronik wird er jedoch nicht erwähnt.[98] Dieses Engagement ist auf seine Passion für klassische Musik zurückzuführen. Hans Sulzer soll selber musikalisches Talent gehabt haben. In der Familie wird kolportiert, dass er sogar mit dem Gedanken spielte, Pianist zu werden. Im Alpgut jedenfalls gab es ein Musikzimmer mit Konzertflügel und eingebauter Hausorgel.[99] In den Briefen werden immer wieder Konzertbesuche, musikalische Soireen oder Hauskonzerte erwähnt. Und der letzte Wunsch in Sulzers «Testament» bestand darin, dass «zu geeigneter Zeit nach meinem Tod zu meinem Gedächtnis in der Stadtkirche ein Konzert veranstaltet werde unter der Leitung eines erstklassigen Dirigenten mit folgendem Programm. Passacaglia C. moll für Orgel von Bach, ein Violin- oder Klavierkonzert von Beethoven und zum Schluss meine Lieblingssymphonie C. Moll (1.) von Brahms.»[100]

Vorstand des Kunstvereins Winterthur mit Hans Sulzer (ganz rechts) auf einem Ölgemälde von Ernst Würtenberger, 1915. Von links: Richard Bühler, Robert Rittmeyer, Georg Reinhart, Paul Fink, Walther Hünerwadel, Albert Hablützel, Hermann Linck, Arthur Hahnloser.

FREIZEIT ZWISCHEN FREUDE UND PFLICHT

Die Leidenschaft, die in der privaten Korrespondenz am deutlichsten zum Ausdruck kommt, ist jedoch die Jagd. In seinen Briefen ist insbesondere seit dem Zweiten Weltkrieg immer wieder von Jagdpartien die Rede – als Gegenpol zur Arbeit und Mittel zur Entspannung. Seit den 1930er-Jahren war Hans Sulzer als Gründungspräsident bis zu seinem Rücktritt 1957 die dominierende Figur in der Jagdgesellschaft Ossingen-Trüllikon. Dazu hatte er auch die Reviere Truttikon und Neunforn unter seinem Namen gepachtet und später der Gesellschaft übergeben. Unter den Mitgliedern der Jagdgesellschaft findet man neben Sulzer-Direktoren auch Balthasar Reinhart aus der Kolonialhandelsfirma Gebrüder Volkart AG sowie mehrere Verwaltungsräte der Maschinenfabrik Georg Fischer AG aus Schaffhausen. Ebenfalls mit von der Partie waren SKA-Generaldirektor Peter Vieli sowie Georg Fischer. Letzterer hatte 1919 unter Hans Sulzer in der Schweizer Gesandtschaft in Washington gearbeitet und war später Mehrheitsbesitzer der Maag-Zahnräder und -Maschinen AG.[101]

Auch die Kuraufenthalte wiesen einen gesellschaftlichen Charakter auf, der in den Briefen zum Ausdruck kommt: Die Mitglieder der Winterthurer Oberschicht frequentierten die gleichen Kurorte, wie Karlsbad, Baden-Baden, Montecatini oder Vulpera. Hans Sulzer mochte diese Aufenthalte nicht wirklich wegen des vielen «Inzuchtschnörrens»,[102] wie er einmal etwas genervt vermerkte.

Ein weiteres Hobby von Hans Sulzer war Tennis.[103] Die aus England stammende Sportart erfreute sich in der besseren Gesellschaft um 1900 grosser Beliebtheit.[104] So stiftete Oskar Reinhart dem 1905 gegründeten Lawn Tennis Club Winterthur die prächtige Anlage im Römerpark.

1928 wollte Hans' Nachbar Georg Reinhart ihn zudem gewinnen, sich an einem geplanten Golfplatz in Zürich zu beteiligen. «Für uns Winterthurer ist die Sache selbstverständlich viel weniger interessant als für die Zürcher», antwortete ihm Hans. «Ich persönlich habe mich dann aber doch entschlossen, wenigstens einen Anteil zu nehmen, im Hinblick auf meine Absicht, mich am Golfspiel zu interessieren und namentlich auch auf die vielen Amerikanerbesuche, die ich im Sommer jeweils erhalte.»[105] Trotz zugesagtem finanziellem Engagement hat er allerdings nie mit dem Golfspielen angefangen.[106]

Eine Freizeitaktivität von Hans Sulzer, die ebenfalls in einem Gedicht zur Goldenen Hochzeit genannt wird, war die Reiterei.[107] Sein Bruder Robert und Nachbar Georg Reinhart ritten ebenfalls von Zeit zu Zeit aus.[108] Dass es sich dabei um ein schichtspezifisches Phänomen handelte, erklärt sich nur schon durch die hohen Kosten für das Halten von Pferden. So wundert es nicht, dass viele Männer aus dem gehobeneren Bürgertum ihre Militärkarriere in der Kavallerie absolvierten. Hans Sulzer brachte es bis zum Major und wurde 1917 anlässlich seiner Ernennung zum Schweizer Gesandten zum Oberstleutnant befördert.[109] Seine diplomatische Mission beendete die Militärkarriere, aber auch die zivile Reiterei verlor mit der zunehmenden Motorisierung an Bedeutung, und die Stallungen im Alpgut wurden schliesslich in eine Autogarage umgewandelt.

Wie André Mach und seine Kollegen in ihrer Elitenstudie zeigen, war der Offiziersrang für eine zivile Karriere in Wirtschaft und Verwaltung förderlich – und umgekehrt. Denn um überhaupt ins Offizierskorps eintreten zu können, musste man von dessen Mitgliedern rekrutiert werden. Und diese

Als junger Kavallerist. Das Spielzeugpferd zwischen den Beinen spielt wohl auf die Einteilung als Guide (Ordonnanzreiter) an, um 1898.

zogen in der Regel «ihre» Leute nach, sodass auch die höheren Ränge im Militär nach der «Clublogik» besetzt wurden: aus der bestehenden Elite.[110] Dazu passend schrieb ein Mann aus Wiesendangen in seinem Gratulationsschreiben an Hans Sulzer zum achtzigsten Geburtstag: «Noch erinnere ich mich sehr gut, wie wir uns 1897 im Casino zur soldatischen Musterung einfanden [...]. Sie wurden Dragoner, ich Fussvölkler. Ihr Lebensweg führte sie weit hinauf, zum grossen Wirtschaftsführer und Minister, zu einem hochgeachteten Glied unseres lieben Vaterlandes.»[111]

VERHÄLTNIS ZUR ARBEITERSCHAFT

Gesellschaftliche Unterschiede waren auch in den Konflikten mit der Arbeiterschaft nach der Weltwirtschaftskrise von 1929 ein Thema. Nachdem der Betrieb in der Kleingiesserei temporär stillgelegt worden war, griffen die Kommunisten im Betrieb Hans Sulzer in ihrem Organ «Sulzer Prolet» direkt an: «Dieser sattsam ber... [Auslassung im Original] Hunger- und Elendsverbrecher, der kaltblütig den Proleten ihr Letztes aus den Knochen saugt, ver- ▸ S. 96

steuert ein Jahreseinkommen von 209 800 Fr.»[112] Dem gegenüber stünden «die Hungerlöhne, die wir schlucken müssen». Bereits seit einigen Monaten waren Handzettel, Flugblätter und Betriebszeitungen in kleiner Auflage unter den Arbeitern verteilt worden. Dass sie nun vor den Fabriktoren verteilt wurden und neben Aufforderungen zu Demonstrationen, Arbeitszeitverkürzungs- und Lohnerhöhungsforderungen auch noch «verleumderische, perfide Verunglimpfungen der leitenden Persönlichkeiten»[113] der Firma enthielten, alarmierte die Geschäftsleitung. Hans Sulzer suchte sich juristischen Rat bei seinem Freund Robert Corti, jedoch ohne konkrete Schritte zu unternehmen. Oscar Sulzer fand indessen heraus, dass die Steuerdaten von Hans Sulzer durch einen älteren Schriftsetzer auf gewöhnlichem Weg beim Steueramt erfragt und an die Herausgeber des «Sulzer Proleten» weitergegeben worden waren. Dabei handle es sich um junge Kommunisten, die bei Sulzer und der Schweizerischen Lokomotiv- und Maschinenfabrik (SLM) wegen der Wirtschaftskrise entlassen worden waren, wie er dem SLM-Direktor schrieb, dessen Steuerdaten ebenfalls publik gemacht worden waren.[114] Da er allerdings deren Namen nicht kannte, weil die Zeitschrift anonym erschien, wandte er sich an die Kantonspolizei. Diese führte bei der nächsten Verteilaktion Verhaftungen durch und büsste die betreffenden Personen wegen Übertretung des Markt- und Hausiergesetzes und weil kein verantwortlicher Herausgeber genannt wurde. Den Polizeirapport mit Angaben zu den einvernommenen Personen schickte die Kantonspolizei der Firmenleitung.[115]

Wegen der Beschlagnahmung von publiziertem Material, welches «die Riesenverdienste der Sulzer, Meir & Cie. ans Licht bringt»,[116] auf «Befehl der Herren Sulzer» durch die «Kantonsdeckel», riefen die Herausgeber zu einer Protestkundgebung auf und warfen der Firmenleitung und der Polizei vor, sie würden Presse-, Rede- und Versammlungsfreiheit unterdrücken.

1936 publizierte der «Sulzer Prolet» abermals die Steuerdaten von Hans Sulzer und kritisierte, dass dieser auch nach fünf Jahren Krisenzeit mit «Lohnabbau, Akkordabbau, Entlassungen» immer noch 186 500 Franken verdiene. Obwohl sein Privatvermögen seit 1930 von 4 auf 1,6 Millionen gesunken war, errechneten die Herausgeber mit Zinsen einen Stundenlohn von 95 Franken. Ein Hilfsdreher verdiene demgegenüber 1.08 Franken. Sie forderten deshalb einen Kollektivvertrag mit 1.20 Franken Stundenlohn.[117]

Hans Sulzer sah sich als Verfechter einer Sulzer-Gemeinschaft und im Wohlergehen der Firma ein gemeinsames Interesse von Arbeitnehmer und Arbeitgeber, dem sich alle unterzuordnen hätten. Folglich wies er Lohnforderungen mit Verweis auf die Konkurrenzfähigkeit der exportorientierten Metall- und Maschinenindustrie meist zurück.[118] Eine Episode von 1913

Sulzer Prolet

Betriebszeitung

Preis 10 Rp.

Februar 1936 / HERAUSGEBER: KOMMUNISTISCHE PARTEI WINTERTHUR / Nr 1

Aus dem Inhalt:
Wieviel verdient Dr. Hans Sulzer?
Soll die Gewerkschaft zerschlagen werden?
Aus der Sowjetunion.
Werkstätte Dir. Baumann fordert Lohnabbau.

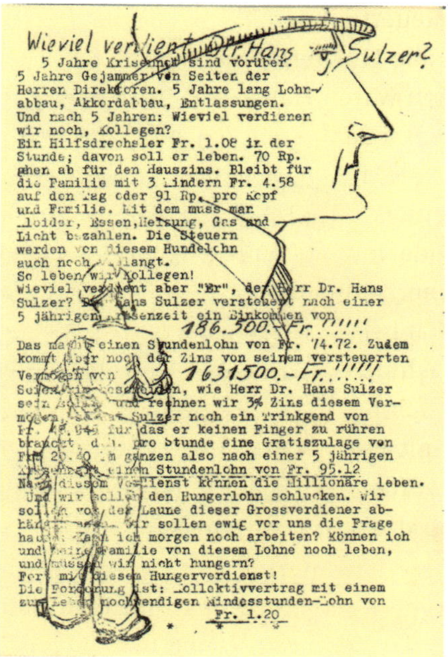

Wieviel verdient Dr. Hans Sulzer?

5 Jahre Krisennot sind vorüber.
5 Jahre Gejammer von Seiten der
Herren Direktoren. 5 Jahre lang Lohn-
abbau, Akkordabbau, Entlassungen.
Und nach 5 Jahren: Wieviel verdienen
wir noch, Kollegen?
Ein Hilfsdrechsler Fr. 1.08 in der
Stunde; davon soll er leben. 70 Rp.
gehen ab für den Hauszins. Bleibt für
die Familie mit 3 Kindern Fr. 4.58
auf den Tag oder 91 Rp. pro Kopf
und Familie. Mit dem muss man
Kleider, Essen, Heizung, Gas und
Licht bezahlen. Die Steuern
werden von diesem Hundelohn
auch noch verlangt.
So leben wir Kollegen!
Wieviel verdient aber "Er", der Herr Dr. Hans
Sulzer? [illegible] Hans Sulzer versteuert nach einer
5 jährigen Krisenzeit ein Einkommen von
186.500.-Fr.!!!!!!
Das macht einen Stundenlohn von Fr. 74.72. Zudem
kommt aber noch der Zins von seinem versteuerten
Vermögen von 1631500.-Fr.!!!!!!
[illegible], wie Herr Dr. Hans Sulzer
sein [illegible] und rechnen wir 3% Zins diesem Ver-
mögen, [illegible] Sulzer noch ein Trinkgend von
Fr. [illegible] für das er keinen Finger zu rühren
braucht, d.h. pro Stunde eine Gratiszulage von
Fr. 20.40 im ganzen also nach einer 5 jährigen
[illegible] einen Stundenlohn von Fr. 95.12
Na[illegible] diesem Verdienst können die Millionäre leben.
Und wir sollen den Hungerlohn schlucken. Wir
sollen von der Laune dieser Grossverdiener ab-
hängen. Wir sollen ewig vor uns die Frage
haben: Kann ich morgen noch arbeiten? Können ich
und meine Familie von diesem Lohne noch leben,
und müssen wir nicht hungern?
Fort mit diesem Hungerverdienst!
Die Forderung ist: Kollektivvertrag mit einem
zum Leben notwendigen Mindesstunden-Lohn von
Fr. 1.20

Veröffentlichung des steuerbaren Einkommens und Vermögens von Hans Sulzer in der kommunistischen Betriebszeitung «Sulzer Prolet», Februar 1936.

zeigt auf, dass ihm insbesondere der Einfluss der Gewerkschaften ein Dorn im Auge war. Als SLM-Verwaltungsrat meinte er zu einem Konflikt mit den Gussputzern, dass man im Falle einer Betriebseinstellung in erster Linie den organisierten Arbeitern kündigen solle. Dieses Mittel habe auch bei Gebrüder Sulzer geholfen, um «die Werkstätten von einer Anzahl von Oberwühlern zu säubern».[119] In den Sitzungen der Arbeiterkommission erklärte er bei Forderungen nach generellen Lohnerhöhungen immer wieder sein Credo, dass ein Unternehmen nicht mehr ausgeben könne, als es einnehme. Selbst als während den heiklen Verhandlungen für das «Friedensabkommen» zwischen dem Schweizerischen Metall- und Uhrenarbeiterverband (SMUV) und dem Arbeitgeberverband schweizerischer Maschinen- und Metallindustrieller (ASM) die Sulzer-Arbeiter mit einem Streik drohten, war er nicht bereit, den Sulzer-Arbeiterführern «etwas in die Hände zu geben», damit sie ihren Kollegen den Streik ausreden könnten: «Wir sind immer entgegengekommen, und wenn wir es in diesem Moment nicht können, dann ist es eben so.» Es stehe ihnen aber frei, sich ans Einigungsamt zu wenden oder nach Unterzeichnung des «Friedensabkommens» an die neu zu schaffende

Schlichtungsstelle zu gelangen, um den Fall von einer neutralen Instanz beurteilen zu lassen.[120]

In den Zeitungsartikeln über Hans Sulzer, die mehrheitlich aus den 1950er-Jahren stammen, werden diese Gegensätze nur am Rande thematisiert. Das dürfte nicht zuletzt daran liegen, dass der Arbeitskampf vor dem Hintergrund der Hochkonjunktur verblasste. Auch das «Friedensabkommen» in der Maschinen- und Metallindustrie von 1937, das, nur teilweise zu Recht,[121] den Sulzers verdankt wurde, dürfte zu einer Beruhigung der Situation beigetragen haben. Selbst den Vertretern der zahm gewordenen Arbeiterschaft erschienen die Kämpfe der Zwischenkriegszeit später nur noch als eine weit zurückliegende Zeitepoche, in der «harte Auseinandersetzungen unvermeidlich waren».[122] Nur ein einziger Kommentar in der «Winterthurer Arbeiterzeitung» merkte kritisch an, die Gesprächsbereitschaft von Hans Sulzer, die ihm von vielen rückblickend auf die Zeit nach 1937 attestiert wurde, sei keineswegs selbstverständlich gewesen. Sie sei eine «Wandlung des alternden Hans Sulzer [...]. Die ältere Generation der Sulzer-Arbeiter hatten den ‹Minister› als einen sogenannten ‹Harten› in Erinnerung, einen Unternehmer vom Typus Sulzer-Ziegler, mit dem nicht gut Kirschen essen war.»[123]

In den privaten Korrespondenzen von Hans Sulzer spielen die Konflikte mit der Arbeiterschaft keine Rolle. Gelegentlich schimmert die Angst durch, dass kommunistische Ideen auch in der Schweiz wieder vermehrt Fuss fassen könnten. So schrieb er 1951 seinem Sohn Alfred, dass die Russen zwar zu einem Krieg nicht bereit seien, «aber sonst überall mit ihrer fünften Kolonne viel Mist» machen würden.[124] Diese Haltung war seit der Zwischenkriegszeit im Winterthurer Bürgertum verbreitet und nicht zuletzt den Erfahrungen von Streikbewegungen des beginnenden 20. Jahrhunderts geschuldet, die im Generalstreik 1918 gipfelten.[125]

DAS ENDE EINER TRADITION

Nach dem Zweiten Weltkrieg wurde Hans Sulzer mit Ehrungen für seine vielfältigen Tätigkeiten geradezu überhäuft.[126] Zu seinem achtzigsten Geburtstag druckte das «Neue Winterthurer Tagblatt» eine ganze Doppelseite mit Glückwünschen von «Sulzeranern», engen Mitarbeitern aus der Konzernleitung, Lokal- und Bundespolitikern sowie Wirtschaftsvertretern aus der ganzen Schweiz.[127] Dieselbe Prominenz erwies ihm nach seinem krankheitsbedingten Tod am 3. Januar 1959 auch die letzte Ehre an der Trauerfeier. Die

Sulzer-Belegschaft erhielt an diesem Nachmittag frei und die 3500 Plätze in der Stadtkirche waren bis auf den letzten besetzt.[128]

Der Tod Hans Sulzers als letzter Vertreter der dritten Sulzer-Generation und letzter Partner der alten Privatgesellschaft wurde als Zäsur verstanden.[129] Die «Arbeiterzeitung» kommentierte: «Dieses Ausharren auf dem Posten, wo Herkunft, Eignung und Vertrauen ihn hingestellt, zeichnet den hervorragenden Vertreter einer Generation aus, die, in den festen bürgerlichen Ordnungen des 19. Jahrhunderts aufgewachsen und erzogen, im wachen und steten Bewusstsein lebte, dass vor anderm die einem übertragenen Pflichten ohne Ausweichen erfüllt werden müssen, und dass wir für unser Handeln und Tun der Gemeinschaft gegenüber verantwortlich sind. Dieses staatsbürgerliche Verantwortungsbewusstsein, das im Bekenntnis zum Liberalismus gründete, wurde im Elternhaus vorgelebt [...].»[130] Auch Hans Bachmann, Stadtrat und Sohn von Sulzers Freund Gottlieb Bachmann, sah in Hans Sulzer einen Vertreter einer vergangenen Zeit. Und die «Technische Rundschau» klagte in ihrem Nachruf: «Jene weltoffenen Unternehmerpersönlichkeiten, wie sie im letzten Jahrhundert [...] auftraten, sind heute im schweizerischen Wirtschaftsleben eher selten geworden.»[131]

▸ S. 205

Die Wahrnehmung einer Zäsur war sicherlich auch geprägt durch das Zusammenfallen mit dem Übergang der von den Weltkriegen geprägten ersten Hälfte des 20. Jahrhunderts zum «Goldenen Zeitalter» nach 1945 und den damit einhergehenden Dynamiken in Wirtschaft und Gesellschaft. «Noch ist allerdings der Name Sulzer auch unter den Direktoren und Verwaltungsräten nicht ausgestorben», schrieb die «Arbeiterzeitung» in Anspielung auf Georg Sulzer, den zweitältesten Sohn von Hans, der 1954 die operative Firmenleitung übernahm. «Ihre Träger haben aber aufgehört, die Leitung des Unternehmens auf autokratische Weise auszuüben.»[132] Stattdessen sei die Verantwortung nun an eine grössere Anzahl Manager oder Direktoren übergegangen, die sich weniger um den direkten Kontakt mit der Arbeiterschaft bemühten.

Hans Sulzer stand nicht nur für eine familiengestützte Firmenkultur vor der «manageriellen Ära»,[133] sondern auch für ein Winterthurer Milieu, in welchem Familie und Firma Sulzer eine zentrale Rolle spielten. Dieses schien nach dem Zweiten Weltkrieg allmählich zu verschwinden, wie Stadtpräsident Hans Rüegg 1956 anlässlich von Hans' achtzigstem Geburtstag schrieb: «In die Vorstellung einer Winterthurer Gemeinschaft [...] gehört untrennbar die Familie Sulzer [...]. Sie hat es durch Generationen hindurch bis auf den heutigen Tag verstanden, bei aller weltweiten Verflechtung des Unternehmens seine Verwurzelung im Winterthurer Erdreich zu wahren und das Gefühl gegenseitiger Verantwortung, wie es einem Gemeinwesen eigen ist, zum Vorteil sowohl des Betriebes wie seiner Umgebung aufrechtzuerhalten. Als Verkörperung hiefür sehen wir heute den Jubilaren, ihn, in dem sich die erfolgreiche Vergangenheit unserer Industrie über eine neu gestaltete Gegenwart hinweg mit einer vorläufig noch unsicheren Zukunft verbindet.»[134]

Hans Sulzer, der die Firma in den turbulenten Zeiten der ersten Hälfte des 20. Jahrhunderts leitete, war sich der Brüchigkeit von alten Strukturen sehr wohl bewusst. Trotzdem – oder vielleicht gerade deshalb – gab er in seiner letztwilligen Verfügung der Hoffnung Ausdruck, die Familientradition weiterzuführen: «Und wenn Ihr *meinen* Anteil an dem, was Ihr geworden seid, bewertet, so denkt vor allem, dass ich mich bemühte, Euch das Beispiel eines Vaters zu geben, der bestrebt war, ein nützliches Glied der menschlichen Gemeinschaft zu sein und, in Nachahmung meines unvergesslichen Vaters, der Familie durch Arbeit und Charakter den guten Namen zu erhalten. [...] Das Ernten wurde uns etwas zu leicht gemacht und wir standen zu sehr unter dem Eindruck, dass es nun immer so weitergehe und dass wir auch unseren Kindern im Zeitpunkt, wo wir einmal die Lebensfackel weitergeben müssen, ein annähernd gleiches Geschenk hinterlassen könnten, wie wir das Glück hatten, es von unseren Vätern zu empfangen.»[135] In Anbetracht der Unsicherheit der Nachkriegszeit freute er sich umso mehr, dass sein Sohn Georg «sich tüchtig einarbeitet, überall im Geschäft anerkannt und beliebt ist und dem ein schönes Avancement bevorsteht».[136] Zu dessen vierzigstem Geburtstag schrieb er ihm: «Dir fällt jetzt in der Vollkraft Deines Lebens die Aufgabe zu, das Werk Deiner Vorfahren in der vierten Generation in den Traditionen seiner Gründer weiterzuführen.»[137]

Die Tradition hielt allerdings nicht mehr lange. Nach der vierten Generation und knapp 150 Jahren endete sie: 1982 gab sein Sohn Georg, als letzter Namensträger an der Spitze des Unternehmens, den Posten als Verwaltungsratspräsident an Armin Baltensweiler, einen externen Manager, ab. Damit folgte er einem schweizweiten Trend: Die Globalisierung läutete das Ende der von wenigen Familien dominierten Schweizer Wirtschaftselite ein, wie sie seit der Gründerzeit im 19. Jahrhundert existierte.[138] So ging in Winterthur nicht nur eine Firmentradition zu Ende, auch das Winterthurer Milieu, das Hans prägte, verlor gesellschaftlich an Bedeutung. Dafür eröffnete die Deindustrialisierung ab den 1980er-Jahren ein neues Kapitel in der Winterthurer Geschichte: den Wandel zur Kultur- und Dienstleistungsstadt.

Anmerkungen

1 Denzler, Alice: Die Sulzer von Winterthur, Bd. 1, Winterthur 1933, S. 1.

2 Siehe dazu Knoepfli, Adrian: Heisse Tage in Winterthur. Hans Sulzer und Ferdinand Aeschbacher. Der Unternehmer und der Gewerkschaftssekretär, in: Elisabeth Joris, Bruno Meier, Martin Widmer (Hg.): Historische Begegnungen. Biografische Essays zur Schweizer Geschichte, Baden 2014, S. 205–230, hier S. 212.

3 Eine wichtige Verbindung war zum Beispiel die Heirat von Hans' Schwester Jenny (1871–1968) mit dem Industriellen Sidney Brown (1865–1941), Sohn des ehemaligen Sulzer-Konstrukteurs und Mitgründers der Schweizerischen Lokomotiv- und Maschinenfabrik in Winterthur Charles Brown (1827–1905) sowie Bruder des BBC-Gründers Charles Eugene Lancelot Brown (1863–1924). Ida Sulzer (1846–1918), Tochter von Johann Jakob Sulzer-Hirzel, ehelichte zudem Paul Reinhart (1836–1902), Inhaber der gleichnamigen Baumwollhandelsfirma und Onkel des späteren Kunstsammlers Oskar Reinhart. Lange beschränkten sich die Verbindungen mehrheitlich auf Winterthur. Erst in der Generation von Hans Sulzers Söhnen wurden diese Grenzen systematisch ausgedehnt, etwa durch die Heirat von Alfred Eduard (1914–1987) mit Dorette Marguerite aus dem Basler Geschlecht der Merian (1917–2008) oder die Vermählung von Johann Georg (1909–2001) mit Anne Elizabeth («Lilo») Schwarzenbach (1913–1981) aus der Zürcher Seidenindustriellenfamilie Schwarzenbach.

4 Die Zählung folgt hier derjenigen von Hans Sulzer und der damaligen Öffentlichkeit, welche die Gebrüder Sulzer als erste Generation angesehen haben. Streng genommen begann deren Grossvater mit der Giessereitradition.

5 Zum Gegensatz zwischen Liberalen und Demokraten siehe Knoepfli, Adrian: Von der Herrschaft der Demokratie zu Rot-Grün, in: Stadt Winterthur, Adele Koller Knüsli Stiftung (Hg.): Winterthurer Stadtgeschichte, Bd. 2, Zürich 2014, S. 83–150, hier S. 88–91.

6 Jossi, Christian: Schritt für Schritt ins Winterthurer Millionendebakel, in: Hans-Peter Bärtschi et al.: Die Nationalbahn. Vision einer Volksbahn, Wetzikon 2009, S. 109–126, hier S. 112 f.

7 Knoepfli (2014, wie Anm. 2), S. 208.

8 Um dem angespannten Verhältnis der beiden Firmen entgegenzuwirken, nahm jeweils ein Vertreter der Sulzer Einsitz im Verwaltungsrat der SLM. Wegen der ständigen Reibereien zwischen den beiden Firmen legte Hans Sulzer Mitte der 1920er-Jahre sein Mandat nieder. Vgl. hierzu Knoepfli (2014, wie Anm. 2), S. 217 f.; Knoepfli, Adrian: Vom Baumwollhandel zur Industrie- und zur Bildungsstadt, in: Stadt Winterthur, Adele Koller Knüsli Stiftung (Hg.): Winterthurer Stadtgeschichte, Bd. 2, Zürich 2014, S. 163–266, hier S. 177 f.

9 Sulzer, Oscar: Mein Lebenslauf, Winterthur 1958, S. 3 f.

10 Griesser, Markus; Beutler, Hans: Robert Sulzer. Fragmente aus seinem Leben und Wirken 1873–1953, Winterthur 2001, S. 17.

11 Ebd., S. 25 f.

12 Sulzer, Hans: Vorwort, in: Gebrüder Sulzer (Hg.): 100 Jahre Gebrüder Sulzer 1834–1934, Winterthur 1935, S. 5–7, hier S. 5.

13 Ebd.

14 Zum kritischen Narrativ über Schweizer Wirtschaftseliten vgl. Mach, André; David, Thomas; Ginalski, Stéphanie; Bühlmann, Felix (Hg.): Schweizer Wirtschaftseliten 1910–2010, Baden 2017, S. 10 f.

15 Lebenslauf Karl Mallaun, S. 26 (BAR, E4320B#1970/25#88*).

16 Schmid, Erich: Verhör und Tod in Winterthur [1986], ergänzte und überarbeitete Neuauflage, Zürich 2002, S. 31.

17 Ebd., S. 48.

18 Friedrichs Mutter, Ida Fanny Sulzer (1896–1968), war eine Nichte von Hans Sulzer.

19 Meienberg, Niklaus: Gedenkblatt für Familie Sulzer. Patriotische Erwägungen zum 1. 8. 1978, in: ders.: Vorspiegelung wahrer Tatsachen, Zürich 1983, S. 25–35.

20 Kritische Annäherungen an die Familie und die Firma Sulzer wagten der Journalist Willi Wottreng und der Historiker Thomas Buomberger. Wottreng, Willi: Sulzer – eine Familiengeschichte, in: Industriekultur in Winterthur (333. Neujahrsblatt der Stadtbibliothek Winterthur), Zürich 2002, S. 112–120; Buomberger, Thomas: Kooperation statt Konfrontation. Die Winterthurer Arbeiterschaft während der Krisenzeit der 1930er-Jahre (315. Neujahrsblatt der Stadtbibliothek Winterthur), Winterthur 1984. Eine erste systematische Auseinandersetzung mit einem Exponenten der Familie Sulzer, die auf einem relativ breiten Quellenstudium basiert, gelang dem Historiker Adrian Knoepfli in seiner Doppelbiografie von Hans Sulzer und dem Gewerkschaftssekretär Ferdinand Aeschbacher. Knoepfli (2014, wie Anm. 2).

21 Mach (2017, wie Anm. 14), S. 12.

22 Ebd.

23 Im Briefwechsel zwischen Hans, seiner Frau und den Söhnen wird ausführlich über die Karriereplanung der Kinder geschrieben. Anhand der Korrespondenz lässt sich sehr gut nachvollziehen, wie die Söhne das berufliche und gesellschaftliche Netzwerk ihres Vaters für den Berufseinstieg nutzten.

24 Letztwillige Verfügung vom 12. 3. 1942 (AfZ, NL Hans Sulzer, 52.5.).
25 Hans Sulzer an Alfred Sulzer, 1. 5. 1934 (AfZ, NL Hans Sulzer, 54.4.).
26 Programm, Höhere Stadtschulen, Lehrer- und Schülerverzeichnis, 1889/90, S. 26 (Stadtarchiv Winterthur, JE 22).
27 Sulzer, Hans: Dem Freunde, in: Hans Kägi (Hg.): Winterthurer Heimatblätter, Winterthur 1945, S. 157 f., hier S. 157.
28 Mietlich, Karl: 100 Jahre Vitodurania 1863–1963. Festschrift im Auftrag der Alt-Vitodurania, Winterthur 1963, S. 144 f.
29 Bálint, Anna: Sulzer im Wandel. Innovation aus Tradition, Baden 2015, S. 76; Knoepfli (2014, wie Anm. 5), S. 119–124.
30 Gottlieb Bachmann heiratete eine Cousine von Hans Sulzers Frau Lili Sulzer-Weber, die er in deren Haus an der Trollstrasse kennengelernt haben soll (vgl. Köhler, Ludwig: Zur Erinnerung an Gottlieb Bachmann. 20. Juli 1874 – 11. Dezember 1947, o. O. [1947], S. 49). Sein Sohn Hans Bachmann wurde später von Robert Corti, der ebenfalls mit einer Cousine von Lili Weber-Sulzer verheiratet war, in seine Anwaltspraxis aufgenommen. 1947–1977 war Hans Bachmann im Winterthurer Stadtrat. Georg Reinharts Frau, Olga Schwarzenbach, war ausserdem die Tante von Anne Elizabeth («Lilo») Schwarzenbach (1913–1981), der Ehefrau von Hans' Sohn Georg. Zur Familie Weber siehe Bütikofer, Alfred: Johann Jakob Weber zur Schleife (1814–1901), in: Winterthurer Jahrbuch 1988, Winterthur 1987, S. 13–37.
31 Sulzer (1958, wie Anm. 9), S. 11; Sulzer (1945, wie Anm. 27), S. 157.
32 Sulzer (1958, wie Anm. 9), S. 9.
33 Lebenslauf Dr. jur. Hans Sulzer, 1959, S. 1 (AfZ, NL Hans Sulzer, 10.1.).
34 Letztwillige Verfügung vom 12. 3. 1942 (AfZ, NL Hans Sulzer, 52.5.).
35 Griesser (2001, wie Anm. 10), S. 16; Corti, Robert: Minister Dr. Hans Sulzer zum achtzigsten Geburtstag, in: Neues Winterthurer Tagblatt, 1956, Nr. 64.
36 Siehe etwa Griesser (2001, wie Anm. 10), S. 14 f., 37.
37 Siehe dazu Buomberger (1984, wie Anm. 20), S. 281 f. und Anm. 130.
38 Letztwillige Verfügung vom 12. 3. 1942 (AfZ, NL Hans Sulzer, 52.5.).
39 Dessen Vater, Rudolf Ernst-Reinhart (1836–1890), war ein Studienfreund von Hans' Vater und wurde 1872 der einzige familienfremde Teilhaber. Richard Ernst war verheiratet mit Hans' Cousine Helene Elisabeth Sulzer (1879–1949).
40 Bálint (2015, wie Anm. 29), S. 67 f.
41 Ebd., S. 70 f., 586 f.
42 Für die verschiedenen Mandate und Mitgliedschaften siehe Lebenslauf Dr. jur. Hans Sulzer, 1959, S. 2–7 (AfZ, NL Hans Sulzer, 10.1.).
43 Sulzer spricht in seiner letztwilligen Verfügung von finanziellen Schwierigkeiten in der Zeit nach dem Ersten Weltkrieg. Auch in einem Brief an Lili Sulzer spricht er das Thema an. Er berichtet ihr von einer Familie, die seit ihrem Besuch in Winterthur reich geworden sei, was ihn nachdenklich stimme, «nicht in Form des Neides, sondern der Selbstkritik». Hans Sulzer an Lili Sulzer, 1. 4. 1922 (AfZ, NL Hans Sulzer, 54.1.).
44 Minister Sulzer gestorben, in: Winterthurer Arbeiterzeitung, 1959, Nr. 3.
45 Minister Dr. Hans Sulzer siebzigjährig, in: Neues Winterthurer Tagblatt, 1946, Nr. 62.
46 Sulzer, Hans: Zur Erinnerung an Gottlieb Bachmann. 20. Juli 1874 – 11. Dezember 1947, o. O. [1947], S. 50.
47 Trauerfeier für Minister Dr. Hans Sulzer, in: Neues Winterthurer Tagblatt, 1959, Nr. 5.
48 Trauerfeier für Minister Dr. Sulzer, in: Der Weinländer, 1959, Nr. 3.
49 Minister Dr. Hans Sulzer siebzigjährig, in: Neues Winterthurer Tagblatt, 1946, Nr. 62.
50 Trauerfeier für Minister Dr. Hans Sulzer, in: Neues Winterthurer Tagblatt, 1959, Nr. 5.
51 Hans Sulzer an Lili Sulzer, 16. 4. 1929 (AfZ, NL Hans Sulzer, 54.2.).
52 Lili Sulzer an Alfred Sulzer, 15. 11. 1941 (AfZ, NL Hans Sulzer, 54.5.).
53 Lili Sulzer an Alfred und Dorette Sulzer-Merian, 3. 2. 1943 (AfZ, NL Hans Sulzer, 54.5.).
54 Hans Sulzer an Alfred Sulzer, 4. 4. 1943 (AfZ, NL Hans Sulzer, 54.5.).
55 Hans Sulzer an Lili Sulzer, 4. 6. 1922 (AfZ, NL Hans Sulzer, 54.1.).
56 Lili Sulzer an Hans Sulzer, 26. 5. 1942 (AfZ, NL Hans Sulzer, 54.3.).
57 Hans Sulzer an Alfred Sulzer, 14. 6. 1943 (AfZ, NL Hans Sulzer, 54.5.).
58 Der Villenspezialist Martin Pauli (siehe unten) schreibt konsequent vom «Rychenberg», was um 1900 den Teil des Lindbergs zwischen der Villa Rychenberg und dem Alpgut bezeichnete.
59 Zum Alpgut siehe Pauli, Martin: Winterthurer-Villen von 1850–1920, unpublizierte Lizentiatsarbeit Universität Zürich 1977, S. 234–246 (greifbar in ZB Zürich und Stadtbibliothek Winterthur); Hauser, Andreas, unter Mitarbeit von Alfred Bütikofer: Winterthur, in: Gesellschaft für Schweizerische Kunstgeschichte (Hg.): Inventar der neueren Schweizer Architektur (INSA) 1850–1920, Bd. 10, Bern 1992, S. 19–196, hier S. 131; Flury-Rova, Moritz: Backsteinvillen und Arbeiterhäuser. Der Winterthurer Architekt Ernst Jung (1841–1912) (339. Neujahrsblatt der Stadtbibliothek Winterthur), Winterthur 2008, S. 51–53; Knoepfli (2014, wie Anm. 2), S. 208 f., 218.
60 Letztwillige Verfügung vom 12. 3. 1942 (AfZ, NL Hans Sulzer, 52.5.).
61 Bütikofer (1987, wie Anm. 30), S. 13.

62 Knoepfli (2014, wie Anm. 2), S. 212.
63 Letztwillige Verfügung vom 12. 3. 1942 (AfZ, NL Hans Sulzer, 52.5.).
64 Völki baute wichtige Gebäude für das Unternehmen. Dazu gehörten der Verwaltungssitz an der Zürcherstrasse, der den Spitznamen «Olymp» erhielt, sowie der Rundbau an den Eisenbahngeleisen (heute Hochschulbibliothek der Zürcher Hochschule für Angewandte Wissenschaften) und die benachbarte Dieselmotorenhalle (heute Superblock) im Stil des neuen Bauens. Letztere erlangte doppelte Berühmtheit: zum einen als Prüfstand der riesigen Schiffsdieselmotoren, zum anderen als Ort der grossen Streikversammlung vor dem «Arbeiterfrieden» von 1937, bei der Robert Sulzer eine legendäre Rede hielt, um die Arbeiterversammlung vom Streik abzuhalten. Völki war über die Heirat mit der Schwester von Robert Sulzers Frau, der Bildhauerin Emma Forrer, auch gesellschaftlich mit den Sulzers verbunden. Siehe Flury-Rova (2008, wie Anm. 59), S. 33; Pauli (1977, wie Anm. 59), S. 238 f.
65 Pauli (1977, wie Anm. 59), S. 15. In der Nachbarschaft von Hans Sulzer lebten ausserdem sein Bruder Robert sowie Georg Reinhart. Das Land für die Villa «Am Römerholz», welche Oskar Reinhart 1924 kaufte und die heute als Museum für seine Gemäldesammlung dient, stammte ursprünglich ebenfalls aus dem Familienbesitz der Sulzers. Zur Arrondierung von Land der Familien Sulzer und Reinhart am Lindberg siehe auch Winterthurer Bibliotheken, Handschriften, Ms GR 73/47.
66 Pauli (1977, wie Anm. 59), S. 19.
67 Georg Reinhart an Hans Sulzer, 28. 5. 1918 (Winterthurer Bibliotheken, Handschriften, Ms GR 73/47). Dass die Beziehungen am Lindberg doch nicht immer so eng waren, zeigt eine handschriftlich ergänzte Notiz Reinharts: «Auf diesen Brief habe ich nie eine Antwort erhalten!»
68 Pauli (1977, wie Anm. 59), S. 19.
69 Ebd., S. 13 f., 19.
70 125 Jahre Corti und Cie. AG, Winterthur 1994, S. 9.
71 Pauli (1977, wie Anm. 59), S. 240. Gemäss Alfred R. Sulzer hatten Hans und Lili Sulzer nicht nur häufig Gäste aus Amerika zu Besuch, das Alpgut diente vor dem Bau des Parkhotels 1957 auch der Unterbringung von wichtigen Gästen der Stadt.
72 Hans Sulzer an Lili Sulzer, 16. 4. 1929 (AfZ, NL Hans Sulzer, 54.2.).
73 Letztwillige Verfügung vom 12. 3. 1942 (AfZ, NL Hans Sulzer, 52.5.).
74 Ebd.
75 Ebd.
76 Minister Dr. Hans Sulzer zum achtzigsten Geburtstag, in: Neues Winterthurer Tagblatt, 1956, Nr. 64.
77 Trauerfeier für Minister Dr. Hans Sulzer, in: Der Weinländer, 1959, Nr. 3.
78 Hans Sulzer an Alfred Sulzer, 18. 5. 1952 (AfZ, NL Hans Sulzer, 54.5.).
79 Hans Sulzer an Lili Sulzer, 4. 6. 1922 (AfZ, NL Hans Sulzer, 54.1.).
80 Hans Sulzer an Gebrüder Huber, 14. 8. 1924 (Winterthurer Bibliotheken, Handschriften, Ms GR 32/33).
81 Den Kauf wickelte Hans Sulzer über die Gesellschaft für Erstellung billiger Wohnbauten ab, die 1872 von seinem Vater mitgegründet wurde, um für die wachsende Zahl von Arbeitern günstigen Wohnraum zu schaffen. In den 1930er-Jahren sassen Robert Sulzer, Robert Corti und Lebrecht Völki im Vorstand. Selbst innerhalb der Familie wurde die Eigentümerschaft gemäss Alfred R. Sulzer mit Diskretion behandelt. Siehe auch Hans Sulzer an Georg Reinhart, 25. 10. 1937 (Winterthurer Bibliotheken, Handschriften, Ms GR 32/33).
82 Hans Sulzer an Georg Reinhart, 25. 10. 1937 (Winterthurer Bibliotheken, Handschriften, Ms GR 32/33).
83 Auskunft von Alfred R. Sulzer.
84 Mach (2017, wie Anm. 14), S. 14.
85 Lebenslauf Dr. jur. Hans Sulzer, 1959, S. 6 (AfZ, NL Hans Sulzer, 10.1.).
86 Geschäftsbericht der Stadt Winterthur 1917, S. 258 (Stadtarchiv Winterthur).
87 Hans Sulzer an Theodor Gut, 18. 8. 1939 (AfZ, NL Heinrich Homberger, 83).
88 Auskunft von Alfred R. Sulzer.
89 Gruppe Winterthur der Neuen Helvetischen Gesellschaft (Hg.): Vierzig Jahre Gruppe Winterthur der Neuen Helvetischen Gesellschaft 1915–1955. Festansprache und Vorträge, Winterthur 1955, S. 24.
90 Neue Helvetische Gesellschaft Winterthur (Hg.): Gedachtes und Vollbrachtes. 75 Jahre Neue Helvetische Gesellschaft Winterthur, Winterthur 1990, S. 30–34, 50.
91 Gruppe Winterthur (1955, wie Anm. 89), S. 23; Neue Helvetische Gesellschaft (1990, wie Anm. 90), S. 66.
92 Koella, Rudolf: Der Aufbruch in die Moderne, in: Geschichte des Kunstvereins Winterthur seit seiner Gründung 1848 (321. Neujahrsblatt der Stadtbibliothek Winterthurer), Winterthur 1990, S. 102–135, hier S. 104.
93 Ebd., S. 104–106.
94 Ebd., S. 114.
95 Furrer-Kempter, Katharina: Das Kunstmuseum. Entstehung und Verwirklichung einer Idee, in: Geschichte des Kunstvereins Winterthur seit seiner Gründung 1848 (321. Neujahrsblatt der Stadtbibliothek Winterthurer), Winterthur 1990, S. 136–175, hier S. 143. Eine weitere verwandtschaftliche Verbindung zwischen den Familien Sulzer und Imhoof bestand in Jakob Sulzer-Imhoof (1855–1922), einem Sohn des Firmengründers Salomon Sulzer und damit Cousin von Hans Sulzers Vater, der eine Tochter von Friedrich Imhoof-Blumer heiratete und 1914–1920 den Verwaltungsrat der Sulzer Holding präsidierte.

96 Koella (1990, wie Anm. 92), S. 119; Griesser (2001, wie Anm. 10), S. 39.
97 Keller, Heinz: Kunst in Winterthurer Privatbesitz, unveröffentlichtes Verzeichnis, Archiv Kunstmuseum Winterthur, um 1940.
98 Kurmann, Nicole: Dem Provinziellen widerstehen. Das Musikkollegium Winterthur 1629–2004 im Musikleben der Stadt (335. Neujahrsblatt der Stadtbibliothek Winterthur), Zürich 2003.
99 Auskunft von Alfred R. Sulzer.
100 Letztwillige Verfügung vom 12. 3. 1942 (AfZ, NL Hans Sulzer, 52.5.). Das Gedenkkonzert hat laut Alfred R. Sulzer nie stattgefunden.
101 Türler, Ueli: Geschichte der Jagdgesellschaft Ossingen, 1991 (unveröffentlichtes Manuskript). Aus Hans Sulzers Privatkorrespondenz geht hervor, dass er sehr oft auch im Elsass, in der Nähe von Colmar, auf die Pirsch ging.
102 Hans Sulzer an Alfred Sulzer, 18. 5. 1952 (AfZ, NL Hans Sulzer, 54.5.).
103 Siehe auch Baubeschrieb Villa Alpgut.
104 Vgl. hierzu Sulzer-Bühler, Fanny C.: Erinnerungen, Winterthur 1973, S. 167.
105 Hans Sulzer an Georg Reinhart, 11. 12. 1928 (Winterthurer Bibliotheken, Handschriften, Ms GR 32/33).
106 Auskunft von Alfred R. Sulzer.
107 Album «Hans und Lili Sulzer, Goldene Hochzeit», 17. 2. 1956 (AfZ, NL Hans Sulzer, 55.1.2.).
108 Georg Reinhart an Hans Sulzer, 8. 5. 1914 (Winterthurer Bibliotheken, Handschriften, Ms GR 73/47); Griesser (2001), S. 36–38.
109 Lebenslauf Dr. jur. Hans Sulzer, 1959, S. 8 (AfZ, NL Hans Sulzer, 10.1.).
110 Mach (2017, wie Anm. 14), S. 64–67.
111 Gratulationsschreiben zum 80. Geburtstag, 17. 3. 1956 (AfZ, NL Hans Sulzer, 16.4.).
112 Sulzer Prolet, Nr. 3, September 1930 (Konzernarchiv Sulzer, Schachtel 255, A2).
113 Bericht an den Offiziersposten der Kantonspolizei Winterthur, 3. 11. 1930 (Konzernarchiv Sulzer, Schachtel 255, A2).
114 Oscar Sulzer an Oskar Denzler, 20. 9. 1930 (Konzernarchiv Sulzer, Schachtel 255, A2).
115 Oscar Sulzer an Ernst Loepfe, 9. 12. 1930 (Konzernarchiv Sulzer, Schachtel 255, A2).
116 Flugblatt, undatiert (Konzernarchiv Sulzer, Schachtel 255, A2).
117 Sulzer Prolet, Nr. 1, Februar 1936 (Konzernarchiv Sulzer, Schachtel 255, A2).
118 Vgl. zum Beispiel Bei Gebrüder Sulzer, in: Neues Winterthurer Tagblatt, 1926, Nr. 305; Sulzer-Unternehmungen, in: Neues Winterthurer Tagblatt, 1934, Nr. 126.
119 Zitiert nach Knoepfli (2014, wie Anm. 2), S. 212 f.
120 Protokoll der gemeinsamen Sitzung der Geschäftsleitung und der Arbeiterkommission, 24. 6. 1937 (Konzernarchiv Sulzer, Schachtel 180, A II k 16). Zum Lohnkonflikt von 1937 siehe Buomberger (1984, wie Anm. 20), S. 243–255.
121 Zur Mythologisierung dieses Abkommens und der Rolle von Hans Sulzer siehe Buomberger (1984, wie Anm. 20), S. 243–264, und Knöpfli (2014, wie Anm. 2), S. 223.
122 Dr. Hans Sulzer 80jährig, in: Winterthurer Arbeiterzeitung, 1956, Nr. 66; siehe dazu auch Trauerfeier für Minister Dr. Hans Sulzer, in: Neues Winterthurer Tagblatt, 1959, Nr. 6, oder Knoepfli (2014, wie Anm. 2), S. 229.
123 Bemerkungen zum Tage, in: Winterthurer Arbeiterzeitung, 1959, Nr. 9.
124 Hans Sulzer an Alfred Sulzer, 18. 5. 1952 (AfZ, NL Hans Sulzer, 54.5.).
125 Siehe dazu die Aufzeichnungen von Oscar Sulzer in Sulzer (1958, wie Anm. 9), S. 11.
126 Zu den verschiedenen Auszeichnungen siehe Sammlung der Urkunden (AfZ, NL Hans Sulzer, 15.1.). Neben nationalen und internationalen Institutionen und Gesellschaften erfuhr Sulzer Ehrungen durch folgende lokale Vereine: Galerieverein (1943), Kavallerieverein Winterthur und Umgebung (1944), Technischer Verein Winterthur (1949), Neue Helvetische Gesellschaft (1955), Männerchor Winterthur (1956).
127 Minister Dr. Hans Sulzer zum achtzigsten Geburtstag, in: Neues Winterthurer Tagblatt, 1956, Nr. 64.
128 Trauerfeier für Dr. Hans Sulzer, in: Winterthurer Arbeiterzeitung, 1959, Nr. 6.
129 Vgl. Trauerfeier für Minister Dr. Hans Sulzer, in: Neues Winterthurer Tagblatt, 1959, Nr. 5, oder Eröffnungsworte in der Sitzung des Verwaltungsrates der Gebrüder Sulzer AG Winterthur vom 2. 4. 1959 von Vizepräsident Dr. Heinrich Wolfer (AfZ, NL Hans Sulzer, 17.1.).
130 Trauerfeier für Dr. Hans Sulzer, in: Winterthurer Arbeiterzeitung, 1959, Nr. 6.
131 Technische Rundschau, Minister Dr. Hans Sulzer, 16. 1. 1959 (AfZ, NL Hans Sulzer, 17.1.).
132 Bemerkungen zum Tage, in: Winterthurer Arbeiterzeitung, 1959, Nr. 9.
133 Bálint (2015, wie Anm. 29), S. 112.
134 Minister Dr. Hans Sulzer zum achtzigsten Geburtstag, in: Neues Winterthurer Tagblatt, 1956, Nr. 64.
135 Letztwillige Verfügung vom 12. 3. 1942 (AfZ, NL Hans Sulzer, 52.5.), Hervorhebung im Original.
136 Hans Sulzer an Alfred Sulzer, 23. 2. 1944 (AfZ, NL Hans Sulzer, 54.5.).
137 Hans Sulzer an Georg Sulzer, 30. 12. 1949 (AfZ, NL Hans Sulzer, 54.4.).
138 Mach (2017, wie Anm. 14), S. 13.

Das Resultat ist glück-
lichenweise gut, aber die
Personalverhältnisse unerfreuliche

Hans Sulzer an Lili Sulzer, 7. 7. 1918

An der Spitze des Sulzer-Konzerns

FLORIAN ADANK

DIE GESCHÄFTSENTWICKLUNG VON SULZER 1903–1959

Als Hans Sulzer am 18. Oktober 1903 in die als Kollektivgesellschaft geführte Firma Gebrüder Sulzer eintrat, war das Winterthurer Familienunternehmen bereits ein Spitzenunternehmen der Schweizer Maschinenindustrie mit globaler Reichweite. Nebst dem Stammhaus in Winterthur bestanden eine Produktionsstätte in Deutschland und Vertretungen in Russland, Asien, Ägypten, Nord- und Südamerika und im übrigen Europa. Um 1900 beschäftigte Gebrüder Sulzer in Winterthur rund 3300, in Ludwigshafen am Rhein 900 Arbeiter.[1] Während das Dampfmaschinengeschäft seinen Zenit bereits überschritten hatte,[2] war Gebrüder Sulzer mit der Entwicklung des ersten Schiffsdieselmotors der Welt im Jahr 1904 daran, sich einen neuen, sehr bedeutenden Geschäftsbereich zu erarbeiten. Hans Sulzer sollte während über fünfzig Jahren in führenden Positionen bei Gebrüder Sulzer tätig sein. Das Unternehmen durchlief in dieser Zeit zwei Weltkriege und die schwere Wirtschaftskrise der 1930er-Jahre, aber auch Phasen des wirtschaftlichen Aufschwungs.

Dieser Beitrag fokussiert sich auf das unternehmerische Wirken von Hans Sulzer während dieser Zeit. Er gibt einen Einblick in seinen beruflichen Werdegang und beleuchtet Herausforderungen, denen er an der Spitze der Winterthurer «Exportfirma par Excellence»[3] gegenüberstand. Wie wurde er an seine herausforderungsreiche Tätigkeit herangeführt? Wie konnte er seine Ideen beim organisatorischen Umbau der Firma durchsetzen? Wie meisterte er die krisenhaften Zeiten um die beiden Weltkriege? Wie erfolgreich war er bei der Diversifikation der Produktepalette und Kooperationsprojekten? Wie gelang ihm die Übergabe der Verantwortung an die nächste Generation? Schliesslich stellt sich die übergeordnete Frage, ob Hans Sulzer das Unternehmen insgesamt zum wirtschaftlichen Erfolg geführt hat.

Um die Rahmenbedingungen darzulegen, soll in diesem Abschnitt die geschäftliche Entwicklung des Unternehmens skizziert werden. Daten zum Geschäftsgang liegen ab 1914 vor. In diesem Jahr wurde in Schaffhausen die Sulzer Unternehmungen AG gegründet, eine Holdinggesellschaft, welche

Entwicklung Reingewinn und Bilanzsumme bei Sulzer, 1914–1958

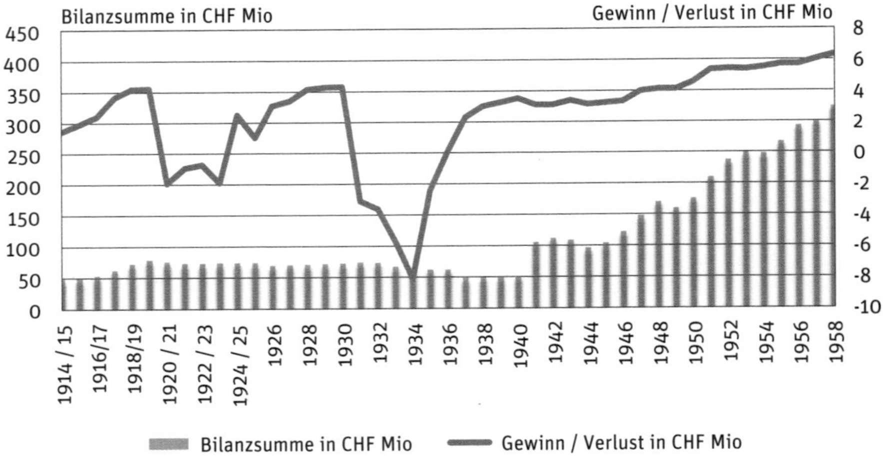

Quellen: Geschäftsberichte der Sulzer Unternehmungen AG 1914–1940; Geschäftsberichte der Gebrüder Sulzer AG 1941–1958.

die im gleichen Jahr gegründeten Gesellschaften Gebrüder Sulzer Aktiengesellschaft Winterthur und Gebrüder Sulzer Aktiengesellschaft Ludwigshafen a. Rh. und alle anderen Vertretungen kontrollierte. 1941 wurde die Sulzer Unternehmungen AG mit der Gebrüder Sulzer AG in Winterthur fusioniert. Die Geschäftsberichte der beiden Gesellschaften bieten einen Überblick über die geschäftliche Entwicklung auf Konzernstufe[4] von 1914 bis 1958.

Während des Ersten Weltkriegs verzeichnete der Konzern einen Gewinnanstieg. 1920 kam es zu einem weltweiten Rückgang der Nachfrage. Der ausgewiesene Gewinn zeigt daher ab dem Geschäftsjahr 1920/21 einen Einbruch.[5] Eine Erholung zeichnet sich ab Mitte der Zwanzigerjahre ab. Im Vergleich zum Beginn des Jahrzehnts waren die ausgewiesenen Verluste nach dem Ausbruch der Weltwirtschaftskrise ab 1930 aber deutlich grösser. Der Konzern verlor sämtliche Reserven und einen Teil des Aktienkapitals.[6] Ab Mitte der 1930er-Jahre verbesserte sich die Situation. Auch dank der Abwertung des Schweizer Frankens gelangte man wieder in die Gewinnzone. 1941 verdoppelte sich die ausgewiesene Bilanzsumme aufgrund der erwähnten Fusion. Nach dem Zweiten Weltkrieg weist der Anstieg der Bilanzsumme auf die einsetzende Wachstums- und Expansionsphase hin. Die soliden, aber nur zögerlich ansteigenden Jahresgewinne sind ein Hinweis auf den grossen Investitionsbedarf, der die Erträge zurückstutzte.

Hans Sulzer in seinem Büro, um 1940.

Innerhalb des Unternehmens war Hans Sulzer immer in leitenden Funktionen tätig. Nach seinem Eintritt wurde er 1909 als unbeschränkt haftender Teilhaber in der damals noch als Kollektivgesellschaft geführten Gebrüder Sulzer aufgenommen. Nach der Gründung der Sulzer Unternehmungen AG und der Gebrüder Sulzer AG war er von 1914 bis 1934 Vorsitzender der dreiköpfigen Verwaltungsratsdelegation beider Gesellschaften.[7] Dabei handelt es sich um die oberste, operative Leitung des Unternehmens. Von 1920 bis 1934 war er zudem Vizepräsident des Verwaltungsrates. Während dieser Zeit amtete sein älterer Bruder Carl Sulzer-Schmid als Präsident. Als dieser 1934 verstarb, wurde Hans Sulzer zum Nachfolger gewählt. Er blieb in der Präsidialfunktion bis zu seinem Tod. Neben diesen obersten Positionen auf Konzernstufe war er auch Mitglied im Verwaltungsrat diverser Tochtergesellschaften der Sulzer Unternehmungen AG im In- und Ausland.[8]

DER JUNGE MANAGER VERDIENT SEINE SPOREN

Für ein Mitglied der Familie Sulzer war eine Stelle im Familienunternehmen mit Verpflichtungen und Opfern verbunden. Dies begann schon mit der Ausbildung. Hans Sulzer wollte eigentlich Ingenieur werden. Sein Vater Heinrich Sulzer-Steiner und andere Familienmitglieder waren aber anderer Meinung. Besonders sein Onkel Eduard Sulzer-Ziegler legte Wert «auf eine Ergänzung des kaufmännisch-finanziell-administrativen Nachwuchses».[9] Hans studierte deshalb Rechtswissenschaft und Nationalökonomie in Genf, Berlin sowie Leipzig und schloss 1900 mit einem Doktorat in Rechtswissenschaften ab. Darauf folgte eine dreijährige kaufmännische Lehrzeit mit Einsätzen in Rom, Basel und Newcastle. Eduard Sulzer, der ebenfalls keine technische Ausbildung hatte und sich deshalb unter anderem mit rechtlichen und kaufmännischen Belangen von Gebrüder Sulzer beschäftigte, drängte, um sich zu entlasten, auf den baldigen Eintritt seines Neffen in die Firma. Zu seiner grossen Enttäuschung konnte Hans Sulzer deshalb nicht einmal ein paar wenige Semester an einer technischen Hochschule studieren. Viel später schrieb er, dass er «zeitlebens unter diesem Versäumnis gelitten» habe.[10]

Schon etwas mehr als zwei Monate nach seinem Eintritt bei der Kollektivgesellschaft Gebrüder Sulzer begab er sich auf eine mehr als zweijährige Geschäftsreise durch Süd-, Zentral- und Nordamerika. Die Reise muss ebenfalls als Teil seiner Ausbildung und wohl auch als eine Art Praxistest, ob er für höhere Aufgaben im Unternehmen geeignet sei, verstanden werden. Dass Familienmitglieder kurz nach ihrem Eintritt eine langjährige Geschäftsreise antraten, war nicht unüblich. Als weltweit tätiger Familienkonzern mit Vertretungen auf allen Kontinenten verfügte das Unternehmen über die notwendigen Verbindungen, um dem Nachwuchs eine lehr- und arbeitsreiche Studienreise im Ausland zu ermöglichen.

Von seiner Reise berichtete Hans Sulzer regelmässig in Briefen, die entweder an beide Eltern oder separat an seinen Vater oder seine Mutter adressiert waren.[11] Die Briefe an seine Mutter, Bertha Louise Sulzer-Steiner, beinhalten vor allem Reiseerlebnisse. In den Briefen an seinen Vater, Heinrich Sulzer, dominieren geschäftliche Themen, denn Hans Sulzer hatte Aufgaben aus Winterthur mitgenommen, die er gemäss den Anordnungen seines Vaters zu erfüllen hatte.

Am 16. Januar 1904 schiffte sich der 27-jährige Hans Sulzer in Madeira ein. Er erreichte Buenos Aires am 10. Februar. Dort betreute ihn Caspar Züblin, der Vertreter der Gebrüder Sulzer vor Ort und Partner bei Züblin, Geiger & Cie.[12] Gebrüder Sulzer war vor allem Lieferant für Kältemaschinen nach dem

Auf Geschäfts- und Studienreise in Südamerika, 1904/05.

System des deutschen Ingenieurs Carl Linde. Die Rechte für den Vertrieb in Argentinien, Uruguay und Paraguay hatte Linde dem argentinischen Industriellen Ernesto Tornquist[13] vergeben. Tornquist übernahm in diesem Zusammenhang die Vertretung für alle Sulzer-Produkte in Argentinien.[14] Die Vereinbarung war für Sulzer interessant, da sie der Firma auch ermöglichte, Dampfmaschinen und Dieselmotoren zu verkaufen. Aufgrund dieser Kooperation war in der Sulzer-Vertretung Alberto de Bary, ein Schwiegersohn von Tornquist, angestellt.

In einem mehrseitigen Brief an seinen Vater vom 9. März 1904 beschrieb Hans Sulzer in einer ausführlichen Analyse die geschäftliche Situation. Zunächst äusserte er sich zum Verkauf von Kältemaschinen. Dank der Kooperation mit Ernesto Tornquist und der Fachkenntnis von Caspar Züblin könnten sich die Sulzer-Produkte gut behaupten. Hingegen seien die Aussichten im Dampfmaschinengeschäft schlecht, weil Gebrüder Sulzer im Preiskampf gegen die Franco Tosi & Cie.[15] unterlägen. Beim Geschäft mit Dieselmotoren seien die Aussichten auch nicht vielversprechend, weil die Einfuhr von Diesel in Argentinien mit prohibitiv hohen Einfuhrzöllen belegt sei. Darüber hinaus fehle bei diesen Geschäften die Unterstützung von Tornquist, der lieber seine eigenen Interessen verfolge.[16] Daran änderte auch die Verbindung durch die Anstellung von Alberto de Bary wenig. Dieser habe, so Hans Sulzer, zum Geschäftsmann «nicht die geringste Befähigung». Als «richtiger Argentinier» beschäftige er sich eben «vorzugsweise mit Politik», sein Büro sei tagelang «ein wahres politisches Stammlokal» gewesen. Trotz dieser ungünstigen Ausgangslage riet Hans Sulzer davon ab, sich von Tornquist abzuwenden. Er empfahl aber, andere gemeinsame Beteiligungen zu reduzieren und eigene Fachpersonen vor Ort einzubinden, um das «enorme Übergewicht» von Tornquist vor Ort etwas zu mildern.[17] Ob dieses Unterfangen gelang, geht aus dem Brief nicht hervor. Für Gebrüder Sulzer blieb Argentinien jedenfalls ein wichtiger Markt.

Gebrüder Sulzer war nur eines von vielen europäischen Unternehmen, die zu dieser Zeit in Argentinien aktiv waren. Bei seinen Besuchen in den Fabriken traf Hans Sulzer stets auf einen Europäer, der die Maschinen bediente. An seine Mutter schrieb er, dass in Argentinien «faktisch nicht ein einziges Haus von irgendwelcher Bedeutung, sei es im Bankfach, Export Import oder industrielle Unternehmung» existiere, «das nicht von Ausländern geführt» werde.[18] Ähnliche Verhältnisse beschrieb er aus Chile, wo die Engländer wie in Argentinien die «No. 1» seien, gefolgt von den Deutschen. Hans Sulzer scheint sich in Südamerika, mit Empfehlungsschreiben von Geschäftspartnern oder der Schweizer Bundeskanzlei an Schweizer Gesandte versehen, vor allem im Umkreis von Europäern bewegt zu haben. Am liebsten traf er auf Auslandschweizer, «die jeden gut aufnehmen, der aus ihrer Heimat kommt, und die einem mit Freude überall behilflich» seien.[19] Diese Gesellschaft zog er auch der lokalen politischen und wirtschaftlichen Elite in Argentinien vor, wie folgender Abschnitt aus einem Brief an seine Mutter zeigt: «Dann hat mich de Bary auch in den hiesigen Jockey Club eingeführt, einen der reichsten und schönsten Clubs der Welt, dessen Treppenhalle und die ganze innere Ausstattung aus unzähligen Arten kostbaren Marmors besteht. Ich habe zwar von demselben bis jetzt keinen grossen Gebrauch gemacht, ich kenne keinen Menschen dort, das ist alles so die Crème de la Crème, meistens Hiesige, d. h. Eingeborene, sodass ich es vorziehe, an einem gemütlichen Tisch mit Züblin und ein paar anderen Schweizern meine Mähler einzunehmen. Mir sind diese Creolen mit ihren Proletengesichtern nicht gerade sympathisch. Es ist mir tatsächlich aufgefallen, wie wenig vornehm und distinguierte Gesichter man bei den Argentiniern pur sang antrifft, es liegt so eine Art Fanatismus und Ungebildetheit darin; die Ausländer sagen, wenn man den Hiesigen an der Haut etwas kratze, so komme gleich der Indianer hervor. Überhaupt ist wenigstens beim ungebildeten Volk der Hass gegen die Ausländer noch lange nicht erstorben. Wo er kann, schimpft der Argentinier über die ‹Gringos›, wie er verächtlich die Ausländer bezeichnet, und vergisst dabei vollständig, dass er alles, aber auch alles, was Argentinien geworden ist, den Fremden zu verdanken hat.»[20]

Trotzdem: Geschäfte liessen sich in Argentinien mit Argentiniern weiterhin gut machen. Den Brief an seinen Vater schloss Hans Sulzer mit dem Hinweis, dass er sich über die Ernennung von Geiger, einem Partner von Züblin, Geiger & Cie., zum «argentinischen Consul» gefreut habe. Die damit verbundene Rolle ist nicht klar, aber relevant ist, dass sie für Hans Sulzer erwähnenswert war, weil diese Ernennung gute Beziehungen zum argentinischen Gesandten in London bedeutete, «durch den alle grossen Regierungsbestellungen vermittelt werden».[21]

Wie die Briefe aus dem Frühling 1904 beispielhaft zeigen, lernte Hans Sulzer nicht nur die Geschäftspraxis auf dem internationalen Markt kennen, sondern konnte auch seine Fähigkeiten zum Aufbau von Netzwerken und seine Menschenkenntnis schulen, auch wenn die abfälligen Äusserungen über die einheimische Bevölkerung aus heutiger Sicht befremdlich anmuten.

PAUKENSCHLAG: GRÜNDUNG UND NEUORGANISATION DER «EXPORTFIRMA PAR EXCELLENCE»

Nach seiner Geschäftsreise und einigen Jahren in verschiedenen Positionen war Hans Sulzer 1909 zum Kollektivgesellschafter geworden. Er hatte sich damit als wichtige Kraft im Familienunternehmen etablieren können. Die rechtliche Struktur von Gebrüder Sulzer entsprach bei seinem Eintritt einer Kollektivgesellschaft, die sukzessive erneuert wurde, wenn ein Teilhaber verstarb oder ein Familienmitglied Teilhaber wurde. Teils aufgrund einer Verschlechterung der gesamtwirtschaftlichen Lage, teils infolge der kostspieligen Entwicklung des Dieselmotors, aber auch aufgrund der bestehenden rechtlichen Struktur geriet das Familienunternehmen seit der Jahrhundertwende immer mehr in finanzielle Schwierigkeiten.[22] Hans Sulzer sollte bei der Lösung dieser Herausforderung eine entscheidende Rolle spielen.

Im Februar 1910 stellte er in einem Exposé die zukünftige Geschäftspolitik mit den folgenden drei Punkten zur Diskussion: Umbau der Kollektiv- in eine Aktiengesellschaft, Ausbau von Fabrikationsgesellschaften in Italien und Frankreich und Anschluss an die Elektrizitätsindustrie. Weil man sich als mechanischer Betrieb geringe Erfolgschancen versprach, wurde gar die Möglichkeit einer Fusion mit der Brown, Boveri & Cie. (BBC) in Baden erwogen. Diese Idee wurde aber verworfen, weil man glaubte, dass sich ein Zusammenschluss mit dem Angebot von Sulzer im Bereich Dieselmotoren und im Pumpengeschäft nicht vertrage.[23]

Mehr zu reden gab der Vorschlag zur Umwandlung in eine Aktiengesellschaft. Vater und Onkel hatten bereits 1901 respektive in den Jahren 1906 und 1907 den gleichen Vorschlag eingebracht.[24] In einem Exposé vom November 1911 brachte Hans Sulzer nun neue Argumente für die Umwandlung vor. Die Ausdehnung des Unternehmens verlange eine starke finanzielle Basis. Die grosse Zahl der Teilhaber, die alle ihren Lebensunterhalt aus dem Unternehmensgewinn bestreiten mussten, entziehe beträchtliche finanzielle Mittel, die nicht zur Reinvestition verwendet werden könnten. Gleichzeitig erleichtere die Rechtsform der Aktiengesellschaft auch die Finanzierung. Und durch die Errichtung einer Holdingstruktur an einem steuergünstigen Ort, zu dem dann die Produktionsstätten im In- und Ausland gehören würden, ergäben sich auch steuerliche Vorteile.[25]

Die damaligen Partner waren sich in Bezug auf die Umwandlung in eine Aktiengesellschaft und das Aufsetzen der Holdingstruktur einig. Uneinig waren sich Hans Sulzer und sein ältester Bruder Carl über die Führungsstruktur der neu zu gründenden Organisation. Hans befürwortete eine hierarchische Führung, entweder unter einem obersten Chef oder in Form einer Generaldirektion, die sich aus mehreren Direktoren zusammensetzen sollte. Aber vor allem verlangte er die Aufteilung der obersten Leitung nach Funktionen und nicht nach Produktkategorien («Branchen»). Wie sich später herausstellte, verstand er darunter eine oberste Geschäftsleitung mit drei Personen in den Funktionen Recht, Verkauf und Konstruktion. Diese Lösung stand im Gegensatz zur bisherigen Führungsstruktur. Hier gab es für jede Branche einen Vorgesetzten – meistens ein Familienmitglied –, der in seinem Bereich alles bestimmte und gegenüber den anderen Partnern gleichberechtigt war. Für den elf Jahre älteren Carl bedeutete die neue Lösung radikal veränderte Verhältnisse und einen signifikanten Machtverlust.

In einer 87-seitigen Kampfschrift wehrte er sich deshalb heftig gegen den Vorschlag, indem er Hans Sulzer Undankbarkeit «gegenüber denen, die in gut kollegialem Zusammenarbeiten das Geschäft jahrzehntelang geführt und zu hoher Blüte gebracht haben, und denen, welchen die heutige Generation ihre Stellung verdankt», vorwarf.[26] Es werde deshalb auch künftig nicht genügen, «sich auf den Bock zu setzen und mit der Peitsche zu knallen». Hans Sulzer konnte sich aber durchsetzen. Nach der Gründung der Aktiengesellschaft und der Holdingstruktur wurde die Konzernleitung einem Gremium, der sogenannten Delegation übergeben, welche die Strategie des gesamten Unternehmens vom Verkauf der Produkte über rechtliche Fragen bis hin zur technischen Entwicklung bestimmte.

Die Gründung der Aktiengesellschaft unter dem Namen «Gebrüder Sulzer Aktiengesellschaft Winterthur» erfolgte im Juni 1914. Gleichzeitig wurden die seit 1881 bestehende Fabrik von Gebrüder Sulzer in Ludwigshafen in eine Aktiengesellschaft umgewandelt und die «Sulzer Unternehmungen AG» gegründet. Letztere umfasste als Holding sowohl die Gebrüder Sulzer AG als auch sämtliche ausländischen Vertretungen und Beteiligungen der ehema-

Montagehalle für Sulzer-Dieselmotoren. Wandgemälde im ETH-Hauptgebäude von Wilhelm Ludwig Lehmann, 1928.

ligen Gebrüder Sulzer. Dass die Holding in Schaffhausen und nicht etwa in Winterthur angesiedelt wurde, hatte rein steuerliche Gründe. Mit der Gründung der Holding folgte das Unternehmen dem Beispiel anderer Finanzierungsgesellschaften, die seit Ende der 1880er-Jahre in der Schweiz entstanden waren.[27] Gegenüber dem Aktienkapital der Gebrüder Sulzer AG von 12 Millionen Franken besass die Sulzer Unternehmungen AG ein Aktienkapital von 24 Millionen Franken, was unterstreicht, dass die finanziellen Beteiligungen im In- und vor allem im Ausland umfangreich waren. Bei den Diskussionen um die Gründung der Holding hatte Hans Sulzer darauf hingewiesen, dass Gebrüder Sulzer 75 Prozent ihrer Produkte ins Ausland exportiere. Er sprach deshalb von der «Exportfirma par Excellence».[28] Ursprünglich hatte man auch vorgesehen, die ausländischen Niederlassungen in Frankreich, Grossbritannien, Italien, Rumänien, Russland und Spanien in selbständige Gesellschaften umzuwandeln. Dies wurde aber durch den Ausbruch des Ersten Weltkriegs verhindert. In der Summe klärte diese von Hans Sulzer vorangetriebene Umwandlung die (finanzielle) Verflechtung der Familienmitglieder mit der Firma und vereinfachte Investitionen in neue Projekte. Mit dem von ihm favorisierten Modell der Konzernleitung war auch eine klare Führungsstruktur erkennbar. Nicht überraschend gehörten Hans, zusammen mit seinem Bruder Robert und Richard Ernst, Schwiegersohn des 1913 verstorbenen Eduard Sulzer-Ziegler, der Delegation ab 1914 an. Hans Sulzer als Vorsitzender und Richard Ernst waren für rechtliche Fragen und den Verkauf, Robert Sulzer für den technischen Bereich verantwortlich. Die dreiköpfige Delegation war zusammen mit vier weiteren Personen, die gleichzeitig Mitglied im Verwaltungsrat der Sulzer Unternehmungen AG waren, im siebenköpfigen Leitenden Ausschuss vertreten. In diesem Gremium wurden die Anträge der Geschäftsleitung an den Verwaltungsrat vorbesprochen. Den Verwaltungsrat präsidierte Jakob Sulzer-Imhoof, ein Cousin von Hans' Vater (bis 1920), Carl Sulzer war Vizepräsident (ab 1920 Präsident).

Im November 1920 wurde der Leitende Ausschuss aufgelöst. Im September des gleichen Jahres wechselte Richard Ernst von der Konzernleitung in den Verwaltungsrat. Seine Position wurde von Heinrich Wolfer, dem Schwiegersohn von Jakob Sulzer-Imhoof, übernommen. Trotz der organisatorischen Umwandlung deuten die Verteilung des Aktienkapitals und der Personen in leitenden Funktionen darauf hin, dass der Sulzer-Konzern im Kern dem Charakter einer Familienunternehmung treu blieb.[29] Die Mehrheit der Mitglieder im Verwaltungsrat der Sulzer Unternehmungen AG setzte sich aus Familienmitgliedern zusammen, die auch mehr als die Hälfte des Aktienkapitals stellten.[30] Der Rest des Aktienkapitals kam von der Schweizerischen Bankgesellschaft (SBG) und vom Schweizerischen Bankverein (SBV), die je einen Vertreter in den Verwaltungsrat entsandten.

Die Titel der Sulzer Unternehmungen AG wurden erst Ende Januar 1918 an der Zürcher Börse gehandelt und als Inhaberaktien geführt. Die beteiligten Banken erhielten nur einen kleinen Teil der Aktien zur eigenen Anlage und «Placierung in der Geschäftsleitung genehmen Privatkreisen».[31] In den Jahren bis zum Zweiten Weltkrieg blieben Familienangehörige im Aktionariat dominierend, auch wenn es Hinweise gibt, dass ihre Zahl stetig abnahm.[32]

WIRTSCHAFTSKRIEG UND KRIEGSKONJUNKTUR

Bei Ausbruch des Ersten Weltkriegs war Hans Sulzer Mitglied der obersten Geschäftsleitung. Im Mai 1917 wurde er vom Bundesrat auf den Posten des schweizerischen Gesandten nach Washington berufen. Seine Aufgaben in Winterthur wurden bis zu seiner Rückkehr 1920 von Heinrich Wolfer übernommen, der aber Sulzer in umfangreichen zehn- bis zwanzigseitigen Briefen stets über den Geschäftsgang und seine persönlichen Überlegungen und Stellungnahmen informierte.[33] Leider liegen die Antwortschreiben von Hans Sulzer nicht vor. Bekannt ist aber, dass er sich während dieser Zeit in geschäftlichen Belangen zurückhielt.[34] ▸ S. 113

Die internationale Stellung des Sulzer-Konzerns mit Tochtergesellschaften und Vertretungen in fast allen kriegführenden Ländern führte unweigerlich dazu, dass er sich mehr als ein halbes Jahr nach Kriegsbeginn mit den Auswirkungen des Wirtschaftskriegs konfrontiert sah. Im Mai 1915 wurde das Unternehmen von Frankreich verdächtigt, Kriegsmaterial an Deutschland und Österreich geliefert zu haben. Die Konzernleitung unter Hans Sulzer folgte darauf dem Vorschlag des Verwaltungsrats, kein «Kriegsmaterial», worunter nicht nur Waffen und Munition, sondern auch Feldküchen und Helme verstanden werden sollten, zu produzieren, weil diese «nicht zu unseren normalen Branchen gehören und deren Herstellung nur zur Kriegszeit für uns in Betracht käme». Diese Richtlinie erlaubte weiterhin die Produktion von Motoren für Unterseeboote, die gemäss Hans Sulzer «seit vielen Jahren zu unseren Geschäftszweigen» gehörten. Offenbar lieferte der Konzern diese Motoren hauptsächlich an die alliierten Länder, denn im Verwaltungsrat fragte man sich in diesem Zusammenhang, welche Konsequenzen die Fabrikation dieser Motoren «auf das Verhältnis zu Deutschland nach sich ziehen könne».[35] Verwaltungsrat und Konzernleitung waren sich aber einig, dass Deutschland von Winterthur keinen Produktionsstopp dieser Maschinen verlangen könne, und zwar deshalb, weil der deutsche Markt trotz Anstrengungen für dieses Produkt verschlossen geblieben war. Die «Notwendigkeit absoluter wirtschaftlicher Neutralität», die Hans Sulzer in der entsprechenden Diskussion hervorhob, war in der Praxis also eine flexible Richtlinie im Interesse des Unternehmens.[36] Der Krieg verlangte nicht nur eine geschickte Anpassung und Verschiebung der Absatzgebiete und später, wie sich zeigen würde, der Produktionsstandorte, sondern auch eine Strategie, um den steigenden Preisen von Rohmaterialien entgegenzuwirken.

Bereits im April 1915 berichtete die Konzernleitung, dass die Beschaffung von Rohmaterialien schwierig werde, das Unternehmen verfüge noch bis Ende Oktober über Reserven.[37] Im September 1915 erhielt darauf Sulzer-Mitarbeiter Friedrich Oederlin den Auftrag, von Amerika aus die Rohstoffversorgung der Firma zu gewährleisten.[38] Diese Lösung funktionierte bis zum Kriegseintritt der USA vom April 1917. Ab diesem Zeitpunkt hing die Rohstoffversorgung des Konzerns von den Verhandlungen der Schweizer Regierung mit Deutschland ab.[39]

Trotz den kriegsbedingten Einschränkungen wuchsen die ausgewiesenen Gewinne. Die Aktionäre der Sulzer Unternehmungen AG kamen während der Kriegsjahre in den Genuss einer «Superdividende», die zusätzlich zur Dividende ausgezahlt wurde. Auch die ausgewiesenen Tantiemen des Verwaltungsrates stiegen von rund 25 000 Franken für das Geschäftsjahr 1914/15 auf rund 73 000 Franken für 1918/19 an.[40] In der Konzernleitung war der gute Geschäftsgang daher Anlass, um über neue Pläne nachzudenken.

Am 20. Oktober 1916 erklärte Hans Sulzer dem Verwaltungsrat, man könne annehmen, dass «diese Hochkonjunktur noch 3 bis 5 Jahre anhält». Die Werke des Konzerns in Winterthur seien an die Grenzen ihrer Produktionskapazität gelangt, weil sie neben den eigenen Fabrikaten auch diejenigen, die bisher in Ludwigshafen produziert würden, herstellen müssten. «Ein Zustand, der voraussichtlich nach dem Krieg teilweise bleibt», wie er ausführte.[41] Hans Sulzer wollte aber die Produktionsstätten in der Schweiz nicht erweitern, offenbar aus Angst vor sozialen Konflikten.[42] Langfristig müsse deshalb ins Ausland expandiert werden, dabei komme «in erster Linie» Frankreich infrage, darauf England und später Russland.[43] Diese Analyse wurde aber von Carl und Jakob Sulzer nicht geteilt. Aus ihrer Sicht waren die Konjunkturverhältnisse zu instabil. Hans Sulzer hielt aber an seiner Meinung fest, wobei er von Richard Ernst unterstützt wurde.[44] Rund eine Woche später griff er seinen Antrag erneut auf. Die französische Sulzer-Vertretung stehe unter starkem Konkurrenzdruck, der zusätzlich durch eine allgemeine Stimmung in Frankreich gegen alles, was Deutsch töne, genährt werde. Er sei daher der Ansicht, «dass der Besitz eines eigenen Terrains in Frankreich, welches die Absicht der Errichtung einer Fabrik verträgt, die beste Waffe für die Firma werden könne».[45] Der Verwaltungsrat genehmigte immerhin eine Verlängerung der bestehenden Option auf ein Gelände in Paris. Diese Kaufoption war später Grundlage für den raschen Aufbau der Société anonyme chauffage Sulzer (Chauffage) und der Compagnie de construction mécanique procédés Sulzer (CCM). Beide Aktiengesellschaften waren 1918, unter dem Eindruck der Verschärfung des Wirtschaftskriegs, von Heinrich Wolfer in Frankreich gegründet worden.[46] Damit hatte Hans Sulzer mit seinem Vorstoss vom Oktober 1916 eine Basis für die geschäftliche Entwicklung nach dem Krieg geschaf-

Werbeprospekt für säurefeste Kreiselpumpen der Gebrüder Sulzer in Ludwigshafen am Rhein (Deutschland), 1925.

fen. Die Chauffage und die CCM stellten im Kern eine neue Ausrichtung dar, denn der Konzern begann seine Absatzmärkte verstärkt auf die Ententeländer auszurichten – auf Kosten der Absatzmärkte in Deutschland und Österreich. Diese Stossrichtung bestätigt eine Übersicht vom Mai 1924 über die Anteile der verschiedenen Märkte am gesamten Absatz. Während der Anteil von Deutschland, Österreich-Ungarn, Italien und Russland am gesamten Absatz im Geschäftsjahr 1912/13 40 Prozent ausmachte, betrug er 1922/23 nur noch 3 Prozent. Der Absatz in Frankreich hingegen stieg von 20 auf 56 Prozent. Der Anteil am Gesamtumsatz von «Grossbritannien & Übersee» wuchs im gleichen Zeitraum von 20 auf 30 Prozent.[47]

CHAOS BEI DER MAAG

Wie der letzte Abschnitt gezeigt hat, setzte sich Hans Sulzer unter dem Eindruck der «Kriegskonjunktur»[48] für eine Wachstumsstrategie ein. Dabei musste er sich gegen andere Meinungen in Verwaltungsrat und Geschäftsleitung durchsetzen. Das war schwieriger, wenn es um Pläne im Ausland ging, aber einfacher bei Vorhaben im Inland. So weitete das Unternehmen ab Juli 1915 seine Geschäftstätigkeit im Heizungsgeschäft im Inland aus, indem es bestehende Firmen aufkaufte oder Kooperationen suchte.[49] In diesem Umfeld kam es zum Entscheid, sich am «Maag-Konsortium» zu beteiligen. Die Verhandlungen dazu begannen im November 1915.

Beim Maag-Konsortium handelte es sich um eine Gruppe von finanzkräftigen Personen um den Ingenieur Max Maag.[50] Er hatte ein Zahnrad entwickelt, das in Fachkreisen aufgrund seiner Qualität und Belastbarkeit grosse Beachtung fand. Gleichzeitig hatte er auch Maschinen entwickelt, um die Zahnräder serienmässig herzustellen. Ende 1913 waren die ersten Maschinen ausgeliefert worden. Der Verkauf der Maschinen und Lizenzverträge mit bedeutenden ausländischen Firmen liessen sich erfolgreich an.[51] Aus diesem Grund beschloss das Konsortium, eine Fabrikationsgesellschaft zu gründen, und suchte dabei die Unterstützung des Sulzer-Konzerns. Für eine Zusammenarbeit sprach aus Sicht von Hans Sulzer die Aussicht auf eine Beteiligung an einem renditeträchtigen Unternehmen – Max Maag hatte eine Dividendengarantie von 10 Prozent während 20 Jahren versprochen – und die verbesserte Auslastung des soeben fertiggestellten, aber zu gross ausgefallenen Sulzer-Werks in Oberwinterthur. Carl Sulzer hingegen äusserte sich skeptisch. Er und Jakob Sulzer störten sich daran, dass die Gesellschaft lediglich die Fabrikation der Maschinen durchführte, deren Verkauf aber weiterhin Max Maag und dem Konsortium überlassen werden sollte. Er habe «einige Zweifel, ob Maag Erfinder und Verkäufer in einer Person» sei, darüber hinaus scheine ihm auch die Dividende von 10 Prozent auf die Dauer von 20 Jahren «etwas unnatürlich».[52]

Letztlich konnte sich Hans Sulzer durchsetzen. Die Maag Maschinen AG wurde am 13. Mai 1916 konstituiert.[53] Und die Gebrüder Sulzer AG beteiligte sich am Aktienkapital mit 500 000 Franken und einem Darlehen von 2 Millionen Franken. Im Gegenzug garantierte das Maag Konsortium eine Dividende für fünf Jahre von jährlich 100 000 Franken.[54] Im Verwaltungsrat der Sulzer Unternehmungen war die Beteiligung im April 1916 zwar besprochen worden, doch damals hatten sich Carl und Jakob Sulzer noch kritisch zum Projekt geäussert.[55] Eine ausdrückliche Zustimmung zum Projekt ist in den

Bildertafel aus einem Vortrag von Max Maag über die Bedeutung der Maag-Zahnräder, 1917.

Protokollen des Verwaltungsrates der Sulzer Unternehmungen AG nicht festgehalten. Offenbar gab es auch keine Entscheidung, denn an der Verwaltungsratssitzung rund zehn Tage nach der Gründung gab Jakob Sulzer zu Protokoll, dass die Geschäftsleitung unter Hans Sulzer mit dieser Entscheidung ihre Kompetenzen überschritten habe.[56] Hans Sulzer hatte also Tatsachen geschaffen und damit vor allem die älteren Familienmitglieder in der Firmenleitung vor den Kopf gestossen. Und tatsächlich sollten sich Jakob Sulzers Bedenken unter dem Eindruck der einsetzenden Wirtschaftskrise nach dem Krieg bewahrheiten.

Der Erfolg der Maag-Maschinen hielt während der letzten beiden Kriegsjahre vorerst an. So schrieb Heinrich Wolfer an Hans Sulzer im März 1918:

«Die ganze Maag-Sache ist überhaupt in ein Stadium getreten, welche die Erwartungen, die du speziell in dasselbe setztest, vollauf zu rechtfertigen scheinen.»[57] Das Maag-Konsortium nahm aber Bestellungen ohne Koordination mit der Produktion an. Beispielsweise hatte die Gesellschaft mit der deutschen Firma Thyssen & Cie. einen Lizenzvertrag abgeschlossen, bei dem die sofortige Lieferung von fünfzig Maschinen bei Vertragsabschluss und eine jährliche Lieferung von 200 Maschinen vereinbart worden war.[58] Solche Vereinbarungen brachten die Produktion an ihre Kapazitätsgrenzen. Und weil die Maschinen zudem unverhofft diverse Mängel aufwiesen, geriet die Fabrikation noch stärker unter Druck.

Die mangelhafte Koordination zwischen Verkauf und Produktion sowie Konstruktionsprobleme brachten auch die Maag Maschinen AG in finanzielle Schwierigkeiten, sodass sie die Sulzer Unternehmungen AG um Hilfe bat. So kam es Anfang Juli 1920 zur Gründung der Maag Zahnräder & Maschinen AG (MZMAG), an der sich die Sulzer Unternehmungen AG mit 7,5 Millionen Franken beteiligte.

Aber auch die Gründung der MZMAG brachte nicht die erhoffte Beruhigung. Zu den bekannten Problemen kamen die Auswirkungen der Weltwirtschaftskrise zu Beginn der 1920er-Jahre hinzu. Die Sulzer Unternehmungen AG musste weitere Kredite im Umfang von 2–2,5 Millionen Franken an die MZMAG vergeben. Im Januar 1921 betrugen die Forderungen gegenüber der MZMAG 12 Millionen Franken.[59] Auf Verlangen des Verwaltungsrates legte Hans Sulzer im April 1921 einen Bericht zu der Situation der MZMAG vor. Darin zeigte sich der Ernst der Lage. Er prüfte eine Sanierung der Gesellschaft, verwarf diese Idee aber aufgrund der hohen Kosten und weil er weiterhin vom Erfolg der Maag-Maschinen überzeugt war. Seine Einschätzung änderte sich aber in den nächsten Monaten. Im Januar 1922 sprach er im Verwaltungsrat von der «Tatsache», «dass mit den heute vorhandenen Maschinen nicht diejenigen wirtschaftlichen Resultate erzielt werden können, die ursprünglich vorgesehen waren».[60] Erst im Mai 1922 jedoch, unter dem Druck von sinkenden Aktienkursen der Sulzer Unternehmungen AG, die man auf «im Zusammenhang mit der Situation des Maag Konzerns allerlei für Gebrüder Sulzer nachteilige Gerüchte» zurückführte, erteilte der Verwaltungsrat den Auftrag, die Sanierung einzuleiten.[61] Diese erfolgte aber erst im November 1922, als die Gesellschaft in eine «reine Finanzholding» überführt wurde.[62] Dabei wurde das Aktienkapital von 15 Millionen Franken vollständig abgeschrieben und die Gläubigerforderungen in Aktien umgewandelt. In den folgenden Jahren reduzierte die Sulzer Unternehmungen AG ihre Beteiligung bei der MZMAG. Hans Sulzer blieb aber weiterhin in ihrem Verwaltungsrat vertreten.[63]

Im April 1923 berichtete Hans Sulzer dem Verwaltungsrat, dass «in das Chaos des Maag Konzerns endlich eine gewisse Ordnung gebracht worden sei».[64] Obwohl diese Mitteilung wohl befriedigt zur Kenntnis genommen wurde, war dies für die älteren Vertreter im Verwaltungsrat kein Grund, um einfach zur Tagesordnung überzugehen. Sie fanden, dass nun der Zeitpunkt gekommen sei, die Entscheidungen der Geschäftsleitung kritisch zu prüfen. Im Juli 1923 warf Carl Sulzer in einem Exposé der Konzernleitung eigenmächtiges und selbstherrliches Gebaren vor. Sie habe «in entscheidenden Momenten Vertrauen gefordert, warnende Stimmen oder gegenteilige Ansichten mehrfach ohne nähere Prüfung erledigt». Manches sei aber später ganz anders herausgekommen, als es dem Verwaltungsrat vorgelegt worden sei.[65] Im Oktober 1923 kam es schliesslich zu einer Aussprache, die zwar den Informationsfluss zwischen Verwaltungsrat und Geschäftsleitung verbesserte, aber die Kompetenzen der Geschäftsleitung nicht wesentlich beschnitt. Trotz dem Misserfolg bei der MZMAG genoss die bestehende Geschäftsleitung weiterhin das Vertrauen der Mehrheit der Verwaltungsratsmitglieder und der Aktionäre.

Die Vorgänge rund um die MZMAG brachten Verwerfungen innerhalb der Familienfirma zum Vorschein. Unter der Oberfläche brodelte es aber schon länger, das Verhältnis der Familienmitglieder in den Leitungsgremien war alles andere als harmonisch. Im Juli 1918 stellte Hans Sulzer in einem Brief an seine Frau eine diesbezüglich schonungslose Analyse: «Noch ein Wort über das Geschäft. Das Resultat ist glücklicherweise gut, aber die Personalverhältnisse ungeheuerliche. J. [Jakob Sulzer] ist nach übereinstimmenden Aussagen gar nicht mehr zu gebrauchen, eine Änderung muss da bald eintreten. Die anderen Verhältnisse sind nicht besser geworden. Gegensatz zwischen C. [Carl Sulzer] & Richard [Richard Ernst], C. [Carl Sulzer] und Rob [Robert Sulzer], C. [Carl Sulzer] & Wolfer [Heinrich Wolfer], Rob [Robert Sulzer] & Rich [Richard Ernst], wobei fatalerweise Rob [Robert Sulzer] täglich mehr zum unvernünftigen & gewohnheitsmässigen Polterer & Schimpfer werden soll. Über Oskar [Oscar Sulzer] hat C. [Carl Sulzer] eine ziemlich flaue Meinung, er schätzt ihn nicht über Mittel und hält ihn für anmassend. Und die Moral von der Geschicht: Viele sehnen sich nach mir zurück, nicht Alle.»[66]

Ähnliche Anzeichen von Spannungen im obersten Führungsgremium der Sulzer Unternehmungen AG fehlen während der Wirtschaftskrise der Dreissigerjahre, obwohl Hans und Carl Sulzer anfänglich weiterhin das entscheidende Führungsduo bildeten. 1920 war Carl Sulzer zum Präsidenten des Verwaltungsrates gewählt worden. Hans Sulzer wurde im gleichen Jahr zum Vizepräsidenten gewählt, fungierte aber weiterhin an der Spitze der Konzernleitung. Am 30. Oktober 1934 verstarb Bruder Carl und Hans Sulzer rückte als Verwaltungsratspräsident nach. Das «Chaos» bei der Maag Maschinen AG blieb, trotz Nebengeräuschen an der Zürcher Börse und den zum Teil heftigen Vorwürfen an die Konzernleitung, für Hans Sulzers Karriere in der Firma somit ohne Folgen.

Der Krisenverlauf wurde im Verwaltungsrat scharf beobachtet. So sprach man im Mai 1930 von einer «allgemeinen Krise», die aber das Geschäft der Sulzer Unternehmungen AG nicht berühre. Das änderte sich in der zweiten Jahreshälfte. Im November 1930 meldete die Geschäftsleitung einen Rückgang. Um Kosten zu sparen, wurde im Verwaltungsrat die Möglichkeit eines Lohnabbaus besprochen, allerdings ohne einen Beschluss zu fassen, weil man diese Massnahme nur «in Übereinstimmung mit anderen Wirtschaftszweigen» beschliessen wollte.[67] Weil entsprechende Bemühungen aber selbst innerhalb der Maschinenindustrie scheiterten, beschloss der Verwaltungsrat im Mai 1931, vorerst auf einen Lohnabbau zu verzichten.[68] Einschneidende Massnahmen zum Kostenabbau erfolgten erst nach der Abwertung des britischen Pfundes am 20. September 1931. Sie brachte deutliche Einbussen, hatte doch die Unternehmensgruppe seit dem Ersten Weltkrieg ihre wichtigsten Absatzgebiete vor allem in Ländern und Branchen, die im britischen Einflussbereich waren. Die Verluste ergaben sich vor allem deshalb, weil der Schweizer Franken im Vergleich dazu überbewertet blieb.[69] Die Auswirkungen der Abwertung wurden an der Verwaltungsratssitzung von Ende September 1931 ausgiebig besprochen.[70] Direkte Folge war der Beschluss, den Aktionären an der kommenden Generalversammlung vorzuschlagen, der Gesellschaft zu erlauben, eigene Aktien bis zu 2 Millionen Franken zu kaufen, um einen bilanzmässigen Gewinn zu erzielen. Gleichzeitig wurde auch der Ankauf eigener Obligationen zu 5 Prozent
▸ S. 35
beschlossen, um die Zinslasten zu reduzieren.[71] Den Angestellten wurden am 1. November 1931 die Arbeitszeit um 10 Prozent und das Gehalt um 5 Prozent gekürzt und in den Sulzer-Werkstätten in Winterthur wurden im Laufe des Jahres 1931 600 Arbeiter entlassen.[72] Diese Sparmassnahmen stehen für einen der beiden Schwerpunkte, welche die Geschäftspolitik in der Krise bestimmten

und auf die Hans Sulzer die versammelte Direktion in seiner Neujahrsrede 1932 einschwor. Nach einer pessimistischen Beurteilung der wirtschaftlichen Lage mit der entsprechenden negativen Auswirkung auf die Geschäfte sprach er den Anwesenden Mut zu: «Trotz allem dürfen und wollen wir den Glauben an den Wiederaufstieg nicht verlieren und dazu ist auch kein Grund vorhanden, wenn wir vor allem zwei Bedingungen erfüllen: In technischer Hinsicht an der Spitze bleiben und in der Organisation von oben bis unten denkbar grösste Sparsamkeit walten zu lassen.»[73]

Um in technischer Hinsicht an der Spitze zu bleiben, wurde die Organisation der Entwicklungsabteilungen unter Robert Sulzer neu ausgerichtet. Durch den Fokus auf ETH-Absolventen bei der Anstellung wurden wissenschaftliche Fachkenntnisse verstärkt berücksichtigt.[74] Herausragendes Ergebnis dieser Strategie war der Entscheid zur Entwicklung einer Projektilwebmaschine, aus der später die sogenannte Sulzer-Webmaschine hervorging. Dieser Entscheid bedeutete für Sulzer den Einstieg in einen neuen Produktebereich und war mit entsprechenden Risiken verbunden.

Die ersten Patente zur Entwicklung einer Projektilwebmaschine lagen bereits seit 1911 vor. Der deutsche Ingenieur Rudolf Rossmann stützte sich auf diese und andere Patente und entwickelte zu Beginn der Dreissigerjahre gemeinsam mit anderen Fachleuten bei der Firma Ernst Grob in München erste Prototypen. Weil sich in Deutschland die weitere Entwicklung nicht finanzieren liess, gründete Rossmann 1931 mit einer Gruppe schweizerischer Textilindustrieller die Textil Finanz AG (Tefag) und baute in Wald im Zürcher Oberland eine Versuchsmaschine.[75] Es ist nicht klar, wie es zum Kontakt zwischen der Textil Finanz AG und dem Sulzer-Konzern kam, aber im April 1932 besichtigten Hans und Robert Sulzer den Webmaschinenprototyp.[76]

Das Verwaltungsratsmitglied Hippolyt Saurer, der in seiner Unternehmung einen anderen Webmaschinentyp entwickelt hatte, beurteilte das Projekt von Beginn an kritisch. Er bezeichnete die Vorteile der Erfindung als «theoretische Hoffnungen, deren praktische Verwirklichung noch durchaus in Frage» stehe.[77] Hans Sulzer liess sich davon nicht beirren, stand er doch zu diesem Zeitpunkt bereits in Verhandlungen mit einem Aktionär der Gruppe, der seine Anteile verkaufen wollte. Robert Sulzer dürfte ihn in seiner Haltung bestärkt haben. So soll die Beteiligung an der Textil Finanz AG, die 1934 erfolgte, vor allem dank seiner Fürsprache zustande gekommen sein.[78] Die Sulzer-Gruppe übernahm dabei die Mehrheit des Aktienkapitals und die

▸ Später Erfolg im Textilbereich: Sulzer-Fabrik für Webmaschinen in Zuchwil (Kanton Solothurn), 1970.

SULZER

Geschäftsführung. Im Gegensatz zur MZMAG besass die Textil Finanz AG die alleinigen Fabrikations- und Verkaufsrechte für alle Länder. Und die Sulzer Unternehmungen AG war von Anfang an eng eingebunden.

Die Entwicklung der Sulzer-Webmaschine sollte siebzehn Jahre dauern und 6 Millionen Franken kosten.[79] Sie stand unter der Leitung von Robert Sulzer, der stets ans Gelingen des Webmaschinenprojekts glaubte. Er galt in der obersten Geschäftsleitung als Autorität bei technischen Fragen. Der Erfolg der Sulzer-Webmaschine, der sich allerdings erst Ende der 1950er-Jahren auszahlte, wird deshalb vor allem ihm zugeschrieben. Aber Hans Sulzer hatte trotz gewichtigen Bedenken den Einstieg in dieses Geschäft unterstützt und die Diversifikation in eine neue Produktesparte ermöglicht. Die gewichtige Investition in Forschung und Entwicklung, gerade in Krisenzeiten, hat sich letztlich gelohnt.

MANAGEMENT EINER SCHWEIZER EXPORTFIRMA WÄHREND DES ZWEITEN WELTKRIEGS

Der Ausbruch des Zweiten Weltkriegs traf die oberste Leitung der Sulzer Unternehmungen AG nicht unvorbereitet. Schliesslich hatten alle Mitglieder den Ersten Weltkrieg erlebt und deshalb aus Erfahrung bereits Vorsorgemassnahmen ergriffen. So berichtete der Chef der geschäftsführenden Delegation Heinrich Wolfer in der ersten Verwaltungsratssitzung einen Monat nach Kriegsausbruch, dass die Versorgung der Werke in Winterthur mit Rohstoffen gesichert sei. Er würde aber damit rechnen, dass die Kriegsparteien über die Verwendung der Rohmaterialen mitbestimmen wollten, und erwartete entsprechende Verhandlungen.[80]

Zu diesem Zeitpunkt hatte sich die Sulzer Unternehmungen AG von der Wirtschaftskrise erholt. Seit 1936 wies die Unternehmensgruppe wieder Gewinne aus.[81] Die Abwertung des Schweizer Frankens im September 1936 und der weltwirtschaftliche Aufschwung hatten das Geschäft begünstigt. Im Gegensatz zum Ersten Weltkrieg war Hans Sulzer nicht mehr für die operativen Belange verantwortlich. Wie erwähnt, war er seit 1935 Präsident des Verwaltungsrates. Heinrich Wolfer, Robert Sulzer und neu Friedrich Oederlin hatten die operative Leitung inne.

Die Sitzungen des Verwaltungsrates fanden drei bis viermal im Jahr statt, dauerten zwei bis drei Stunden und legten in Abstimmung mit der operativen Leitung die Strategie des Unternehmens während des Krieges fest. Als Folge des Kriegsausbruchs verstärkte der Sulzer-Konzern, wie andere Schweizer Firmen der Maschinenindustrie, das Geschäft im Inland. Das Auslandgeschäft richtete sich zwangsläufig nach den Bedingungen des Krieges. Mit der Niederlage Frankreichs vom Juni 1940 war die Schweiz vollständig von den Achsenmächten eingeschlossen. In den Verwaltungsratsprotokollen finden sich ab diesem Zeitpunkt Hinweise auf eine Zunahme der Geschäfte mit Deutschland. So berichteten Heinrich Wolfer und Hans Sulzer im November 1940, dass ihnen im Rahmen ihres Besuchs in Berlin nahegelegt worden sei, «mit einem Zweig der deutschen Heeresverwaltung in Verbindung zu treten».[82] Man habe aber auch Besprechungen mit «sowjetrussischen Amtsstellen» aufgenommen.[83] Auf die besorgte Frage aus dem Verwaltungsrat vom Februar 1941 nach «Rückwirkungen, welche sich aus der Ausdehnung unserer Beziehungen zu Deutschland ergeben könnten», bestätigten Hans Sulzer und Heinrich Wolfer, dass die Lieferungen sich auf «normale Fabrikate» beschränkten und dass «Lieferungen von Kriegsmaterialien bis jetzt vermieden worden seien».[84] Es ist anzunehmen, dass sich Hans Sulzer und die Geschäftsleitung ans Konzept der «Notwendigkeit absoluter wirtschaftlicher Neutralität»[85] hielten, so wie es bei der Sulzer Unternehmungen AG im Ersten Weltkrieg verstanden worden war. Bekanntlich wurde darunter die Herstellung von Kriegsmaterial im engeren Sinn (zum Beispiel Waffen und Munition) ausschliesslich für die Schweizer Armee, aber nicht für Abnehmer im Ausland oder eine kriegsbedingte Anpassung im bestehenden Produktionssortiment für das Ausland aus Opportunitätsgründen verstanden. Im Mai 1941 erreichten die Bestellungen aus Deutschland mit mehr als 15 Millionen Franken «ein bedeutendes Ausmass».[86]

Im Krieg erfolgte die Umstrukturierung des Konzerns. Im Mai 1941 wurde die Sulzer Unternehmungen AG mit der Gebrüder Sulzer AG fusioniert, weil der Zweck, die Haltung von ausländischen Produktionsgesellschaften und Filialen von Sulzer in einer Holdingstruktur zur Steueroptimierung, nicht mehr bestand. Aufgrund des Krieges waren die Erträge der Verkaufsbüros im Ausland zurückgegangen. Ihre Bedeutung hatte aber ohnehin abgenommen, weil seit dem Ende des Ersten Weltkriegs das Lizenzgeschäft wichtiger geworden war. So hatte die Sulzer Unternehmungen AG durch die Vergabe von Lizenzen an Werften, die damit das Recht auf Herstellung der Sulzer-Schiffsdieselmotoren erwarben, dieses Geschäft derart ausgeweitet, dass bereits 1923 «ständig 5–6 Schiffe das Meer [befahren], welche mit unseren Dieselmotoren ausgerüstet sind».[87] Schliesslich trug auch der 1940 erfolgte Verkauf der Sulzer-Werke in Ludwigshafen zu diesem Entscheid bei.[88] Als Folge der Fusion verdoppelte sich die im Geschäftsbericht der Gebrüder Sulzer AG ausgewiesene Bilanzsumme von rund 50 Millionen Franken auf rund 105 Millionen Franken.

Geschäftsleitung und Verwaltungsrat hatten bereits vor dem Krieg versucht, die 1881 in Ludwigshafen am Rhein gegründete Fabrik zu verkaufen, weil die Tochtergesellschaft in Deutschland sich von der Wirtschaftskrise nicht erholt hatte und von Aufträgen aus Winterthur abhängig war. 1937 scheiterte ein Verkauf an den deutschen Industriellen und Waffenproduzenten Günter Quandt aufgrund der «Unmöglichkeit, die Ausfuhr von Waffen, die gegebenenfalls durch Ludwigshafen hergestellt werden, in unserem Namen zuzulassen».[89] Das Zweigwerk in Ludwigshafen wurde Anfang 1940 schliesslich von der deutschen Halbergerhütte GmbH übernommen, die auch damit einverstanden war, den Namen «Sulzer» nach der Übernahme nicht mehr zu verwenden.[90]

Im Kontext der Kriegsverhältnisse steht die im März 1943 von den Aktionären beschlossene Umwandlung der bestehenden Inhaberaktien der Gebrüder Sulzer AG in vinkulierte Namensaktien und die Aufstockung des Aktienkapitals von 28 Millionen Franken auf 32 Millionen Franken.[91] Die Ausgabe vinkulierter Namensaktien, die nur mit Zustimmung der AG übertragen werden konnten, sollte eine unfreundliche Übernahme verhindern und den Nachweis «schweizerischer Nationalität» garantieren. Wie Hans Sulzer an der Verwaltungsratssitzung erklärte, bestand das Aktionariat von Gebrüder Sulzer AG nicht mehr vorwiegend aus Familienmitgliedern. Um unerwünschte Übernahmen zu verhindern, brauche es die Transparenz der Namensaktien. Und Heinrich Wolfer wies darauf hin, dass es wohl nur ein Zufall sei, «dass die Gesellschaft bis heute noch nicht in die Lage gekommen ist, den Nachweis ihrer schweizerischen Nationalität zu erbringen».[92] Eine Auswertung habe ergeben, dass der Anteil der ausländischen Aktionäre bis gegen 20 Prozent angewachsen sei. Die Frage bedürfe «unbedingt einer Abklärung, denn der Nachweis der schweizerischen Nationalität wird in Zukunft ohne Zweifel eine bedeutsame Rolle spielen». Letzteres war vor allem deshalb von Bedeutung, weil für die Alliierten der Aktienanteil relevant war. Um mit ihnen weiterhin im Geschäft zu bleiben, war es wichtig, nicht als deutsches Unternehmen eingestuft zu werden. Die entsprechenden Erfahrungen aus dem Ersten Weltkrieg dürften auch bei dieser Massnahme eine Rolle gespielt haben. Nach der Umwandlung betrug der Anteil ausländischer Aktionäre 13 Prozent. Davon waren knapp 4 Prozent Deutsche. Die Gebrüder Sulzer AG sollte auch nach dem Krieg darauf achten, den Auslandanteil am Kapital unter 10 Prozent zu halten.

▸ S. 136

Die einschneidendste Erfahrung der Kriegsjahre war für Hans Sulzer, dass die Gebrüder Sulzer AG Ende Oktober 1943 auf die schwarze Liste des britischen Ministry of Economic Warfare (MEW) gesetzt wurde. Das MEW hatte sich die Gebrüder Sulzer AG als wichtigstes Unternehmen der Schweizer Maschinenin-

Namenaktie der Gebrüder Sulzer Aktiengesellschaft Winterthur (Vordruck) mit den Unterschriften von Hans Sulzer und Heinrich Wolfer, 1943.

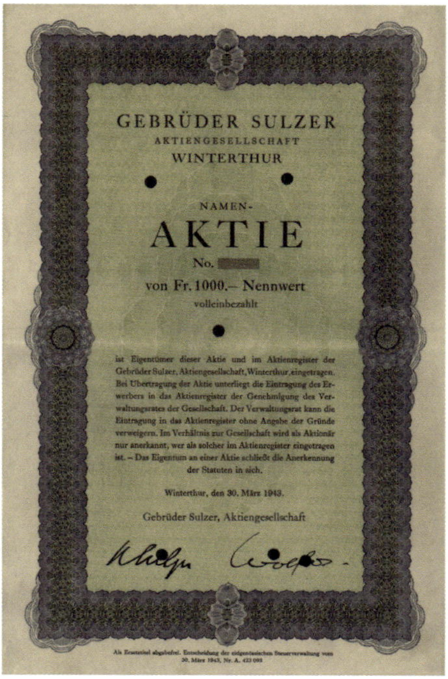

GEBRÜDER SULZER
AKTIENGESELLSCHAFT
WINTERTHUR

NAMEN-
AKTIE
No. [redacted]
von Fr. 1000.– Nennwert
volleinbezahlt

ist Eigentümer dieser Aktie und im Aktienregister der Gebrüder Sulzer, Aktiengesellschaft, Winterthur, eingetragen. Bei Übertragung der Aktie unterliegt die Eintragung des Erwerbers in das Aktienregister der Genehmigung des Verwaltungsrates der Gesellschaft. Der Verwaltungsrat kann die Eintragung in das Aktienregister ohne Angabe der Gründe verweigern. Im Verhältnis zur Gesellschaft wird als Aktionär nur anerkannt, wer als solcher im Aktienregister eingetragen ist. – Das Eigentum an einer Aktie schließt die Anerkennung der Statuten in sich.

Winterthur, den 30. März 1943.

Gebrüder Sulzer, Aktiengesellschaft

Als Ersatztitel abgabefrei. Entscheidung der eidgenössischen Steuerverwaltung vom 30. März 1943, Nr. A. 423 093

dustrie und wohl auch wegen der Person an der Spitze ausgesucht. Als im März 1944 die Gebrüder Sulzer AG wieder von der schwarzen Liste gestrichen worden war, erklärte Hans Sulzer gegenüber dem Verwaltungsrat, dass es den Alliierten vor allem um die schweizerische Regierung gegangen sei: «Unsere Firma wurde nur deshalb zur Zielscheibe genommen, weil man ihr einen erheblichen Einfluss in Bern zuschrieb.»[93] Und daran hatte natürlich ein Mann aus dem Sulzer-Konzern besonderen Anteil: Hans Sulzer selbst.

ÜBERNAHME DER NEUEN FÜHRUNGSGENERATION

Bei Kriegsende war Hans Sulzer 69 Jahre alt und weiterhin Verwaltungsratspräsident von Gebrüder Sulzer AG. Die operative Leitung lag in den Händen von Heinrich Wolfer und Friedrich Oederlin als Mitglieder der Delegation. Robert Sulzer war Ende 1942 von seiner Position in der Delegation zurückgetreten. Bis zu seinem Tod am 19. Juni 1953 blieb er aber Mitglied im Verwaltungsrat. Die jüngere Generation rückte bereits nach. Im Mai 1948 wurde die Delegation durch Georg Sulzer, Sohn von Hans Sulzer, und Herbert Wolfer, Sohn von Heinrich Wolfer, ergänzt. Damit war ein erster Schritt hin zur Übergabe der Firmenleitung an die nächste Generation vollzogen.

Obwohl die Position seines Sohnes Hans Sulzer mit Stolz erfüllte, war die Änderung für ihn einschneidend, bedeutete sie doch, dass er langsam, aber sicher die Führung im Unternehmen abgeben musste. Dass er mit seiner neuen Rolle etwas haderte, schrieb er seinem Sohn Alfred bereits 1944: «Geschäftlich habe ich an allen Orten stets reichlich zu tun. Aber ich kann mich manchmal des Eindrucks nicht erwehren, dass ich langsam in die Rolle des fünften Rades am Wagen hinübergleite. Die ‹beratende›, nicht mehr handelnde Rolle liegt mir noch nicht recht. Aber das ist in Gottes Namen der Lauf der Welt: man muss jüngeren Kräften Platz machen.»[94] Wer welchen jüngeren Kräften und für welche Einstiegsposition Platz machen musste, hing in einem Familienunternehmen wie demjenigen der Gebrüder Sulzer AG nicht allein vom Talent ab. So erklärte Hans Sulzer 1943 in einem vertraulichen Brief, wiederum an seinen Sohn Alfred, dass dieser zwar als Jurist durchaus die Voraussetzungen erfülle, um als kaufmännischer Direktor oder als Generalsekretär Karriere bei Gebrüder Sulzer zu machen, aber «die Dinge» lägen «leider in personeller Hinsicht recht unglücklich». Er zählte in seinem Schreiben anschliessend andere Mitglieder der Familie auf, die zu diesem Zeitpunkt Direktionsposten innehatten oder denen solche Posten bereits versprochen worden waren. Einige würden, so Sulzer, die in sie gesetzten Erwartungen nicht erfüllen oder man habe kein Vertrauen in ihre Fähigkeiten. Aber aus Rücksicht auf die Familie könnten diese Personen nicht pensioniert oder «auf ein Seitengeleise» abgeschoben werden. Er könne ihm deshalb keine Zusicherungen machen. «Wir sagen uns: kommt Zeit, kommt Rat.»[95]

1953 traten Friedrich Oederlin und Heinrich Wolfer von ihren Positionen in der Delegation zurück. Ihre Aufgaben übernahmen die bereits zuvor nachgerückten Georg Sulzer und Herbert Wolfer. Mit ihrem Rücktritt, so liess sich Hans Sulzer im Verwaltungsratsprotokoll zitieren, «scheidet die alte Generation aus der Delegation aus und die ganze Last der Verantwortung geht auf die junge Generation über».[96] Kein Wunder, weckte dieser Schritt in Hans Sulzer auch «schmerzliche Gefühle». Doch die «beiden jüngeren Mitglieder», heisst es im Verwaltungsratsprotokoll, «geniessen das Vertrauen des Verwaltungsrates. Sie sind in der Lage, die Last, die auf ihnen ruhen wird, voll zu übernehmen». Ganz weg waren die Alten aber noch nicht. Hans Sulzer blieb bis zu seinem Tod am 3. Januar 1959 Verwaltungsratspräsident und zusammen mit Heinrich Wolfer und Friedrich Oederlin Teil des Präsidialausschusses.

Die letzten Lebensjahre von Hans Sulzer waren vor allem von der Nachkriegskonjunktur geprägt. Anzeichen für einen wirtschaftlichen Aufschwung wurden bereits im Friedensjahr sichtbar. Das Protokoll der Sitzung des Verwaltungsrates vom 9. September 1945 spricht, nach einem Verweis auf die

Georg Sulzer (Zweiter von rechts) bei der Taufe eines Tankers mit Sulzer-Turbinen durch seine Frau Lilo geb. Schwarzenbach (Mitte) in Kiel, 1958.

Kapitulation Japans, von einer Wiederbelebung.[97] Der Geschäftsbericht des gleichen Jahres erwähnt auch einen Anstieg der Bestellungen. Hilfreich war dabei nicht nur, dass das Unternehmen über vom Krieg unversehrte Produktionsstätten verfügte, sondern auch, dass es seine Verkaufs- und Vertretungsorganisation im Ausland auch während des Krieges aufrechterhalten konnte.[98] Die gute Geschäftslage beschränkte sich nicht auf Winterthur, sondern betraf auch die Tochtergesellschaften in Frankreich und Grossbritannien.[99]

Das Kriegsende begünstigte neue Geschäftsmöglichkeiten. Nach zwanzig Jahren war die Entwicklung der Sulzer-Webmaschine abgeschlossen. Das Vorhaben, die Webmaschinen serienmässig in den USA zu produzieren, misslang jedoch. 1950 konnte die Gebrüder Sulzer AG die ehemalige Waffenfabrik des deutschen Unternehmens Rheinmetall-Borsig in Solothurn-Zuchwil übernehmen. Die Fabrik war nach dem Zweiten Weltkrieg als Feindvermögen beschlagnahmt und im Rahmen des Washingtoner Abkommens zwangsweise verwaltet worden. 1953 verliessen die ersten Serienmaschinen die Solothurner Fabrik – und der Erfolg der neuen Projektilwebmaschinen auf dem Weltmarkt liess nicht lange auf sich warten.[100] 1955 erreichte der Bestellungseingang eine «nie erreichte Höhe», die Zahl der Beschäftigten von Gebrüder Sulzer AG war von 8000 (1953) auf 9150 (1955) angewachsen. Bei Hans Sulzer löste diese Entwicklung gemischte Gefühle aus. Der hohe Bestellungseingang sei zwar sehr erfreulich, aber «man müsse sich bewusst sein, dass es sich um eine ‹Ueberkonjunktur› handle, die mit Gefahren verbunden sei». Mit einem Rückschlag, so Hans Sulzer, sei zu rechnen, aber «man könne nicht anders als beim gegenwärtigen Boom mit[zu]machen, um sich für eine möglichst lange Zeit mit Bestellungen einzudecken».[101] Die Konjunktur löste einen grossen Bedarf an Neuinvestitionen aus, etwa für ein neues Bürogebäude aufgrund des gestiegenen Personalbestandes. Die gute Konjunkturlage war auch Anlass, bestehende Einrichtungen auf den neuesten Stand zu bringen. Ein Beispiel ist die Modernisierung der Giessereien in Bülach und Oberwinterthur. Gesamthaft erreichten die Investitionen einen Betrag von über 60 Millionen Franken. Um die beschlossenen Massnahmen zu finanzieren, wurde das Aktienkapital in mehreren Schritten von 32 Millionen (Stand 1945) auf 63 Millionen Franken im Jahr 1958 erhöht. Im April 1956 beschloss der Verwaltungsrat zudem, eine Obligation von 25 Millionen Franken aufzulegen.

ERFOLGREICHES FAMILIENMANAGEMENT

Zu Beginn dieses Beitrags wurde die Frage gestellt, ob die Entscheidungen von Hans Sulzer zum wirtschaftlichen Erfolg der Gebrüder Sulzer AG beitrugen. Da er kein Familienpatron mit alleiniger Entscheidungsbefugnis war, sind Erfolge oder Misserfolge nicht ihm allein zuzuschreiben. Er war Mitglied im obersten Führungsgremium des Sulzer-Konzerns und musste seine Ideen in Verwaltungsrat und Geschäftsleitung durchsetzen. Das konnte zu heftigen Auseinandersetzungen führen, wie der Streit mit seinem Bruder Carl um die Führungsstruktur der Sulzer Unternehmungen AG oder die Beurteilung des Maag-Engagements gezeigt hat. Aber zugunsten des Unternehmens und für den Familienfrieden raufte man sich immer wieder zusammen. Hans Sulzer erscheint in diesem Umfeld als integrierende Persönlichkeit, dem trotz gelegentlicher Skepsis und Widerstand von einigen Familienmitgliedern letztlich alle die Führungsverantwortung zugestanden und dessen Vorschlägen sie in den meisten Fällen folgten. In seinem Todesjahr feierte die Gebrüder Sulzer AG das 125-jährige Bestehen. Hans Sulzer hatte mit seinen Fähigkeiten wesentlich dazu beigetragen, dass die Verantwortlichen dieses Jubiläum selbstbewusst und hoffnungsfroh begehen konnten. Und es war ihm gelungen, die oberste Leitung eines florierenden Grossunternehmens an seinen direkten Nachkommen zu übergeben. Vor diesem Hintergrund kann aus wirtschaftlicher und aus persönlicher Sicht durchaus von einem Erfolg gesprochen werden.

Anmerkungen

1 Bálint, Anna: Sulzer im Wandel. Innovation aus Tradition, Baden 2012, S. 583.
2 Labhardt, Walter: Johann Jakob Sulzer-Hirzel (1806–1883). Salomon Sulzer-Sulzer (1809–1869). Gründer der Gebrüder Sulzer Winterthur (Schweizer Pioniere der Wirtschaft und Technik 40), Zürich 1984, S. 45.
3 Exposé Hans Sulzer, 5. 3. 1914 (Konzernarchiv Sulzer, Schachtel B, Vorstudien Umwandlung Kollektivgesellschaft).
4 Unter dem Begriff «Konzern» oder «Sulzer-Konzern» wird die Sulzer Unternehmungen AG beziehungsweise ab 1941 die Gebrüder Sulzer AG verstanden.
5 1925 wechselte die Sulzer Unternehmungen AG in ihrer Berichterstattung vom Bilanzjahr zum Kalenderjahr. Das Bilanzjahr dauerte bis dahin vom 1. 10. eines Jahres bis zum 30. 9. des darauffolgenden.
6 Oederlin, Friedrich: Ein Beitrag zur Geschichte der Gebrüder Sulzer, Aktiengesellschaft Winterthur, Winterthur 1965, S. 35–37.
7 Die Delegation und die Präsidiumsfunktionen in den beiden Aktiengesellschaften waren personell deckungsgleich. Ausnahme: Von 1914 bis 1920 war Jakob Sulzer-Imhoof Präsident der Sulzer Unternehmungen AG.
8 Bei meinen Recherchen zur Sulzer Unternehmungen AG stütze ich mich auf Bálint (2012, wie Anm. 1) und vor allem auf meine unpublizierte Lizenziatsarbeit an der Universität Zürich: Adank, Florian: Die Unternehmensführung einer «Exportfirma par Excellence» im Ersten Weltkrieg und in zwei Wirtschaftskrisen. Die Sulzer Unternehmungen AG in Winterthur 1914–1936, Zürich 2000. Aus dieser Arbeit habe ich die meisten Quellenzitate und die entsprechenden Quellenverweise übernommen. Sie enthält eine Besprechung der Archiv- und Quellenlage, insbesondere eine immer noch zutreffende Beschreibung des Konzernarchivs Sulzer und der Herausforderungen, mit denen sich die Nutzenden konfrontiert sehen.
9 Letztwillige Verfügung vom 12. 3. 1942 (AfZ, NL Hans Sulzer, 52.5.).
10 Ebd.
11 Geschäfts- und Studienreise nach Südamerika, 1903–1905 (AfZ, NL Hans Sulzer, 19.).
12 Hans Sulzer an Heinrich Sulzer-Steiner, 9. 3. 1904 (AfZ, NL Hans Sulzer, 19.2.).
13 Ernesto Tornquist (1842–1908) gilt als einer der führenden Unternehmer und Investoren in Südamerika am Ende des 19. Jahrhunderts. Seine Firma Ernesto Tornquist y compañía war in der argentinischen Zucker- und Fleischindustrie tätig, darüber hinaus investierte er, zusammen mit belgischen Geschäftspartnern, in die argentinische Eisenbahn und Ölindustrie. 1883 gründete er die Stadt Tornquist (Provinz Buenos Aires) mit dem Ziel, Einwanderer aus Deutschland und Russland anzusiedeln, um sie in der Landwirtschaft zu beschäftigen. Er soll über enge Beziehungen zu den argentinischen Präsidenten Julio Argentino Roca (Präsident 1880–1886, 1898–1904) und Carlos Pellegrini (1890–1892) verfügt haben. Aufgrund seiner Vermittlung soll es 1902 bei Grenzstreitigkeiten zwischen Chile und Argentinien nicht zu einem Krieg gekommen sein. Angaben aus https://en.wikipedia.org/wiki/Ernesto_Tornquist, 28. 11. 2021.
14 Bálint (2012, wie Anm. 1), S. 275.
15 Die Franco Tosi & Cie. war ein vom italienischen Ingenieur Franco Tosi (1850–1898) in Legnano in der Nähe von Mailand gegründetes Unternehmen. Angaben aus https://de.wikipedia.org/wiki/Franco_Tosi_(Unternehmen), 28. 11. 2021.
16 «Als bei einer Unterredung letztes Jahr Caspar Zueblin bemerkte, man muesse doch auch das Einverstaendniss der Commanditaere zu der von ihm beabsichtigten Teilung einholen, soll er woertlich gesagt haben (Herr Z. hat mich ermaechtigt, davon Gebrauch zu machen): Ich sch… auf die Commanditaere in Europa, ich mache doch was ich will. Das characterisirt ungefaehr die Situation.» Hans Sulzer an Heinrich Sulzer-Steiner, 9. 3. 1904 (AfZ, NL Hans Sulzer, 19.2.).
17 Ebd.
18 Hans Sulzer an Bertha Louise Sulzer-Steiner, 3. 4. 1904 (AfZ, NL Hans Sulzer, 19.1.).
19 So traf Hans Sulzer in Valparaíso, Chile, auf einen Schweizer namens Flühmann, der dort lebte und ihn in die lokale Gesellschaft einführte: «Teils durch ihn [Flühmann], teils durch directe Briefe bin ich dann weiter eingeführt worden, und kenne bereits die halbe Schweizerkolonie. Auch in 3 Clubs bin ich bereits eingeschrieben, in den deutschen durch die Bank für Chile und Deutschland, auf die ich einen Creditbrief habe, im englischen durch die hiesigen Dieselvertreter W. R. Grace & Co. und im Club de Valparaíso durch den Bruder des schweiz. Generalconsuls Sinn, der augenblicklich in der Schweiz ist. Ich werde so mit Leichtigkeit Empfehlungen erhalten, um ein paar Kupfer- und Salpeterminen zu sehen.» Hans Sulzer an Bertha Louise Sulzer-Steiner, 13. 4. 1904 (AfZ, NL Hans Sulzer, 19.1.).
20 Hans Sulzer an Bertha Louise Sulzer-Steiner, 3. 4. 1904 (AfZ, NL Hans Sulzer, 19.1.).
21 Hans Sulzer an Heinrich Sulzer-Steiner, 9. 3. 1904 (AfZ, NL Hans Sulzer, 19.2.).
22 Bálint (2012, wie Anm. 1), S. 67.
23 Stattdessen schlossen BBC und Gebrüder Sulzer eine Vereinbarung, in der sie den Markt für bestimmte Produkte für Dampfturbinen, Pumpenanlagen, Gebläse und Kompressoren aufteilten. Die Vereinbarung galt für zehn Jahre und sollte jeweils um fünf Jahre verlängert werden, sofern

sie nicht ein Jahr vor Ablauf gekündigt wurde. Ebd., S. 65.

24 Ebd., S. 67.

25 Exposé Hans Sulzer, November 1911 (Konzernarchiv Sulzer, Schachtel B, Umwandlung in A. G., Vorstudien).

26 Exposé Carl Sulzer, August 1913 (Konzernarchiv Sulzer, Schachtel B, Umwandlung in A.G. Vorstudien).

27 Hauser-Dora, Angela Maria: Die wirtschaftlichen und handelspolitischen Beziehungen der Schweiz zu überseeischen Gebieten 1873–1913, Bern 1986, S. 33.

28 Exposé Hans Sulzer, 5. 3. 1914 (Konzernarchiv Sulzer, Schachtel B, Vorstudien Umwandlung Kollektivgesellschaft).

29 Die Bedeutung der zum Zeitpunkt der Gründung relevanten Geschäfte in Deutschland wurde durch den Sitz zweier deutscher Vertreter, nämlich Richard Brosien, Vorsitzender im Aufsichtsrat der Rheinischen Creditbank in Mannheim, und Max R. Wieland aus Ulm berücksichtigt. Max R. Wieland (1867–1935) war mit Elisabeth Sulzer, einer Cousine von Hans Sulzer, verheiratet und repräsentierte damit auch den Familienzweig von Albert Sulzer-Grossmann. Max leitete zusammen mit seinem Bruder Philipp Wieland, verheiratet mit Hans Sulzers Schwester Lydia, das Maschinenbauunternehmen Wieland & Cie. in Ulm.

30 Konstituierende Versammlung des Verwaltungsrates der Sulzer Unternehmungen AG, Protokoll, 22. 6. 1914 (Konzernarchiv Sulzer). Der genaue Kapitalanteil von Hans Sulzer ist nicht bekannt. 1911 betrug er 6 Prozent, was ungefähr im Rahmen der übrigen Familienmitglieder lag. Labhard (1984, wie Anm. 2), S. 81.

31 Labhardt (1984, wie Anm. 2), S. 82.

32 Eine detaillierte Zusammensetzung der Aktionäre der Sulzer Unternehmungen AG liegt nicht vor. Die Protokolle der Generalversammlungen der Sulzer Unternehmungen AG von 1914 bis 1940 verzeichnen in den ersten Jahren nach der Gründung einen hohen Anteil von anwesenden Mitgliedern der Sulzer-Familie, der aber bis zur Fusion mit der Gebrüder Sulzer AG 1941 stetig abnahm. Siehe Adank (2000, wie Anm. 8), S. 27.

33 Konzernarchiv Sulzer, Schachtel 19a, Dr. Hch. Wolfer.

34 Hans Sulzer schilderte in einem Brief an seine Frau Lili, die zu diesem Zeitpunkt in den USA verblieben war, seine Haltung bei einem Aufenthalt in Winterthur: «Carl & Robert haben viel über das Geschäft gesprochen, wo ja z. Zt. Streik ist. Ich habe mich von der Diskussion ganz fern gehalten & getan, als ob mich das alles nicht im geringsten berührte. Ich war über mich selbst erstaunt, wie wenig Mühe mich diese Passivität kostete.» Hans Sulzer an Lili Sulzer, 7. 7. 1918 (AfZ, NL Hans Sulzer, 54.1.). Beim erwähnten Arbeitskonflikt handelt es sich um einen Streik der Arbeiter der Gebrüder Sulzer AG und der Schweizerischen Lokomotiv- und Maschinenfabrik (SLM) in Winterthur. Die Arbeiter beider Unternehmen hatten sich solidarisiert und waren Ende Juni 1918 in einen Streik getreten. Insgesamt beteiligten sich daran 5600 Arbeiter und 800 Lehrlinge. Damit galt der Streik als der grösste Ausstand, den die Schweiz je gesehen hatte. Adank (2000, wie Anm. 8), S. 57–61.

35 Verwaltungsratsprotokoll, 6. 5. 1915 (Konzernarchiv Sulzer).

36 Verwaltungsratsprotokoll, 9. 7. 1915 (Konzernarchiv Sulzer).

37 Verwaltungsratsprotokoll, 13. 4. 1915 (Konzernarchiv Sulzer).

38 Dabei vertrat Oederlin nicht nur die Interessen des Sulzer-Konzerns, sondern versorgte von den USA aus andere Schweizer Unternehmen der Maschinenindustrie mit Rohstoffen. Vgl. Oederlin, Friedrich: Erinnerungen, Winterthur 1936, S. 35–38 (AfZ, NL Friedrich Oederlin).

39 Siehe dazu Adank (2000, wie Anm. 8), S. 44–48.

40 Gemessen am Preisniveau von 1913.

41 Verwaltungsratsprotokoll, 20. 10. 1916 (Konzernarchiv Sulzer).

42 «Vergrösserungen in Winterthur stehen gewichtige politische Bedenken entgegen, so dass nach Ansicht des Referenten [Hans Sulzer] jede Vermehrung der Arbeiterzahl vermieden werden müsse.» Ebd.

43 «Der Referent [Hans Sulzer] ist der Ansicht, dass die Hauptentwicklung für die Zukunft im Ausland gesucht werden muss, wobei in erster Linie Frankreich für die Errichtung einer Fabrik in Betracht komme. Es muss aber auch die Errichtung einer Filiale in England und später in Russland im Auge behalten werden.» Ebd.

44 «Er [Richard Ernst] glaubt, dass jetzt die Firma eine Ausnahmestellung auf dem Weltmarkt besitze, die sie ausnützen sollte, um nach dem Krieg einen Vorsprung von der wiedererwachsenden Konkurrenz zu halten. Wird mit der Erhöhung der Produktionsfähigkeit zugewartet, so ist die Gefahr gross, dass das jetzt eroberte Gebiet wieder verloren geht.» Ebd.

45 Verwaltungsratsprotokoll, 28. 10. 1916 (Konzernarchiv Sulzer).

46 Siehe dazu Adank, Florian: Eine «Exportfirma par Excellence». Die Sulzer Unternehmungen AG in Winterthur 1914–1925, in: Roman Rossfeld, Tobias Straumann (Hg.): Der vergessene Wirtschaftskrieg. Schweizer Unternehmen im Ersten Weltkrieg, Zürich 2008, S. 89–117.

47 Zusammenstellung für den Verwaltungsrat. Verwaltungsratsprotokoll, 9. 5. 1924 (Konzernarchiv Sulzer).

48 Verwaltungsratsprotokoll, 22. 2. 1918 (Konzernarchiv Sulzer).

49 Verwaltungsratsprotokoll, 9. 7. 1915 (Konzernarchiv Sulzer).

50 Max Maag, geboren am 7. 2. 1883 in Dorf (Kanton Zürich), gestorben am 14. 2. 1960 in Zürich. Nach der Primarschule in Schwamendingen besuchte er das Gymnasium in Zürich. 1901 Matura, vier Semester Studium für Maschinenbau an der ETH Zürich. Abbruch des Studiums und Beginn einer Lehre als Mechaniker bei der Maschinenfabrik Oerlikon. Abschluss der Ausbildung im Jahr 1905, darauf Tätigkeit bei der Maschinenfabrik Kaspar Wüst als Konstrukteur, dort Entwicklung seines Zahnrades. 1913 Gründung der Maag Zahnräder, 1926 Austritt und Aufnahme neuer Tätigkeiten (Orgelbau und Lautsprechertechnik, später Messtechnik). Maag Zahnräder Aktiengesellschaft: Maag Geschichte, in: Panorama (Hauszeitschrift) 1976/77, S. 12–15.

51 So hatte das Konsortium entsprechende Verträge mit der deutschen Thyssen & Cie. und den Skoda-Werken in Pilsen im damaligen Österreich-Ungarn abgeschlossen. Siehe Adank (2000, wie Anm. 8), S. 37.

52 Typoskript Stenogramm über die Verhandlungen zur Maag Maschinen AG, 6. 11. 1915 (Konzernarchiv Sulzer, Schachtel 227, Maag-Akten Verträge).

53 Maag Zahnräder (1976/77, wie Anm. 50), S. 15.

54 Adank (2000, wie Anm. 8), S. 39.

55 Verwaltungsratsprotokoll, 25. 4. 1916 (Konzernarchiv Sulzer).

56 Ebd.

57 Heinrich Wolfer an Hans Sulzer, 16. 3. 1918 (Konzernarchiv Sulzer, Schachtel 19a, Dr. Hch. Wolfer).

58 Bericht des Delegierten des Verwaltungsrates der Maag Zahnräder & Maschinen AG zum Geschäftsbericht 1920/21, 16. 1. 1922 (Konzernarchiv Sulzer, Schachtel 227, Maag-Akten Verträge).

59 Verwaltungsratsprotokoll, 12. 1. 1921 (Konzernarchiv Sulzer).

60 Exposé Hans Sulzer, 10. 1. 1922 (Konzernarchiv Sulzer, Schachtel 227).

61 Exposé Rudolf Matossi-Sulzer, 18. 5. 1922 (Konzernarchiv Sulzer, Schachtel 227). Rudolf Matossi-Sulzer (1875–1964) war mit Adele Sulzer verheiratet, der Tochter von Albert Sulzer-Grossmann.

62 Die Hauszeitung der Maag Zahnräder Aktiengesellschaft, die einzige Sekundärquelle zur Geschichte des Maag-Unternehmens, spricht von einer «Überführung der MZMAG in eine reine Holdinggesellschaft». Maag Zahnräder (1976/77, wie Anm. 50), S. 16. Der Ablauf der Sanierung lässt sich mit den vorliegenden Quellen nicht im Detail rekonstruieren. Im Verwaltungsratsprotokoll steht lediglich, dass die Gesellschaft am 10. 11. 1922 neu gegründet werde und dass dank dieser Massnahme ein Konkurs vermieden worden sei. Verwaltungsratsprotokoll, 3. 11. 1922 (Konzernarchiv Sulzer).

63 Der Aktienanteil von Sulzer Unternehmungen AG war weiterhin signifikant. Darauf deutet hin, dass Hans Sulzer weiterhin Verwaltungsratsmandate bei der MZMAG wahrnahm. Er war von 1920 bis 1954 Vizepräsident des Verwaltungsrates der MZMAG. Sein Sohn Georg Sulzer übernahm sein Mandat im Verwaltungsrat von 1954 bis 1982, 1964–1966 als Vizepräsident und 1966–1981 als Präsident. 1982 folgte Peter G. Sulzer, Sohn von Georg Sulzer, im Verwaltungsrat nach. 1997 wurde die MZMAG verkauft. Maag Holding: 75 Jahre. Die Geschichte eines Industrieunternehmens seit 1920, Zürich 1995, S. 9.

64 Verwaltungsratsprotokoll, 16. 4. 1923 (Konzernarchiv Sulzer).

65 Exposé Carl Sulzer, Juli 1923 (Konzernarchiv Sulzer, Schachtel 227). Bei seinem Verweis auf «warnende Stimmen» meinte Carl Sulzer vielleicht Jakob Sulzer. Dieser hatte in einem Exposé vom Juni/Juli 1916 die Entscheidung zur Beteiligung bei der Maag Maschinen AG kritisiert: «Was haben wir bei dieser Gründung eigentlich getan? Wir haben in zuvorkommender Weise eine Gruppe von Unternehmern, die lange, bevor wir kamen, sich schon organisiert hatte, eine Gesellschaft gegründet und finanziert. Diese Gesellschaft hat weder den Anfang noch das Ende der Exploitation der Maag-Erfindung in der Hand. Sie erfindet nicht, sie konstruiert nicht und darf nicht verkaufen, sie fabriziert lediglich und als dieses Organ ist sie wie das Eisen zwischen Hammer und Amboss.». Exposé Jakob Sulzer, Juni/Juli 1916 (Konzernarchiv Sulzer, Schachtel 227, zitiert nach Adank [2000, wie Anm. 8], S. 40).

66 Hans Sulzer an Lili Sulzer, 7. 7. 1918 (AfZ, Nachlass Hans Sulzer, 54.1.).

67 Im Besonderen wäre auch bei «Staat und Gemeinden eine Senkung der Löhne und Gehälter» anzustreben. Verwaltungsratsprotokoll, 19. 11. 1930 (Konzernarchiv Sulzer).

68 Verwaltungsratsprotokoll, 22. 5. 1932 (Konzernarchiv Sulzer).

69 Zurlinden, Mathias: Goldstandard, Deflation und Depression: Die schweizerische Volkswirtschaft in der Wirtschaftskrise, in: Schweizerische Nationalbank. Quartalsheft 2/2003, S. 86–116, hier S. 113. Mathias Zurlinden bezeichnete das Jahr 1931 als «kritisches Jahr für die Schweizer Wirtschaft» in der Weltwirtschaftskrise. Deutschland führte in diesem Jahr auch Kapitalverkehrskontrollen ein, was Guthaben von Schweizer Firmen in Deutschland blockierte.

70 Die Diskussion wurde allerdings nicht protokolliert. Es heisst dort lediglich, dass es zu einer Diskussion um die Abwertung gekommen sei, «an der sich die meisten Mitglieder des Rates beteiligten». Verwaltungsratsprotokoll, 30. 9. 1931 (Konzernarchiv Sulzer).

71 Ebd. Dem Ankauf eigener Aktien, allerdings nur bis zu einer Globallimite von 1 Million Franken, stimmten die Aktionäre an der Generalversammlung vom 20. 5. 1932 zu. Insgesamt kaufte der Konzern 2263 Aktien. Dies entsprach rund 5,8 Prozent des Aktienkapitals. Im April 1937 verkaufte

der Konzern die Aktien und erzielte somit einen Buchgewinn von etwa 560 000 Franken (eigene Berechnung aufgrund der vorliegenden Zahlen). Die gekauften Obligationen wurden am Ende der Krisenperiode ebenfalls mit Gewinn verkauft. Verwaltungsratsprotokoll, 21. 4. 1937 (Konzernarchiv Sulzer).

72 Vermutlich hatten die Entlassungen bereits vor dem September 1931 eingesetzt. Buomberger, Thomas: Kooperation statt Konfrontation. Die Winterthurer Arbeiterschaft während der Krisenzeit der 1930er-Jahre (315. Neujahrsblatt der Stadtbibliothek Winterthur), Winterthur 1984, S. 216.

73 Ansprache Hans Sulzer, 4. 1. 1932 (Konzernarchiv Sulzer).

74 Adank (2000, wie Anm. 8), S. 134–138.

75 Ebd., S. 139.

76 Notizen der Besprechung mit Schüle [Vertreter der Tefag]/Rossmann (handschriftliche Notiz), 30. 4. 1932 (Konzernarchiv Sulzer, Schachtel 233A[1], Tefag Finanz A. G. 1932–1934).

77 Notizen [von Hippolyt Saurer] zu den mir von Dr. Wolfer am 28. 5. unterbreiteten Unterlagen bez. Rossmannsche Webmaschine, 29. 5. 1932 (Konzernarchiv Sulzer, Schachtel 223 A[1], Tefag Finanz A. G. 1932–1934).

78 Gemäss Anna Bálint trug ein Besuch von Robert Sulzer im Herbst 1932 beim Erfinder Rudolf Rossmann, der zu diesem Zeitpunkt in München lebte, massgeblich dazu bei, dass die Beteiligung von Sulzer an der Tefag zustande kam. Bálint (2015, wie Anm. 1), S. 316.

79 Verwaltungsratsprotokoll, 20. 9. 1950 (Konzernarchiv Sulzer). Hippolyt Saurer hatte in einem Brief an Hans Sulzer darauf hingewiesen, «dass die Entwicklung unseres Stoffwebstuhls, mit dem wir vor sieben Jahren begonnen haben, nach Erhebungen unserer internen Buchhaltung ca. 1,1 Millionen Franken Verluste verursachte». Hippolyt Saurer an Hans Sulzer, 2. 11. 1932 (Konzernarchiv Sulzer, Schachtel 233A[1], Tefag Finanz A. G. 1932–1934).

80 So Heinrich Wolfer: «Insgesamt sind in Deutschland heute noch für mehr als 1 1/2 Millionen Franken Bestellungen pendent, darunter auch Werkzeugmaschinen, die wir benötigen. Eine wichtige Frage liegt in der Verwendung des aus Deutschland kommenden Materials für die Ententeländer. Gemäss den Erfahrungen des letzten Krieges ist anzunehmen, dass darüber Vorschriften aufgestellt werden. Es ist jedoch für uns eine Lebensfrage, dass die Verwendung des Materials freibleibt, das schon vor Kriegsausbruch in unserem Besitz war.» Verwaltungsratsprotokoll, 5. 10. 1939 (Konzernarchiv Sulzer).

81 Zur Deckung der aufgelaufenen Verluste war jedoch 1936 noch eine einschneidende Aktienkapitalreduktion von 40 auf 28 Millionen Franken notwendig.

82 Gleichzeitig wurde ihnen beim Besuch auch «die Erfüllung laufender Kontrakte aus den Protektoraten zugesagt». Verwaltungsratsprotokoll, 5. 11. 1941 (Konzernarchiv Sulzer). Im Oktober 1940 führte Hans Sulzer als Vertreter der schweizerischen Regierung die Verhandlungen in Berlin über die Lieferung von Eisen aus Deutschland in die Schweiz.

83 Verwaltungsratsprotokoll, 5. 11. 1941 (Konzernarchiv Sulzer). Der russische Markt war für Gebrüder Sulzer vor der Revolution von Bedeutung. Die nach 1917 erfolgte Verstaatlichung ihres Verkaufsbüros brachte Verluste von mehr als 2 Millionen Franken ein. Wohl aus diesem Grund hatte sich Hans Sulzer 1922 öffentlich für die «Wiedererschliessung Russlands» durch Schweizer Unternehmen ausgesprochen. 1927 gelang es der Sulzer Unternehmungen AG immerhin, mit einer russischen Werft einen Lizenzvertrag für die Fabrikation von Schiffsdieselmotoren zu schliessen. Die Geschäftsleitung bemühte sich Mitte der 1930er-Jahre jedoch vergebens, Bern zur Aufnahme diplomatischer Beziehungen zu bewegen. Adank (2000, wie Anm. 8), S. 96.

84 Verwaltungsratsprotokoll, 24. 2. 1941 (Konzernarchiv Sulzer). Die Sulzer-Werke in Winterthur lieferten während des Krieges kein Kriegsmaterial und auch kein kriegswichtiges Material nach Deutschland. Meier, Martin et al.: Schweizerische Aussenwirtschaftspolitik 1930–1948 (Veröffentlichungen der Unabhängigen Expertenkommission Schweiz – Zweiter Weltkrieg 10), Zürich 2002, S. 248 (Anmerkung 467).

85 Verwaltungsratsprotokoll, 6. 5. 1915 (Konzernarchiv Sulzer).

86 Verwaltungsratsprotokoll, 12. 5. 1941 (Konzernarchiv Sulzer).

87 Verwaltungsratsprotokoll, 10. 9. 1923 (Konzernarchiv Sulzer).

88 Seit Kriegsbeginn durfte die Geschäftsleitung aus Winterthur das Fabrikgelände in Ludwigshafen nicht betreten. Verwaltungsratsprotokoll, 30. 11. 1939 (Konzernarchiv Sulzer).

89 Verwaltungsratsprotokoll, 27. 12. 1937 (Konzernarchiv Sulzer).

90 Verwaltungsratsprotokoll, 9. 2. 1940 (Konzernarchiv Sulzer).

91 Lüpold, Martin: Der Ausbau der «Festung Schweiz». Aktienrecht und Corporate Governance in der Schweiz, 1881–1961, Zürich 2008, S. 731–734, und Halbeisen, Patrick; Müller, Margrit; Veyrassat, Béatrice (Hg.): Wirtschaftsgeschichte der Schweiz im 20. Jahrhundert, Basel 2012, S. 847–849.

92 Verwaltungsratsprotokoll, 8. 3. 1943 (Konzernarchiv Sulzer).

93 Verwaltungsratsprotokoll, 13. 4. 1944 (Konzernarchiv Sulzer).

94 Hans Sulzer an Alfred Sulzer, 23. 2. 1944 (AfZ, NL Hans Sulzer, 54.5.).

95 Hans Sulzer an Alfred Sulzer, 9. 10. 1943 (AfZ, NL Hans Sulzer, 54.5.).

96 Verwaltungsratsprotokoll, 17. 12. 1953 (Konzernarchiv Sulzer).

97 Verwaltungsratsprotokoll, 9. 9. 1945 (Konzernarchiv Sulzer).

98 Selbst der Kontakt zu entfernten Vertretungen von Sulzer brach auch während des Krieges nicht ab. So vermittelte die Geschäftsleitung dem Verwaltungsrat kurz vor Weihnachten 1941 einen Überblick über die Geschäfte in Asien und im Juni 1942 wurde eine Vertretung in Shanghai gegründet. Verwaltungsratsprotokolle, 22. 12. 1941 und 18. 6. 1942 (Konzernarchiv Sulzer).

99 Die Compagnie de construction mécanique procédés Sulzer in Paris schüttete eine Dividende von 6 Prozent aus. Die andere französische Tochtergesellschaft, die Société anonyme chauffage Sulzer, eine von 8 Prozent und die Sulzer Bros. Ltd., London, eine von 8 Prozent. Geschäftsbericht Gebrüder Sulzer AG 1946, S. 5.

100 Bálint (2015, wie Anm. 1), S. 321 f.

101 Verwaltungsratsprotokoll, 1. 9. 1955 (Konzernarchiv Sulzer).

eröffnet Einblicke in die gesamte schweizerische Staats- und Privatwirtschaft

Hans Sulzer an Alfred Sulzer, 9. 10. 1943

Wirtschaftsmacht im «Zeitalter der Katastrophen»

PIERRE EICHENBERGER

DURCHDRINGUNG VON WIRTSCHAFT UND POLITIK

Als Nachfolger seines Onkels Albert Sulzer-Grossmann trat Hans Sulzer 1911 in den Verwaltungsrat der Bank in Winterthur ein. Bei deren Nachfolgerin, der Schweizerischen Bankgesellschaft (SBG), sass er im Verwaltungsrat, bis ihn sein Sohn Georg 1958 ablöste. Fritz Richner, der Präsident der SBG, blickte so auf fast ein halbes Jahrhundert zurück, als er Hans Sulzer im Februar 1958 ehrte. Richner würdigte «die über viele Jahrzehnte dauernde Verbundenheit Ihrer Familie und Ihres Unternehmens mit der Schweizerischen Bankgesellschaft». Er berichtete über verschiedene Ereignisse, die Hans Sulzers aussergewöhnlich lange Karriere in der Bank kennzeichneten, über die Fusion der Bank in Winterthur mit der Toggenburger Bank im Jahr 1912, die Einverleibung der Eidgenössischen Bank im Jahr 1945 und über das Erdbeben der Grossen Depression: «Als die Bank in jenen Jahren die schwerste Zeit ihrer Geschichte durchmachte, waren Sie ein treuer Wegbereiter und zuverlässiger Berater. Sie haben durch Ihre starke Persönlichkeit und durch Ihr umfassendes Wissen tatkräftig mitgeholfen, den Glauben an eine bessere Zukunft des Institutes aufrecht zu erhalten. Unsere Sorgen waren Ihre Sorgen.» Im weiteren Verlauf seiner Würdigung kam Richner zum Schluss: «Massgeblich haben Sie allgemein die Geschicke unserer Bank beeinflusst und weitgehend zu ihrem heutigen nationalen und internationalen Standing beigetragen.»[1]

Wie diese Würdigung durch den Präsidenten der SBG erahnen lässt, fiel die Karriere von Hans Sulzer in eine Zeit, die Eric Hobsbawm das «Zeitalter der Katastrophen» genannt hat («an era of havoc comparable to the Thirty Years' War of the seventeenth century»). Dieses war durch die beiden Weltkriege, extreme politische Gewalt und tiefe Wirtschaftskrisen geprägt. Der britische Historiker weiter: «Between the wars the capitalist world economy appeared to collapse. Nobody quite knew how it might recover.»[2] Auf der Suche nach politischen Formeln, die der Industrialisierung des Krieges, dem Nationalismus und der Arbeitslosigkeit gerecht wurden, entwickelte sich eine doppelte Bewegung: die «Verpolitisierung der Wirtschaft» und die «Verwirtschaftli-

Hauptsitz der Schweizerischen Bankgesellschaft im Münzhof an der Zürcher Bahnhofstrasse, 1942.

chung der Politik».[3] Diese Entwicklung bildete den wesentlichen Kontext von Hans Sulzers Karriere. Wenn man Fritz Richner glauben darf, wusste Sulzer, wie er diese schwierigen Jahre zu meistern hatte. Richner dankte ihm, dass er unter drei aufeinanderfolgenden Präsidenten der Bank «zu wiederholten Malen Fragen delikaten Charakters und von weittragender Bedeutung zu lösen mithalf». Mit anderen Worten: Hans Sulzer war selbst ein wesentlicher Akteur bei dieser zunehmenden Verflechtung von Politik und Wirtschaft.

Doch Hans Sulzer war kein Bankier, und der Verwaltungsrat der SBG war nur einer von rund zwei Dutzend, denen der Industrielle angehörte. Dieser Beitrag verfolgt Sulzers aussergewöhnliche Präsenz in den Führungsgremien privater Unternehmen, aber auch in schweizerischen und internationalen Verbänden, in der Diplomatie und in Expertenkommissionen des Bundesstaates. Er zeigt auf, wie wirtschaftliche und politische Macht im «Zeitalter der Katastrophen» bis zur Verschmelzung miteinander verflochten waren.

Zunächst malt er ein Bild von Sulzer als «mächtigem Mann», indem er dessen Mandate in zahlreichen Verwaltungsräten untersucht, bevor beschrieben wird, wie Sulzer 1935 zum Präsidenten des Vororts, des Exekutivorgans des Schweizerischen Handels- und Industrie-Vereins, aufstieg. Anschliessend beschäftigt er sich mit Sulzers Engagement in den wichtigsten Verbänden der Maschinenindustrie: dem Verein Schweizerischer Maschinen-Industrieller (VSM, gegründet 1883) und dem Arbeitgeberverband schweizerischer Maschinen- und Metall-Industrieller (ASM, gegründet 1905). In diesem dritten Teil wird gezeigt, wie sich in den Arbeitgeberverbänden der Wettbewerb zwischen den Unternehmen Gebrüder Sulzer und Brown, Boveri & Cie. manifestierte. Viertens geht der Beitrag auf Hans Sulzer als «Klassenkämpfer» ein, insbesondere im ASM, der Speerspitze der Arbeitgeberschaft in der Schweiz. Der fünfte und letzte Abschnitt dokumentiert die internationale Dimension der Tätigkeit von Hans Sulzer, hauptsächlich in der Internationalen Handelskammer (ICC).

HANS SULZER ALS «MÄCHTIGER MANN»

Hans Sulzer «vereinigt eine unheimliche Machtfülle auf sich», schreibt der Historiker Adrian Knoepfli.[4] Als Sohn von Heinrich Sulzer-Steiner, der von 1872 bis 1906 Seniorteilhaber der Firma Gebrüder Sulzer war, wurde Hans in eine der wichtigsten Unternehmerfamilien der Schweiz geboren: Gebrüder Sulzer lieferte beispielsweise seit den 1920er-Jahren Dieselmotoren für ein Drittel der Tonnage der grossen Ozeanschiffe.[5] Hans wurde zwar in Jura und Wirtschaftswissenschaften ausgebildet und nicht wie seine beiden älteren Brüder als Ingenieur. Dennoch war er es, der 1914 die operationelle Leitung übernahm und von 1935 bis 1959 den Verwaltungsrat der Winterthurer Firma präsidierte. ▸ S. 49 Damit trat er die Nachfolge des im Oktober 1934 verstorbenen ältesten Bruders Carl Sulzer-Schmid an. Als Hans starb, übernahm wiederum sein zweitältester Sohn Georg den Vorsitz des Verwaltungsrats, der damals bereits die Geschäftsleitung innehatte. Damit setzte er sich gegenüber dem langjährigen Vizepräsidenten des Verwaltungsrats Heinrich Wolfer-Sulzer durch, welcher der Meinung war, dass nun ihm der Vorsitz zustehe.[6]

Hans Sulzers Lebenslauf,[7] der von Margaretha Rebsamen verfasst wurde, seiner Privatsekretärin während der gesamten Karriere, zeichnet seinen fulminanten Aufstieg nach: die diplomatischen Missionen während der beiden Weltkriege, die ihm den Titel eines Ministers einbrachten, seine herausragenden Funktionen im Dienste des Bundes bei der Organisation der Kriegswirtschaft während des Zweiten Weltkriegs und nicht zuletzt seine Omnipräsenz in den Expertenkommissionen, welche die Politik des Bundes formten. Auch Sulzers Funktionen in den Arbeitgeberverbänden bestätigten Zeitgenossen seine bedeutende Position. In keiner Würdigung wird seine sechzehnjährige

Vororts-Präsidentschaft ausgelassen. Die Tätigkeit in dem 1870 gegründeten Verband, dem Gravitationszentrum der Schweizer Wirtschaftspolitik, gilt denn auch als Höhepunkt seiner Karriere. Repräsentativ für den Ton, mit dem Sulzers Arbeit als Präsident des Vororts gefeiert wurde, dankte ihm der Industrielle und IKRK-Präsident Max Huber beim Ausscheiden für seine Arbeit «nicht für die Industrie, sondern für die Lebens- und Durchhaltungsmöglichkeiten unseres Landes».[8]

In einem anderen Bereich sind die Würdigungen weniger wortreich: der Anhäufung von Verwaltungsratsmandaten. Bereits 1929 hatte Hans Sulzer mehr Mandate (8) in den Verwaltungsräten der 110 grössten Schweizer Firmen als sein Bruder Carl (5).[9] Anfang der 1930er-Jahre war er der umfassendste Kumulierer auf einer Liste von 22 führenden Schweizer Industriellen und Bankiers und erhielt als Tantiemen die stolze Summe von 197 800 Franken – wahrscheinlich mehr als die Hälfte seines Jahreseinkommens.[10] Sulzer scheint also ein Hauptnutzniesser dessen gewesen zu sein, was die linke und gewerkschaftliche Presse als «leichtes Geld» von Verwaltungsräten bezeichnete und diesbezüglich von einem «modernen Feudalismus» zugunsten der «Parasiten der Produktion» sprach.[11]

▸ S. 35

Hans Sulzers Curriculum Vitae nennt 26 Verwaltungsratsmandate,[12] die er von den 1910er- bis zu den 1950er-Jahren besetzte, darunter auch in einigen ausländischen Unternehmen mit Verbindungen zur Schweiz, wie die Foreign Light and Power Company, Montreal, oder die Schweizerische Handels- und Industriegesellschaft für Brasilien. Vor allem aber handelte es sich um Schweizer Unternehmen, sei es im Versicherungswesen, im Bergbausektor, seien es Banken, Energieunternehmen, Nahrungsmittel- oder Industriefirmen. Neben diesen zahlreichen Mandaten wurde Hans Sulzer 1930 in den Bankrat der Schweizerischen Nationalbank berufen, dem er bis 1951 angehörte.

Die Mitarbeit in diesen Verwaltungsräten wurde sehr unterschiedlich vergütet (1930 zum Beispiel fast 80 000 Franken pro Jahr bei der Rückversicherungsgesellschaft gegenüber 12 500 Franken bei Gebrüder Sulzer).[13] Einige Mandate waren das Ergebnis der industriellen Zusammenarbeit zwischen Gebrüder Sulzer und Firmen wie Maag oder Schweizerische Lokomotiv- und Maschinenfabrik (SLM). Andere zeugen von langfristigen finanziellen Verbindungen (Schweizerische Bankgesellschaft, Schweizerische Unfallversicherungs-Aktiengesellschaft Winterthur). Und Verwaltungsratsmandate wie das bei Dubied – Pierre Dubied suchte damals ein Mitglied von nationalem Format – sind mit dem persönlichen Prestige Sulzers verbunden. Der Einsitz von Hans Sulzer in diesen verschiedenen Verwaltungsräten spiegelt also persönliche und familiäre Beziehungen, die innerhalb des Managements von Gebrüder Sulzer diskutiert

CHAMBRE DE COMMERCE INTERNATIONALE
COMITÉ NATIONAL SUISSE
ZURICH

Börsenstrasse 17
Téléphone: 23 27 07
Compte de chèques postaux VIII 32 002

FICHE BIOGRAPHIQUE

1. NOM : SULZER

2. PRENOMS : Hans

3. NATIONALITE : Suisse

4. ADRESSE D'AFFAIRES : Gebrüder Sulzer A.G, Winterthour Tél.:2 44 21
(pour toutes les questions qui le concernent personnellement)
Börsenstrasse 17, Zurich Tél.:23 27 07
(pour toutes les questions qui concernent le Comité national suisse)

5. ADRESSE PRIVEE : Tél.2 35 70
ob. Alpgut, Gütlistrasse 21, Winterthour

6. CHARGES OCCUPEES A LA C.C.I. : Vice-président de la Chambre de commerce internationale et membre du Conseil;
Président de la Commission de la politique commerciale;
Président du Comité national suisse de la C.C.I.

7. ACTIVITE (Fonctions par ordre d'importance) :
Président de l'Union suisse du commerce et de l'industrie, Zurich;
Président du Conseil d'administration de la maison Gebrüder Sulzer A.G., à Winterthour.

8. TITRES ET DISTINCTIONS HONORIFIQUES :
Dr en droit,
Ancien Ministre de Suisse à Washington.

9. LANGUES COMPRISES : français, anglais, allemand

10. DATE DES RENSEIGNEMENTS : 15 septembre 1946.

Alle wichtigen Karrierestationen: «Fiche biographique» der Internationalen Handelskammer zu Hans Sulzer mit biografischen Angaben und Passfoto, 1946.

wurden, und war Gegenstand der Arbeitsteilung zwischen den Familienmitgliedern. In einigen dieser Gremien, insbesondere in den prestigeträchtigsten, sass Sulzer jahrzehntelang und bekleidete die Positionen des Vizepräsidenten oder des Vorsitzenden: 52 Jahre bei der Schweizerische Unfallversicherungs-Aktiengesellschaft, davon 45 Jahre als Vorsitzender; 37 Jahre bei Saurer, davon 28 Jahre als Vorsitzender; 38 Jahre bei der Rückversicherung, davon siebzehn Jahre als Vizepräsident, sowie 38 Jahre als Vizepräsident bei Maag.

Hans Sulzer liess in den verschiedenen Verwaltungsräten nicht nur gute Buchhaltungspraxis, sondern auch politisch sensible Informationen zirkulieren. Im Verwaltungsrat von Dubied beispielsweise intervenierte er in Steuer- und Buchhaltungsfragen sowie bei der Dividendenausschüttung. Er leitete auch Informationen über Produktion und Projekte verschiedener Deutschschweizer Firmen an den Verwaltungsrat weiter und orientierte seine Kollegen über eidgenössische politische Fragen, von denen er durch die Tätigkeit in ausserparlamentarischen Kommissionen Kenntnis hatte. So teilte Sulzer 1936 mit, wie viel Geld die anderen grossen Maschinenbaufirmen in die Wehranleihe investieren wollten. Daraufhin konnte Dubied abschätzen, welchen Betrag das Neuenburger Unternehmen sinnvollerweise zeichnen sollte.[14]

Während des Zweiten Weltkriegs liess Sulzer seine politischen Kontakte spielen, insbesondere zu den Bundesräten Ernst Wetter und Walther Stampfli. Mit ersterem hatte er in den 1930er-Jahren im Vorort zusammengearbeitet, mit Stampfli seit den 1920er-Jahren in VSM und ASM. Auf diese Weise liess er dem Vorstand der Rückversicherungsgesellschaft Informationen über noch in Planung befindliche staatliche Regulierungen, zum Beispiel im Steuerbereich, zukommen. Im selben Verwaltungsrat teilte er auch Informationen über den Geschäftsgang der Unfallversicherungs-Aktiengesellschaft mit, deren Vorsitzender er war.[15] Sulzer, der 1942 Vizepräsident der Rückversicherung wurde, verteidigte dort den Nutzen eines erheblichen finanziellen Bei-
▸ S. 191
trags an die Gesellschaft zur Förderung der schweizerischen Wirtschaft, eine im selben Jahr als Propagandainstrument gegründete «Kampforganisation» der Wirtschaftsverbände.[16]

Wie Adrian Knoepfli festhält, versinnbildlicht Hans Sulzer verschiedene Formen familiären, wirtschaftlichen, politischen und teilweise auch militärischen Einflusses. Auch der Politologe André Mach und seine Mitautorinnen und -autoren stellen in ihrer Elitenstudie fest, dass Hans Sulzer «mehrere Merkmale der Schweizer Wirtschaftseliten veranschaulicht: das feinmaschige Netz zwischen den Verwaltungsräten der grössten Firmen, die enge Verbindung zwischen Finanz- und Industriesektor, die Schlüsselstellung von Familienunternehmen und die Konzentration der Macht bei einer Handvoll Individuen, die mehrere unternehmerische Führungsfunktionen kumulieren».[17] In Netzwerkanalysen hat die Elitenforschung Hans Sulzer als einen «big linker» von Machtnetzwerken identifiziert. Als solcher verband er Industrieunternehmen, Banken, Arbeitgeberverbände und den Staat. Sie sieht in ihm auch einen unbestrittenen Angehörigen dessen, was der amerikanische Soziologe Michael Useem den «inner circle» nannte, der sich durch Einsitz in verschiedenen Verwaltungsräten und Arbeitgeberverbänden auszeichnet, sich mit den grossen Familien verbindet, den selektivsten sozialen Clubs angehört und sich durch diese Eigenschaften an die Spitze des kollektiven und politischen Handelns der Wirtschaftskreise stellt. Useem erklärt, dass die Anhäufung von Positionen es diesen Personen ermögliche, «transcend the parochial interests of single companies and sectors, and to offer a more integrated vision of the broader, longer-term needs of business».[18]

Hans Sulzers Engagement in diesen Netzwerken ging so weit, dass er Ende 1934 die operative Leitung des Familienunternehmens an Heinrich Wolfer abgab, als er zum Präsidenten von Gebrüder Sulzer und Vorort gewählt wurde.[19] Von diesem Zeitpunkt an waren Sulzers Aktivitäten sowohl politisch als auch wirtschaftlich besonders bedeutsam und machten ihn zu einer Art «businesscrat»,[20] einer Kombination aus «businessman» und «bureaucrat», oder zu einem auffälligen Beispiel eines «business-statesman»,[21] ein Begriff, der auf das politische Engagement bestimmter Unternehmer verweist.

Als Hans Sulzer immer mehr Funktionen in Unternehmerverbänden übernahm, fanden diese Aktivitäten auch Eingang in die Geschäftsordnung des Verwaltungsrats von Gebrüder Sulzer. Das Reglement von 1924 behielt Hans (im Gegensatz zu Heinrich Wolfer und Robert Sulzer) die Vertretung des Unternehmens in den Arbeitgeberverbänden vor. Das Reglement von 1935, das nach Sulzers Wahl zum Präsidenten des Vororts entworfen wurde, überantwortete ihm die «Mitbestimmung in allen geschäftlichen Angelegenheiten mit Behörden und wirtschaftlichen Verbänden und Vereinen, Vertretung der Firma in Vorort, V. S. M. I. [Verein Schweizerischer Maschinen- und Metallindustrieller] und Arbeitgeberverband der Maschinenindustrie».[22] Repräsentation der Firma und wirtschaftspolitische Einflussnahme bildeten also integrale Bestandteile von Sulzers Aufgaben. Betrachten wir im Folgenden die Wintermonate 1934/35 genauer, in denen Sulzer zum Chef der Chefs wurde.

DIE PRÄSIDENTSCHAFT DES VORORTS ALS HÖHEPUNKT DER KARRIERE

Als Hans Sulzer im Januar 1935 das Amt des Vororts-Präsidenten übernahm, wurde er zum Primus inter Pares der Wirtschaftswelt. Zwar verdankte er seine Wahl dem plötzlichen Tod seines älteren Bruders Carl, der das Präsidium hätte übernehmen sollen. Doch Hans' Wahl zeugt auch von seiner herausragenden Stellung in Wirtschaftskreisen, die sich in der Akkumulation von Verwaltungsratsmandaten widerspiegelt. Diese vielfältigen Verbindungen machten ihn zum Papabile für das Amt des Vororts-Präsidenten. Sie ermöglichten es ihm, verschiedene Interessen (Industrie, Versicherungen, Banken) zu bündeln und «die Wirtschaft» als Ganzes zu verkörpern.

Dieses Profil war auch zum Zeitpunkt seiner Berufung in den Verwaltungsrat von Dubied entscheidend. So machte sich Pierre Dubied nach dem Tod von Léopold Dubois, dem langjährigen Präsidenten des Schweizerischen Bankvereins, im Herbst 1928 auf die Suche nach einem Nachfolger für den vakanten Sitz im Verwaltungsrat. Pierre Dubied erklärte vor der Hauptversammlung der Aktionäre, dass der Verstorbene «eine so herausragende Persönlichkeit war» und dass «der Nachfolger nur eine Persönlichkeit ersten Ranges sein kann».[23] Der Verwaltungsrat entschied sich für Hans Sulzer, mit dem Pierre Dubied in den Vorständen von ASM und VSM bereits zusammengearbeitet hatte. Von Dubied angesprochen, lehnte Sulzer die Präsidentschaft ab, erklärte sich aber bereit, als einfaches Mitglied zu wirken – ein Mandat, für das er in den 1950er-Jahren mit 25 000 Franken pro Jahr entlohnt wurde und das er bis zu seinem Tod beibehielt.[24] Die Anekdote offenbart das Prestige, das der jüngste der Sulzer-Brüder bereits genoss, obwohl die Einflussmöglichkeiten im Verwaltungsrat von Dubied bei weitem nicht mit denen im Vorort vergleichbar sind.

Der Schweizerische Handels- und Industrie-Verein, der älteste der Dachverbände (heute economiesuisse), umfasst die wirtschaftlichen Branchenverbände des Handels und der Industrie sowie die Handelskammern. Der Begriff «Vorort» bezog sich auf das Exekutivkomitee des Verbands, dessen Mitglieder von der Schweizerischen Handelskammer gewählt wurden, einem Organ zwischen der Delegiertenversammlung und dem Vorort. Der Vorort fungierte somit als Sprachrohr der Industrie und des Handels. Während der Bund den Vorort seit dem Ende des 19. Jahrhunderts im Austausch für die Erhebung von Wirtschaftsstatistiken subventionierte, gewannen die Verbände und der Vorort im Besonderen um den Ersten Weltkrieg herum eine enorme Bedeutung für die Ausgestaltung der staatlichen Politik. Dabei versuchte der

Bund, die organisatorischen Fähigkeiten der Industriellen für seine Politik zu nutzen. Die Industriellen ihrerseits trachteten danach, die wachsende staatliche Tätigkeit zu lenken. Der Vorort begann daher eine Scharnierfunktion zwischen Unternehmen, politischen Parteien und dem Bundesstaat zu übernehmen[25] und entwickelte eine grosse Nähe zum Eidgenössischen Volkswirtschaftsdepartement.[26] Die Schlüsselrolle des Vororts zeigte sich insbesondere in seiner zentralen Präsenz in den ausserparlamentarischen Kommissionen, die die Wirtschaftspolitik des Bundes formulierten und Gesetzesentwürfe vorbereiteten. Der Vorsitz im Vorort öffnete Hans Sulzer die Tür zu den einflussreichsten Kommissionen, wie der Eidgenössischen Expertenkommission für Wirtschaftsgesetzgebung, die 1936 vom Bundesrat eingesetzt wurde, um die wirtschaftliche Intervention des Staates vorzubereiten.[27]

Zum Zeitpunkt von Sulzers Wahl war der starke Mann im Vorort Ernst Wetter, der als Delegierter und Vizepräsident die Geschäftsleitung innehatte. Wetter war ehemaliger Mitarbeiter von Bundesrat Edmund Schulthess gewesen, zunächst Departementssekretär und später Direktor der Handelsabteilung, und Schulthess hatte seinen Einfluss bei der Ernennung Wetters als Delegierter des Vororts geltend gemacht.[28] Ernst Wetter wurde 1939 in den Bundesrat gewählt und verliess den Vorort, um ins Finanzdepartement zu wechseln. Diese Nähe zwischen Staat und Vorort hatte auch eine physische Dimension: Zwischen 1922 und 1960 hatte der Verband seine Büros im Gebäude der Nationalbank in Zürich. Die Sitzungen der Schweizerischen Handelskammer fanden im eleganten Konferenzzimmer statt, in dem auch unzählige Sitzungen von Wirtschaftsverbänden und Expertenkommissionen abgehalten wurden.[29]

Diese Nähe von politischer und wirtschaftlicher Macht bezeugend, schrieb Hans Sulzer in autobiografischen Notizen, die Präsidentschaft des Vororts sei «eine Stellung, die mich in engste Mitarbeit auf dem Gebiet der schweizerischen Wirtschaftspolitik führte und mir hohe Befriedigung bot».[30] Während seiner Präsidentschaft konnte er auf den Einfluss zählen, den der Direktor des Vororts, Heinrich Homberger, in der Bundesverwaltung ausübte. Homberger, ein zentraler Protagonist der Schweizer Wirtschaftspolitik von den 1930er- bis in die 1960er-Jahre, wurde als «achter Bundesrat» bezeichnet, insbesondere mit Blick auf das Büro, das ihm von 1939 bis in die 1950er-Jahre im Bundeshaus zur Verfügung stand.[31] In einem Brief, in dem Sulzer 1943 seinen Sohn Alfred über dessen Zukunft beriet, hielt er fest, dass ein Posten im Vorort auch für ihn sehr interessant sein könnte: «Der Vorort spielt heute unter der Leitung seines hervorragenden Direktors Dr. Homberger in volkswirtschaftlichen, insbesondere handelspolitischen Fragen eine ganz prominente Rolle

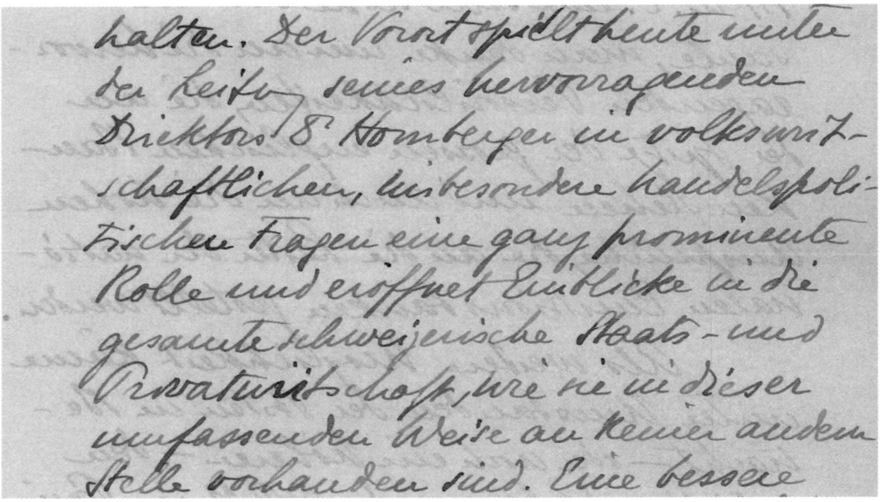
halten. Der Vorort spielt heute unter
der Leitung seines hervorragenden
Direktors Dr Homberger in volkswirt-
schaftlichen, insbesondere handelspoli-
tischen Fragen eine ganz prominente
Rolle und eröffnet Einblicke in die
gesamte schweizerische Staats- und
Privatwirtschaft, wie sie in dieser
umfassenden Weise an keiner andern
Stelle vorhanden sind. Eine bessere

«Der Vorort spielt heute […] in volkswirtschaftlichen, insbesondere handelspolitischen Fragen eine ganz prominente Rolle»: Brief von Hans Sulzer an Alfred Sulzer vom 9. Oktober 1943.

und eröffnet Einblicke in die gesamte schweizerische Staats- und Privatwirtschaft, wie sie in dieser umfassenden Weise an keiner anderen Stelle vorhanden sind. Eine bessere Schulung kann ich mir gar nicht denken und die Gehälter sind denen in der Privatwirtschaft durchaus entsprechend.»[32]

Am 11. Januar 1935 wurde Hans Sulzer zum Präsidenten dieses Machtzentrums gewählt, in einer einzigen und gleichzeitigen Wahl in die Schweizerische Handelskammer, den Vorort und das Präsidium.[33] Er war der erste, der direkt ins Präsidentenamt gehoben wurde, ohne zuvor im Vorort und in der Schweizerischen Handelskammer gesessen zu haben. Sulzer räumte deshalb ein, dass er sich die «Vorschusslorbeeren» erst noch verdienen müsse.[34] Alfred Frey hatte über dreissig Jahre im Vorort gesessen, bevor er 1917 zum Präsidenten gewählt wurde. John Syz war vor der Präsidentschaft sieben Jahre Vororts-Mitglied, und Carl Koechlin-Vischer sass zwanzig Jahre im Vorort, bevor er 1951 als Sulzers Nachfolger das Amt des Präsidenten übernahm. Der Regel entsprechend hätte sich wohl auch Hans Sulzer im Nachfolgeprozedere zuerst als einfaches Mitglied des Vororts bewähren müssen. Er war also gar nicht als Präsident vorgesehen, auch wenn er im Nachhinein als «logische» Wahl erscheint.

Vielmehr sollte sein älterer Bruder Carl Sulzer-Schmid, der seit 1919 Vororts-Mitglied war, die Nachfolge des scheidenden Präsidenten John Syz antreten. Er war der passende Mann.[35] Die Wahl eines Vertreters der Maschinenindustrie zum Vororts-Präsidenten ermöglichte es, den Vorsitz von einem nunmehr schwächelnden Sektor, der Textilindustrie, an den dynamischsten Industriesektor weiterzugeben, dessen Verbände in Wirtschaftsfragen den Takt angaben. Carl Sulzer-Schmid war als VSM-Präsident ein prominenter Vertreter dieser Verbände. Und er war Mitglied und Präsident des Verwaltungsrats der Gebrüder Sulzer, eines der Flaggschiffe der Schweizer Maschinenindustrie. Zum Zeitpunkt von Syz' Weggang hatte Sulzer-Schmid das ideale Alter (sechzig Jahre) erreicht, um die Schweizer Wirtschaft zu vertreten. Er war seit 1917 Mitglied des Nationalrats – im Wirtschaftsflügel der Freisinnigen hatte er sich einen Namen gemacht –, und durch seine langjährige Nähe zu Bundesrat Schulthess wurde er zu einem Schwergewicht in der Bundespolitik. Der Winterthurer Industrielle war Mitglied der Zürcher Handelskammer gewesen, aus der er 1933 austrat, um zu bestätigen, dass es nun wichtiger sei, sich auf Branchenverbände statt auf die lokale Ebene zu konzentrieren. Die Wahl eines Winterthurer Vororts-Präsidenten ermöglichte es zudem, die Dominanz der Stadt Zürich zu beenden und das Präsidium gleichzeitig in der Region zu behalten. Dadurch wurde das Risiko vermieden, dass ein Basler auf das Amt des Präsidenten zugriff, wie es nach der Präsidentschaft von Hans Sulzer 1951 mit der Wahl von Carl Koechlin-Vischer der Fall sein sollte.[36]

Nachdem John Syz bereits seit vielen Jahren seinen Rücktritt als Präsident angekündigt hatte und die Wahl von Carl Sulzer-Schmid bereits in trockenen Tüchern schien, verstarb dieser völlig unerwartet im Oktober 1934. Danach kam zunächst die Idee auf, dass Ernst Wetter den Vorsitz übernehmen sollte. Dies hätte der Tradition entsprochen, statt eines Industriellen einen Beamten zu ernennen, wie es auch bei Alfred Frey der Fall gewesen war. Am Schluss wurde unter grossem Zeitdruck jedoch Hans Sulzer kurzfristig zum Nachfolger seines verstorbenen Bruders bestimmt, weil er über viele der Qualifikationen verfügte, die den Ausschlag für Carl gegeben hatten: Er war ein Vertreter der neuen, aufstrebenden Maschinenindustrie, der aus dem Kanton, aber nicht aus der Stadt Zürich stammte. Und er war in Wirtschaftskreisen ebenso gut vernetzt wie sein Bruder.

Obwohl Sulzer der erste Vororts-Präsident war, der – nach einer Statutenänderung von 1931 – von der Schweizerischen Handelskammer und nicht von der Zürcher Handelskammer gewählt wurde, spielte das Zürcher Gremium dennoch eine wichtige Rolle bei der Nachfolgeregelung.[37] In einem Schreiben an die Mitglieder der Schweizerischen Handelskammer betonte Ernst Wetter die Bedeutung der sektoriellen und geografischen Herkunft bei der Wahl Sulzers: «Aus dem Kreise der Maschinenindustrie und von mitten der zürcherischen Wirtschaftskreise ist dem Vorort beantragt worden, Herrn Dr. Hans Sulzer als Mitglied der Handelskammer und Mitglied des Vorortes zu wählen. Was das

Präsidium anbetrifft, so haben sich die zürcherischen Handels- und Industriekreise ebenfalls an Herrn Dr. Hans Sulzer gewandt und ihn gebeten, sich für eine eventuelle Wahl für das Präsidium [...] zur Verfügung zu stellen. Herr Dr. Sulzer hat lange gezögert. Er wird sich nun aber der Aufgabe nicht entziehen, wenn die Schweizerische Handelskammer ihn anruft.»[38]

Diese erste «Schweizerische» Präsidentschaft geht auch mit einem Generationenwechsel im Vorort und in der Schweizerischen Handelskammer einher. Die neue Garde pflegte ihre Verbindungen und wurde, wie ihr Vertreter Carl Koechlin-Vischer, Chef des Basler Unternehmens J. R. Geigy AG und Präsident der Basler Handelskammer, 1951 betonte, «ein kleiner Kreis, in dem sich die Beratungen in freundschaftlicher Rede und Gegenrede abspielen».[39] Dies ist umso wichtiger, als der Einfluss des Vororts den Appetit anregte und die Plätze in diesem Gremium begehrt waren. Der Handel, der Tourismus und die Uhrenindustrie zum Beispiel mussten einen langen Kampf um einen Sitz führen. Eine Wahl in den Vorort verlieh die Weihe einer «prominenten Persönlichkeit», die sich zudem von Partikularinteressen lösen musste: «7 Männer, die über den Interessen ihrer engen Berufssphäre das Ganze im Auge behalten.»[40]

Die Fähigkeit der Wirtschaftskreise, mit einer Stimme zu sprechen, trug wesentlich zu ihrem Einfluss bei. Wie wir im nächsten Abschnitt sehen werden, verschwanden die Partikularinteressen einzelner Firmen jedoch nicht völlig.

KONKURRENZ IM VSM: GEBRÜDER SULZER UND BBC

In dem Masse, wie der Staat in der Wirtschaft an Bedeutung gewann, insbesondere während der Krise der 1930er-Jahre, wurde es für Exportfirmen wie Gebrüder Sulzer entscheidend, über verlässliche politische Multiplikatoren zu verfügen. Dies war für das Unternehmen umso wichtiger, als auch die ausländischen Mitbewerber auf die Hilfe «ihres» Staates zurückgriffen. Das Unternehmen MAN, die «mächtigste Konkurrentin»[41] von Sulzer auf dem Markt für Dieselmotoren, verfügte beispielsweise über die sehr wichtige «Verbandsmacht»,[42] weil ihr Besitzer Paul Hermann Reusch mit seinen Anliegen bei den Berliner Behörden auf offene Ohren stiess.

Der VSM, sowohl Kartell als auch Lobby, war der Hauptschauplatz dieses Einflusskampfes und bildete das Herzstück der Verbandstätigkeit von Gebrüder Sulzer. Hans Sulzers Vater, Heinrich Sulzer-Steiner, gehörte zu den Gründern des VSM und war von 1883 bis 1906 dessen Vizepräsident. Sein jün-

Hier wurden auch Sitzungen der Schweizerischen Handelskammer und des Vororts abgehalten: «Konferenzzimmer» der Nationalbank in Zürich, 1924.

gerer Bruder Eduard Sulzer-Ziegler folgte ihm nach und wurde 1913 durch Carl Sulzer-Schmid von der nächsten Generation abgelöst. Dieser war bis zu seinem Tod im Jahr 1934 Verbandspräsident.

Hans Sulzer übernahm 1924 die Vertretung des Unternehmens im Vorstand des VSM und des ASM (Carl als Präsident vertrat die Firma hier nicht mehr), war nach dem Tod von Carl von 1934 bis 1938 Vizepräsident des VSM und von 1938 bis 1939 Interimspräsident. Anschliessend übergab er die Vertretung der Firma an Heinrich Wolfer, der von 1939 bis 1947 Präsident des VSM war, eine Präsidentschaft, die Hans Sulzer als «Ehrung [...] seiner Firma»[43] bezeichnete. Unter der Präsidentschaft Wolfers war Hans weiterhin im Vorstand tätig, nun «als Persönlichkeit des Wirtschaftslebens und als Präsident des Vororts».[44] Erst mit dem Ende seiner Amtszeit im Vorort 1951 verliess Hans den VSM-Vorstand, während er sein Mandat im ASM bereits 1947 niedergelegt hatte, nachdem er dort 23 Jahre lang regelmässig an den Sitzungen des engeren Vorstandes teilgenommen hatte.

Die Vertreter von Gebrüder Sulzer legten grossen Wert darauf, in VSM und ASM möglichst viel Einfluss zu haben. Hans Schindler, der Chef der Maschinenfabrik Oerlikon, schrieb dazu am 20. Mai 1947 konsterniert in sein Tagebuch, dass Wolfer und Hans Sulzer «immer in sehr gewalttätiger Weise über das Präsidium von Verband [ASM] und Verein [VSM] verfügen» wollten.[45] Um den Vorsitz in den beiden Organisationen entbrannte ein Wettbewerb mit den anderen grossen Unternehmen der Branche, insbesondere der BBC. Nach dem Tod von Sulzer-Schmid 1934 beispielsweise übernahm Henri A. Naville, der Delegierte des BBC-Verwaltungsrats, den Vorsitz des VSM. Es folgte mit Heinrich Wolfer ab 1939 wieder ein Sulzer-Mann im Präsidium, bevor Ernst Speiser, ebenfalls Vertreter der BBC, 1947 das Amt übernahm. Dieser ersetzte Wolfer auch in der Schweizerischen Handelskammer und im ASM, wo er als VSM-Präsident einsass. Als Ernst Dübi, ein enger Vertrauter Sulzers und Mitglied des Verwaltungsrats von Gebrüder Sulzer, krank wurde und nicht mehr als ASM-Präsident fungieren konnte, machte sich Wolfer grosse Sorgen, dass Heinrich Ambühl, Direktor der schweizerischen Fabrikabteilungen von BBC, das Amt des Präsidenten übernehmen könnte – eine Aussicht, die er «immer befürchtet hatte».[46]

Dieser Wettbewerb entfaltete sich besonders während des Zweiten Weltkriegs, einer Zeit, in der die staatliche Intervention verstärkt und zu einem zentralen Thema für Unternehmen wurde. Hans Sulzer als Leiter der Beratenden Kommission zur Überwachung der Ein- und Ausfuhr und erster Chef der Sektion für Eisen und Maschinen des Kriegsindustrie- und Arbeitsamts (KIA) und Ernst Speiser, der als Verbindungsmann der BBC das KIA 1941–1946 leitete, verfügten je über grossen Einfluss bei der Organisation der Kriegswirtschaft. Abgesehen von dem bekannten Fall der Aufnahme von Gebrüder
▸ S. 136 Sulzer auf die schwarze Liste der Alliierten 1943/44, in dem Sulzers politische Exposition die Alliierten offenbar dazu motivierte, seine Firma zu bestrafen, lassen sich Fälle dokumentieren, in denen sich Hans Sulzer auch im KIA für seine Firma einsetzte. So schrieb er im November 1940 Karl Ritter, dem Leiter der Handelspolitischen Abteilung des Auswärtigen Amtes in Berlin, und bat ihn, sich für Gebrüder Sulzer einzusetzen, indem er den Export von Pumpen und Dieselmotoren ins Britische Empire erleichterte. Ritter lehnte mit der Begründung ab, dass «ich Erzeugnisse, wie Sie sie in Ihrem Schreiben anführen, nämlich Pumpen, Pumpenteile, Dieselmotoren, besonders Schiffsdieselmotoren und Ersatzteile dazu, nicht als ‹kriegswirtschaftlich harmlose Liefe-

rungen› ansehen kann [Ritter zitiert hier Sulzer, der ihm mit diesen Worten die Produkte von Gebrüder Sulzer beschrieben hatte]. Bei einem totalen militärischen und wirtschaftlichen Krieg, wie ihn England gegen Deutschland begonnen hat, erfüllt eine Pumpe oder ein Dieselmotor immer eine wirtschaftliche Funktion.»[47] In einem anderen Brief beschreibt Ritter einige Sulzer-Produkte als «kriegswichtige Gegenstände».[48]

Die Interessenvertretung von Gebrüder Sulzer während des Zweiten Weltkriegs erfolgte auch über den VSM. Im Verband teilten Firmen die begrenzten Rohstoffkontingente und die Genehmigungen für Exporte über Clearingkredite unter sich auf. Während des Krieges nahmen Chefs von Industrieunternehmen, die in den staatlichen Organisationen der Kriegswirtschaft wichtige Funktionen besetzten, an den Vorstandssitzungen des VSM teil und regelten in diesem Rahmen unter anderem Fragen der Rohstoffversorgung. Die Schlüsselrolle des Verbands auch über die Kriegsjahre hinaus illustriert ein Schreiben von Hans Sulzer von 1946: «Keine Firma kann zurzeit Bestellungen aus Spanien annehmen, ohne ausdrückliche Bewilligung der Kontingents-Verwaltung, die ebenfalls in den Händen der Sekretariate des Vereins Schweizerischer Maschinenindustrieller liegt.»[49]

Unter diesen Umständen ist es verständlich, dass Firmen an ihrem Einfluss auf den VSM festhielten. Dasselbe gilt für die Schweizerische Handelskammer, die ebenfalls wichtige Entscheidungen für die Firmen traf. Während der diplomatischen Mission von Hans Sulzer in London 1942 hatte Gebrüder Sulzer weder im Vorort noch in der Handelskammer einen Vertreter. In einem Brief an Hans Sulzer äusserte sich VSM-Präsident Heinrich Wolfer besorgt darüber, dass die BBC, die einen Vertreter in der Schweizerischen Handelskammer hatte, über diesen Kanal Informationen erhielt. Wolfer schrieb: «Was ich immer bemängle ist das, dass der Vorstand des Vereins in der Schweiz. Handelskammer nicht vertreten ist. Das ist ein sehr unbefriedigender Zustand, umso mehr als Brown Boveri infolge der Zuwahl von Zaugg aus den Sitzungen der schweizerischen Handelskammer Informationen erhält, die wir beim Sekretariat des VSM nicht besitzen.»[50] In der Konsequenz leitete Wolfer Schritte ein, um einen Sitz in der Schweizerischen Handelskammer zu erhalten. Dagegen wehrten sich Walter Boveri und Max Schiesser (BBC) sowie Jakob Schmidheiny (Escher Wyss) mit dem Argument, dass Gebrüder Sulzer nach der Rückkehr von Hans Sulzer in der Handelskammer überrepräsentiert sein würde.[51]

Ein Blick in die Archive der Badener Firma BBC zeigt, dass man tatsächlich der Meinung war, Gebrüder Sulzer habe zu viele Vertreter in den Verbänden, eine Ungerechtigkeit, welche die BBC anzufechten beschloss.[52] Bereits im November 1938 stellte die BBC-Leitung bitter fest, dass mit dem Rücktritt Henri Navilles als VSM-Präsident «Gefahr bestehe, dass wir plötzlich vor der Tatsache stehen, dass sowohl beim Vorort als auch beim VSM Herren von Gebrüder Sulzer an der Spitze stehen. Wenn wir überhaupt noch einen Einfluss auszuüben vermögen, sollten wir nichts unversucht lassen, um den Vorsitz beim VSM für BBC zu erhalten.»[53]

Wolfer, Boveri und Schmidheiny sassen gemeinsam im Verwaltungsrat der Schweizerischen Kreditanstalt, und am Rande einer der Sitzungen im Herbst 1942 gelang es den drei Industriellen, dass «die Streitaxt begraben wurde».[54] Dies ermöglichte Wolfer, in die Schweizerische Handelskammer aufgenommen zu werden.

Hans Sulzers Netzwerk in den Verwaltungsräten überschnitt sich auch weitgehend mit demjenigen dominierender Persönlichkeiten in den Arbeitgeberverbänden. Insbesondere in der Führungsriege des VSM war der erste Vizepräsident Georg Fischer, Besitzer und Delegierter der Zürcher Firma Maag, die Hans Sulzer präsidierte. Und der zweite Vizepräsident, Pierre Dubied, war ein Freund Sulzers, der wiederum im Verwaltungsrat der Neuenburger Firma sass. Hans Sulzer verfügte also über eine dominante Position in der Kernorganisation der Maschinenindustrie während des Krieges.

Die gleichen Beziehungsnetze zwischen Staat, Verbänden und Verwaltungsräten finden sich im ASM.

SOZIALPOLITISCHER KAMPF IN DEN ARBEITGEBERVERBÄNDEN

Ab den 1920er-Jahren waren es der ASM, der «kämpfende» Arbeitgeberverband schweizerischer Maschinen- und Metall-Industrieller, sowie der 1908 gegründete Dachverband, der Zentralverband Schweizerischer Arbeitgeberorganisationen (ZSAO), in denen Hans Sulzer seine ersten regulären Mandate in Wirtschaftsverbänden bekleidete. Diese beiden Verbände spielten eine führende Rolle bei der politischen Auseinandersetzung der Industrieunternehmer mit den Gewerkschaften. Sie finanzierten die antikommunistischen Bürgerwehren nach dem Generalstreik von 1918 und deren nationale Organisation, den Schweizerischen Vaterländischen Verband.

Hans Sulzer vertrat seine Firma von 1924 bis 1947 im Vorstand des ASM und von 1921 bis 1930 sass er als Vertreter des ASM in den Komitees des ZSAO. In beiden Organisationen war er sehr aktiv. Damit reiht er sich in die Familientradition seines Onkels Eduard Sulzer-Ziegler ein, der um die Wende zum 20. Jahrhundert ein Spiritus Rector des Kampfes der Arbeitgeber gegen die Gewerkschaften war.[55] Tatsächlich war Hans Sulzers Ansehen in den Kampforganisationen so gross, dass ihm 1921 der ZSAO den Verbandsvorsitz als Nachfolger von Gustave Naville von Alusuisse anbot, eine Präsidentschaft, die er aus Zeitmangel ablehnte und die schliesslich Leo Bodmer übernahm.[56] Sulzers Engagement in ASM und ZSAO war insgesamt kämpferischer als seine Tätigkeit beim Vorort, der eher übergeordnete und «regierungsamtliche»[57] Positionen einnahm.

Dennoch spielte auch der Vorort eine sehr politische Rolle. Dies zeigt sich in der ersten Rede, die Hans Sulzer am Tag seines Amtsantritts als Präsident vor der Schweizerischen Handelskammer hielt. Sulzer betonte, dass Wirtschaft und Politik vor grundlegenden Herausforderungen stünden, und erklärte, er wolle sich im «rücksichtslosesten Kampf gegen den Marxismus, gegen seinen Führer, gegen jene Schädlinge unseres Volkswohls, die heute in beispielloser Demagogie und mit raffinierten Methoden der Wahrheitsentstellung weite Kreise unseres Volkes verhetzen und unser Land nach dem Motto ‹Der Weg des Sozialismus zur Macht führt durch das Chaos› an den Rand des Abgrundes bringen wollen», engagieren.[58] Ein solches politisches Programm erinnert daran, dass Hans Sulzer in den extremen sozialen und politischen Spannungen, die für die Zeit der Grossen Depression charakteristisch waren, scharfe Positionen einnahm. ▸ S. 35

Während der Vorort diesen Kampf auf dem Gebiet der Wirtschaftspolitik führte, kam ASM und ZSAO eine entscheidende Rolle bei der Gestaltung der Schweizer Sozialpolitik zu, zu der Hans Sulzer einen bedeutenden Beitrag leistete.[59] In den 1920er-Jahren spielten auch die heikle Frage der (Nicht-)Anerkennung von Gewerkschaften und Gesamtarbeitsverträgen sowie die Regulierung von Arbeitszeit und Löhnen eine wichtige Rolle, insbesondere nach der grossen Konfrontation während des Generalstreiks von 1918. Der ZSAO förderte die Einheit zwischen den Wirtschaftssektoren, «die alle demselben Gegner gegenüberstehen»,[60] wie Hans Sulzer feststellte. Er mobilisierte die beiden Verbände mehrmals, um ihre Unterstützung bei Arbeitskonflikten bei Gebrüder Sulzer zu erhalten, zum Beispiel 1928/29, als das Unternehmen mit Streikdrohungen und der Intervention des Staates als Vermittler konfrontiert war.[61]

Das zunehmende Gewicht der Beziehungen zu den Arbeitnehmern für die Unternehmensführung wird um den Ersten Weltkrieg herum deutlich und

▸ Schweizer Delegation für die Internationale Arbeitskonferenz der ILO in Washington von 1919: Konrad Ilg, Hermann Rüfenacht, Heinrich Wegmann, Hans Sulzer, Dietrich Schindler-Huber, Emile Fontanelle (von links nach rechts).

bleibt seitdem eine entscheidende Herausforderung. Im April 1919 schrieb Heinrich Wolfer an Hans Sulzer nach Washington über diesbezügliche Defizite von dessen Bruder Carl, der die Gebrüder Sulzer im ASM schlecht vertrete: «Ausserordentlich fatal ist, dass wir in der Behandlung der Arbeiterfragen organisatorisch sehr mangelhaft dastehen. [...] Im Verband [...] sind wir durch Carl vertreten, dem die Fühlungnahme nicht nur mit der Arbeiterschaft, sondern auch mit der Geschäftsleitung in diesen Dingen leider vollständig abgeht. Er entscheidet ex cathedra über den Standpunkt, den er einnehmen will, und es gelingt trotz allen Bemühungen nur mangelhaft, unsere aus dem Kontakt mit der Arbeiterschaft gereiften Erfahrungen durchzubringen. Du kannst Dir selbst ausdenken, wie unbefriedigend, ja gefährlich ein solcher Zustand in diesen Zeiten ist, wo die Arbeiterfragen zu den wichtigsten der gesamten Geschäftsleitung gehören. Nach Deiner Rückkehr muss hier unbedingt Remedur geschaffen werden.»[62]

Nach der Rückkehr in die Schweiz trat Hans Sulzer dem Vorstand des ZSAO bei und nahm abwechselnd mit seinem Bruder Carl an den Sitzungen des ASM teil, ab 1924 ohne Wechsel. In diesen Organisationen setzte Hans Sulzer insbesondere seine Kenntnisse über die Regulierung der Arbeitszeit ein, ein Thema, das 1919 auf der Internationalen Arbeitskonferenz in Washington verhandelt worden war. Hans vertrat dort zusammen mit Hermann Rüfenacht, dem Direktor des Sozialversicherungsamts, die Schweizer Regierung, während Dietrich Schindler-Huber, Chef der Maschinenfabrik Oerlikon, die Arbeitgeber und Konrad Ilg, sozialdemokratischer Nationalrat und Sekretär des SMUV, die Gewerkschaften repräsentierten. Um an dieser Konferenz teilnehmen zu können, verlängerte Sulzer auf Wunsch des Bundesrats seinen Aufenthalt in den USA. Obwohl seine Abwesenheit für Gebrüder Sulzer nicht unproblematisch war, begründete Hans die Bedeutung seines Aufenthalts in den USA mit weitreichenden Geschäftsinteressen: «Es ist für unsere Firma wertvoll, eine leitende Persönlichkeit an diesen Konferenzen zu wissen.» Denn, so Sulzer weiter: «Ich werde bei dieser Gelegenheit mit Sachverständigen in Arbeiterfragen aller Länder und beider Standpunkte zusammenkommen und wohl auch dauernd Fühlung behalten können.»[63] Zwar schied Hans Sulzer 1931 aus Zeitgründen aus dem Vorstand des ZSAO aus, blieb aber bis 1947 der Vertreter von Gebrüder Sulzer im ASM. Dessen Präsident Ernst Dübi wurde 1938 in den Verwaltungsrat der Firma gewählt, was erneut zeigt, wie die Netzwerke miteinander verflochten waren.

Diese internationale Dimension der Aktivitäten Sulzers zeigt sich auch darin, dass Gebrüder Sulzer ab 1881 in Deutschland und ab 1918 in Frankreich mehrere Tausend Angestellte beschäftigte. Gebrüder Sulzer war also mit den

Firmenschild beim Sulzer-Werk in Saint-Denis bei Paris, 1951.

gewerkschaftlichen und politischen Bewegungen in beiden Ländern konfrontiert und schloss sich auch Arbeitgeberorganisationen in Deutschland und Frankreich an. Zwischen 1933 und 1940 beschäftigte die deutsche Tochtergesellschaft die Sulzer-Geschäftsleitung stark und führte zu verschiedenen Kontakten mit MAN und 1935 zu direkten Verhandlungen zwischen Hans Sulzer und Reichswirtschaftsminister Hjalmar Schacht.[64] Letztendlich verlor Sulzer die Kontrolle über die deutsche Tochtergesellschaft und verkaufte sie 1940 an ▸ S. 70
die Halbergerhütte GmbH, die so zur Halberg Maschinenbau und Giesserei AG wurde.

Die internationale Politik holte Sulzer auch in Saint-Denis, einem Industrievorort von Paris, ein. Im Juni 1936 waren die dortigen Sulzer-Werke mit den Besetzungen des Front populaire konfrontiert. Während einer sehr angespannten Sitzung, die vom Vorstand des ASM eilig einberufen wurde, um die Schweizer Arbeitgeber auf ein mögliches Übergreifen der französischen Ereignisse auf die Schweiz vorzubereiten, beschrieb Sulzer die Lage als sehr ernst und befürchtete einen neuen Generalstreik nach dem Vorbild des Novembers 1918: «Es ist heute Spitz auf Knopf»,[65] sagte er und berichtete: «Ich bin der Meinung, dass wir ausserordentlich stark von dieser Situation beeinflusst werden. Wir nähern uns in unserer Wirtschaftslage einem immer kritischeren Punkt.» Sulzer befürchtete eine grosse politische Krise und dass «bei der Hilflosigkeit des Bundesrates die Sozialisten obenauf schwingen werden». Und weiter: «Die Arbeiterschaft wird gegen den Bundesrat systematisch aufgeputscht. Es ist darin die systematische Vorbereitung zu einem Kampf zu sehen, der in einem kritischen Moment ausgelöst wird, der nicht mehr lange vermieden werden kann.»[66]

Ein solches Mass an Alarmismus steht im Gegensatz zum vermittelnden Ton, den Hans Sulzer üblicherweise anschlug. Seine Involvierung in die Ereignisse um den Front populaire war Teil seines vielfältigen internationalen Engagements, auf welches im Folgenden eingegangen wird.

ENGAGEMENT IN DER INTERNATIONALEN HANDELSKAMMER

Wie wir gesehen haben, war Hans Sulzer der Ansicht, dass die Teilnahme an der Internationalen Arbeitskonferenz in Washington nicht nur für seine Firma eine Rolle spielte, sondern auch zu seinem Wissen über Arbeitsbeziehungen weltweit beitrug. Auch Heinrich Wolfer war 1959 der Ansicht, dass die diplomatischen Aktivitäten von Hans Sulzer für das Unternehmen nützlich gewesen seien: «Seine Persönlichkeit gewann dadurch internationales Format und trug dazu bei, das Ansehen unserer Firma zu erhalten und zu fördern.»[67] Auch in diesem Bereich war ihm sein Onkel Eduard Sulzer-Ziegler vorangegangen, der ebenfalls international tätig gewesen war, zum Beispiel bei den grossen internationalen Kongressen von Handelskammern vor 1914.[68]

Sein Status als ehemaliger Minister in Washington, verstärkt durch seine Sprachkenntnisse, verlieh Hans Sulzer internationales Ansehen. Ab der Zwischenkriegszeit war er es, der die Firma bei internationalen Veranstaltungen vertrat. Im Mai 1927 war er – zusammen mit Bundesrat Schulthess, dem Präsidenten des ZSAO Leo Bodmer und dem Direktor der Internationalen Arbeitsorganisation Albert Thomas – Gastgeber des Kongresses der Internationalen Organisation der Industriellen Arbeitgeber in Zürich, deren Delegierte er bereits anlässlich der Internationalen Arbeitskonferenz von 1919 getroffen hatte.

Das Präsidium des Schweizer Komitees der Internationalen Handelskammer (ICC) war Hans Sulzers wichtigstes verbandspolitisches Engagement auf internationaler Ebene. Er trat in dieser Funktion 1935 die Nachfolge von John Syz an, der als Präsident des Vororts in der ICC ebenfalls sehr aktiv war. Als Vorsitzender des schweizerischen Nationalkomitees übte Sulzer faktisch das Amt eines Vizepräsidenten dieser internationalen Vereinigung aus. Hätte

Programmheft der International Business Conference in Rye, 1944.

ICC-Präsident Sigfrid Edström, den er 1919 in Washington kennengelernt hatte, während des Zweiten Weltkriegs sein Amt nicht ausüben können, wäre Hans Sulzer an dessen Stelle nachgerutscht.[69] Sulzer sass auch in vielen Ausschüssen der ICC, wie dem Joint Committee und der Carnegie Foundation im Jahr 1938 sowie in den Kommissionen für Finanzhaushalt und Handelserweiterung. Im Ausschuss für Handelspolitik hatte er den Vorsitz inne. Ausserdem war er 1948 und 1949 Mitglied des Sonderausschusses für die Charta der Internationalen Handelsorganisation und später auch Mitglied des Ausschusses für europäische Angelegenheiten. 1946 war Sulzer Mitglied einer «deutschen Kommission», die sich für die Wiedereingliederung Deutschlands in die ICC einsetzte, wobei er seine langjährigen Verbindungen zur deutschen Elite nutzte.[70]

Zudem reiste Sulzer im November 1944 nach Rye in der Nähe von New York, um an der International Business Conference teilzunehmen, die von den amerikanischen Arbeitgeberverbänden organisiert wurde, um den Aus- ▸ S. 139

tausch zwischen den in der ICC vertretenen Arbeitgeberorganisationen wiederzubeleben. Die aktive Rolle in der Internationalen Handelskammer wurde durch Sulzers Präsidentschaft des ICC-Kongresses in Montreux im Jahr 1947 gekrönt. Bei diesem ersten Nachkriegskongress empfing die Schweizer Wirtschaft 500 Arbeitgeberdelegierte aus 35 Ländern – das britische Magazin The Economist berichtete über den Kongress unter dem Titel «Big Business in Montreux»[71] – in einer Zeit, in der die Schweiz ihre Integration in die neue, von den USA dominierte atlantische Ordnung aushandelte.[72] Der Vorsitz des Kongresses unterstrich unbestreitbar Sulzers internationales Format. Vor der Crème de la Crème der amerikanischen, französischen und britischen Industriellen und Bankiers begrüsste er, der 1943 noch auf der schwarzen Liste der Alliierten gestanden hatte, seine Kollegen und ergriff als Erster das Wort, um die Wege für die wirtschaftliche Erholung nach dem Krieg aufzuzeigen. Er bekräftigte dabei die Notwendigkeit eines «Kampfes für den Liberalismus, für den Liberalismus im ganzen Umfang seiner Begriffe, als Begriff menschlicher Würde, als Kulturideal des freien, politisch und wirtschaftlich freidenkenden und freihandelnden Menschen».[73]

Über die ICC unterhielt Sulzer regelmässige Kontakte zu führenden Persönlichkeiten aus Wirtschaft und Diplomatie, vor allem in Europa und den Vereinigten Staaten, aber auch in anderen Teilen der Welt. Seine Korrespondenz mit Sigfrid Edström zeugt von einem regen Austausch zwischen den beiden Männern, insbesondere während des Krieges, in dem sie über die Schweizer Gesandtschaft in Stockholm Briefe austauschten. Und über die ICC stand Sulzer auch während des gesamten Zweiten Weltkriegs «in ständiger Fühlung»[74] mit dem Industriellen Karl Lindemann, dem Vorsitzenden des deutschen ICC-Komitees. Solche Kontakte waren für Hans Sulzer beispielsweise auch nützlich, um die Karriere seines Sohnes Alfred zu unterstützen, den er in der Absicht bestärkte, auf der Suche nach einer Anstellung in den USA den New Yorker Firmenanwalt von Gebrüder Sulzer anzusprechen.[75]

In der ICC versuchte Sulzer auf beiden Ebenen, Politik und Wirtschaft, zu agieren, und interne Diskussionen unter europäischen Unternehmern gerieten manchmal zur politischen Konfrontation. So beschwerte er sich am Rande der Vorbereitungen für den Berliner Kongress im Juni 1937 über die seiner Meinung nach allzu etatistische Haltung der deutschen, belgischen, französischen und italienischen Vertreter in der ICC. Seiner Meinung nach würden diese «das Eingreifen des Staates in die Privatwirtschaft als natürlich ansehen».[76] Wie in anderen Aktivitätsbereichen Sulzers ist es auch hier unmöglich, das Wirtschaftliche und das Politische zu trennen.

Präsidialrede am elften Kongress der Internationalen Handelskammer in Montreux, 1947.

WIRTSCHAFTLICHE MACHT IM ZEITALTER DER KATASTROPHEN

Wie wir in diesem Beitrag gesehen haben, war Hans Sulzer seit dem Ersten Weltkrieg, aber vor allem ab 1935, als er zum Vororts-Präsidenten gewählt wurde, nicht mehr blosser Unternehmer. Er wurde zu einem «business-statesman» und verfügte über eine umfangreiche «Verbandsmacht», die sich auf Mandate in Verwaltungsräten, Verbandsvorständen sowie Kommissionen und weitere mehr oder weniger öffentliche Aufgaben stützte. Der

Zweck seiner Tätigkeit war politisch und wirtschaftlich und lässt sich wie folgt zusammenfassen: Es ging darum, die Kontrolle über und den Wohlstand von Gebrüder Sulzer zu sichern, die Schweizerische Unfallversicherungs-Aktiengesellschaft und Saurer, die SBG und zahlreiche andere Unternehmen zu lenken. Nicht zuletzt waren zudem günstige Rahmenbedingungen für die Wirtschaft zu schaffen, auf lokaler, schweizerischer wie auch auf internationaler Ebene.

Im Zeitalter der Katastrophen wurden die Märkte durch Kartelle, Kontingente, Rohstoffknappheit, politische Devisenkontrolle und Clearing weitgehend eingeengt. Die Zeitgenossen bezeichneten dies als gleichzeitige «Verpolitisierung der Wirtschaft» und «Verwirtschaftlichung der Politik». Carl Koechlin-Vischer, Sulzers Nachfolger als Präsident des Vororts, unterstrich, dass Hans Sulzer dabei versucht habe, sich an die Politisierung der Wirtschaft zu adaptieren: «Während Herr Syz mit der wirklich liberalen und traditionsreichen Zeit, wie sie zu Beginn des Jahrhunderts bestanden hatte, eng verbunden blieb, erkannte Minister Sulzer – auch er ein kämpferischer und überzeugter Exponent der liberalen Wirtschaftsordnung – die durch die Weltkriege ▸ S. 205 ausgelöste neue Entwicklung und die sich daraus ergebende Neugestaltung unseres oekonomischen und politischen Lebens. Er trat dafür ein, dass diese Entwicklung und Neugestaltung auf geordnete Wege geleitet wurden, damit sie sich nicht zum Schaden, sondern zum Nutzen unseres Volkes auswirken. Aufgeschlossenen Geistes setzte er sich mit der neuen Zeit auseinander, wobei er allerdings oft wehmütig noch an die Zeit um die Jahrhundertwende gedacht haben mag.»[77] Wie zu zeigen war, zeugen die vielfältigen Engagements von den politischen und wirtschaftlichen Chancen und Herausforderungen, mit denen ein Unternehmer vom Range Sulzers konfrontiert war, um die Vorrangstellung und den Wohlstand seiner Firma zu sichern.

Als Grenzgänger zwischen Wirtschaft und Politik war Hans Sulzer mit den zentralen Problemen der Industriellen seiner Zeit konfrontiert: Wie kann man den Wirtschaftsliberalismus verteidigen, wenn Verträge und Exporte entscheidend vom Staat abhängen? Wie kann man Demokrat bleiben, wenn Diktaturen die Politik beherrschen und Klassenkonflikte jene soziale Ordnung bedrohen, der Hans Sulzer seinen Aufstieg an die Spitze mit verdankte? Es bleiben etwa im Bereich der Unternehmensführung offene Fragen, die zukünftige Forschung angehen könnte: Wie gestaltete Gebrüder Sulzer die Geschäftsbeziehungen zur Tochterfabrik in Ludwigshafen zwischen Hitlers Machtübernahme und dem Verkauf der Firma im Jahr 1940? Welche Entscheidungen traf Hans Sulzer in den Unternehmen, für die er Verantwortung hatte, als diese mit den gewalttätigsten und antiliberalsten Regimen des 20. Jahrhunderts in Verbindung standen? Man könnte beispielsweise untersuchen, welche Entscheidungen Sulzer an der Spitze der Firma Saurer traf, deren Verwaltungsrat er von 1928 bis 1956 präsidierte und die entscheidend von militärischen Verträgen im In- und Ausland abhängig war. Insgesamt waren Hans Sulzers Tätigkeitsfelder derart vielfältig, dass es noch immer blinde Flecken gibt, deren Beseitigung die Verflechtung von wirtschaftlicher und politischer Einflussnahme aufzeigen und weitere Erkenntnisse darüber bringen könnte, welches seine Rolle in diesen Machtzentren war.

Anmerkungen

1 Rücktritte aus verschiedenen Verwaltungsräten. Fritz Richner an Hans Sulzer, 7. 2. 1958 (AfZ, NL Hans Sulzer, 21.2.).
2 Hobsbawm, Eric: The Age of Extremes. 1914–1989, London 2012, S. 52 («havoc»), 86. «The Age of catastrophe» beschreibt Hobsbawm im ersten Teil seines Buchs.
3 Dürr, Emil: Neuzeitliche Wandlungen in der schweizerischen Politik. Eine historisch-politische Betrachtung über die Verwirtschaftlichung der politischen Motive und Parteien, Basel 1928. Der Begriff war bei den Zeitgenossen beliebt, zum Beispiel bei Ständerat Ernst Speiser an der Delegiertenversammlung des VSM im Juli 1948. Siehe Auszug aus der Präsidialansprache von Herrn Ständerat E. Speiser an der Generalversammlung des Vereins Schweizerischer Maschinenindustrieller (AfZ, IB wf-Archiv I, 3.6.1.).
4 Knoepfli, Adrian: Heisse Tage in Winterthur. Hans Sulzer und Ferdinand Aeschbacher. Der Unternehmer und der Gewerkschaftssekretär, in: Elisabeth Joris, Bruno Meier, Martin Widmer (Hg.): Historische Begegnungen. Biographische Essays zur Schweizer Geschichte, Baden 2014, S. 205–230, hier S. 220. Zur Familie Sulzer vgl. auch Keller, Stefan: Das Vermächtnis, in: NZZ Folio, Nr. 11, 2009, S. 38–44. Siehe zudem Buomberger, Thomas: Kooperation statt Konfrontation. Die Winterthurer Arbeiterschaft während der Krisenzeit der 1930er Jahre, Winterthur 1984, S. 41–45.
5 Pasche, Cécile: Heinrich Homberger (1896–1985). Servir la patrie? Servir le Vorort, mémoire de licence ès lettres Université de Lausanne, Section d'histoire, 2000, S. 38. Anfang der 1980er-Jahre beherrschten MAN und Sulzer den Weltmarkt für grosse Schiffsmotoren mit einem Marktanteil von je 45 Prozent. Flemming, Thomas: Der Weg zur heutigen MAN-Gruppe (1960–2008), in: Johannes Bähr, Ralf Banken, Thomas Flemming (Hg.): Die MAN. Eine deutsche Industriegeschichte, München 2008, S. 375–474, hier S. 449.
6 Unterlagen zu Gründung und Organisation, Nachtrag von Friedrich Oederlin, Mai 1965 (AfZ, NL Hans Sulzer, 22.2).
7 Lebenslauf Dr. jur. Hans Sulzer (1959) (AfZ, NL Sulzer 10.1.). Siehe auch Dr. Hans Sulzer, in: Neue Zürcher Zeitung, 5. 1. 1959; Trauerfeier für Minister Dr. Hans Sulzer, in: Neue Zürcher Zeitung, 8. 1. 1959 (AfZ, NL Hans Sulzer, 17.1.) und verschiedene Dossiers im Konzernarchiv Sulzer, Schachtel 18, Dr. Hans Sulzer, Glückwünsche.
8 Max Huber an Hans Sulzer, 23. 9. 1951 (AfZ, NL Hans Sulzer, 37.2.).
9 David, Thomas et al.: De la «Forteresse des Alpes» à la valeur actionnariale. Histoire de la gouvernance d'entreprise suisse (1880–2010), Zürich, Genf 2015, S. 133.
10 Die Schätzung bezieht sich auf das Jahr 1930. Hubacher, Ch.: Les gains faciles, in: La Solidarité. Organe officiel de la Fédération suisse des travailleurs du commerce, des transports et de l'alimentation, 4. 7. 1931. Hans Sulzer gab 1940 ein Einkommen von 300 000 Franken an (Staatsarchiv Zürich, RR I 222.1276, Steuerregister Stadt Winterthur, Siegenthaler, D.-Z.).
11 Hubacher, Ch.: Les parasites de la production, in: La Solidarité, 17. 10. 1931; ders.: Salaires et tantièmes, in: La Solidarité, 21. 11. 1931.
12 Lebenslauf. Dr. jur. Hans Sulzer (1959) (AfZ, NL Hans Sulzer, 10.1.).
13 Giovanoli, Fritz: Les tantièmes et les Conseils d'administration des sociétés anonymes suisses, in: Revue syndicale suisse 3 (1931), S. 81–97.
14 30. Sitzung des Verwaltungsrats vom 24. 9. 1936, S. 25–27 (Archives de l'État de Neuchâtel, Fonds Dubied).
15 Protokolle der Verwaltungsratssitzungen der Schweizerischen Rückversicherungs-Gesellschaft vom 19. 2. 1929 (Swiss Re Corporate Archives, 10. 107 765).
16 Protokolle der Verwaltungsratssitzungen der Schweizerischen Rückversicherungs-Gesellschaft vom 29. 6. 1946 (Swiss Re Corporate Archives, 10. 107 769).
17 Mach, André et al.: Schweizer Wirtschaftseliten 1910–2010, Baden 2017, S. 72. Sulzer ist auch Objekt eines Porträts in David (2015, wie Anm. 9), S. 211 f. Siehe auch Ginalski, Stéphanie: Du capitalisme familial au capitalisme financier? Le cas de l'industrie suisse des machines, de l'électrotechnique et de la métallurgie au XXe siècle, Neuchâtel 2015, und Pasche (2000, wie Anm. 5).
18 Siehe Useem, Michael: The Inner Circle. Large Corporations and the Rise of Business Political Activity in the U. S. and U. K., New York, Oxford 1984, S. 59.
19 Knoepfli (2014, wie Anm. 4), S. 221. An seinen Sohn Alfred schrieb Hans Sulzer zudem am 23. 3. 1952: «Mein Rücktritt vom Vorort lässt mir nun die willkommene Zeit, mich wieder intensiver mit Gebrüder Sulzer zu beschäftigen.» (AfZ, NL Hans Sulzer, 54.5.)
20 Galambos, Louis: Competition & Cooperation. The Emergence of a National Trade Association, Baltimore 1966.
21 Spiliotis, Susanne Sophia: Die Zeit der Wirtschaft. Business Statesmanship und die Geschichte der Internationalen Handelskammer, Göttingen 2019.
22 Arbeitsteilung zwischen dem Präsidenten des Verwaltungsrates und den Mitgliedern der Delegation, 1935, S. 2. Das Reglement von 1924 befindet sich im selben Dossier (Konzernarchiv Sulzer, Schachtel D, Einzelakten HS nach Gründung, b) Gebrüder

Sulzer A. G. Winterthur, 1. Organisatorisches, 2. Delegation, Richtlinien, 3. Direktion).
23 Ordentliche Hauptversammlung der Aktionäre vom 31. 10. 1928 (Archives de l'État de Neuchâtel, Fonds Dubied, 39).
24 Korrespondenz mit den Verwaltern, 1. 1. 1957–31. 12. 1959 (Archives de l'État de Neuchâtel, Fonds Dubied, 40).
25 Schmid, Hanspeter: Wirtschaft, Staat und Macht. Die Politik der schweizerischen Exportindustrie im Zeichen von Staats- und Wirtschaftskrise, Zürich 1983, S. 197.
26 Ebd., S. 409, spricht Schmid von einer Symbiose der beiden Institutionen.
27 L'orientation économique de la Suisse, in: Journal de Genève, 25. 7. 1937.
28 Wetter E., Dr., Chef der Handelsabteilung, Bern/Berlin/Wien. Del. des Vorortes des Schweiz. Handels- und Industrievereins, Schulthess an Wetter, 30. 10. 1924, Schulthess an Wetter, 10. 11. 1924 (BAR, J. 1.6, 1000/1355, BD 3.).
29 Wehrli, Bernhard: Le Vorort, mythe et réalité. Histoire de l'Union suisse du commerce et de l'industrie 1870–1970, Neuchâtel 1972, S. 87 f.
30 Von Margaretha Rebsamen übertragene handschriftliche Notizen (AfZ, NL Hans Sulzer, 10.1.), zitiert nach Knoepfli (2014, wie Anm. 4), S. 220.
31 Ein achter Bundesrat?, in: Arbeiter-Zeitung, Schaffhausen, 20. 5. 1949. Siehe auch die Artikel in AfZ, IB wf-Archiv I, 3.3.3, SHIV, Vorort, SHK, 1949–1951. Für den Hinweis danke ich Anna Guhl.
32 Hans Sulzer an Alfred Sulzer, 9. 10. 1943 (AfZ, NL Hans Sulzer, 54.5).
33 Protokoll der am 11. 1. 1935 in Zürich abgehaltenen 124. Sitzung der Schweizerischen Handelskammer, S. 3 (Schweizerische Nationalbibliothek, V Schweiz 1398).
34 Protokoll der am 22. 3. 1935 in Zürich abgehaltenen 125. Sitzung der Schweizerischen Handelskammer, S. 2 (Schweizerischer Nationalbibliothek, V Schweiz 1398).
35 Ernst Wetter an die Mitglieder der Schweizerischen Handelskammer, 30. 10. 1934 (AfZ, IB Vorort-Archiv, 1.6.6.3.53_008).
36 Im Jahr 1951 machte Carl Koechlin seine Annahme des Vororts-Präsidiums noch von der ausdrücklichen Zustimmung der Zürcher Wirtschaftskreise abhängig: «Ich würde es ohne weiteres verstehen, wenn von Zürich aus der Wunsch bestünde, das Präsidium zu stellen.» Koechlin an Sulzer, 24. 5. 1951 (Firmenarchiv Geigy, Dr. h. c. Carl Koechlin-Vischer [1889–1969], Schweiz. Handels- und Industrie-Verein, 1951–1964, FB 2.4/13).
37 Plüss, Jonas: Die Stimme der Zürcher Wirtschaft? Zürcher Handelskammer 1873–1932, unveröffentlichte Masterarbeit Universität Zürich 2021.
38 Ernst Wetter an die Mitglieder der Schweizerischen Handelskammer, 3. 12. 1934 (AfZ, IB Vorort-Archiv, 1.6.6.3.53_009).
39 Protokoll der 4. Sitzung des Vororts im Vereinsjahr 1951/52 vom 27. 8. 1951, S. 12 (AfZ, IB Vorort-Archiv, 1.5.3.14.).
40 Korrespondenz Dr. Wolfer nach London. Hans Sulzer an Heinrich Wolfer, London, 14. 9. 1942, S. 3 f. (Konzernarchiv Sulzer, Schachtel 19a, Dr. Hch. Wolfer).
41 Sulzer Aktiengesellschaft, Protokoll Verwaltungsrat 1924–1935, Sitzung vom 26. 4. 1935, S. 136 (Konzernarchiv Sulzer).
42 Bähr, Johannes: GHH und M. A. N. in der Weimarer Republik, im Nationalsozialismus und in der Nachkriegzeit (1920–1960), in: Bähr et al. (2008, wie Anm. 5), S. 257–259.
43 Protokoll der 251. Sitzung des Vorstandes vom Freitag, den 2. 6. 1939, S. 9 (AfZ, IB VSM-Archiv, 72).
44 Ebd.
45 Tagebuch Hans Schindler, Nr. 6, 20. 5. 1947 (Schweizerisches Wirtschaftsarchiv, CH SWA PA 582 A). In einem weiteren Tagebucheintrag berichtet Schindler über die Suche nach einem neuen Präsidenten im ASM. So wollte der angefragte Heinrich Steiner von Rieter den Posten nicht übernehmen, weil er sich mit dem tonangebenden Hans Sulzer nicht verstand. Siehe Wiesmann, Matthias: Zauderer mit Charme. Hans Schindler und die Zwänge einer Zürcher Industriellenfamilie, Baden 2020, S. 100.
46 Heinrich Wolfer an Hans Sulzer, 1. 9. 1942, S. 2 (Konzernarchiv Sulzer, Schachtel 19a, Dr. Hch. Wolfer).
47 Karl Ritter an Hans Sulzer, Berlin, 27. 12. 1940, S. 1 (Konzernarchiv Sulzer, KIA Sektion Eisen u. Metalle, Schachtel II, Dossier 15).
48 Ebd., Karl Ritter an Hans Sulzer, 21. 1. 1941.
49 Gebrüder Sulzer AG, Winterthur, Korrespondenz mit dem VSM-Sekretariat, Hans Sulzer an Eberhard von Schelling, 26. 11. 1946, S. 1 (AfZ, IB VSM-Archiv, 215).
50 Heinrich Wolfer an Hans Sulzer, 1. 9. 1942, S. 3 (Konzernarchiv Sulzer, Schachtel 19a, Dr. Hch. Wolfer).
51 Heinrich Wolfer an Hans Sulzer, 29. 9. 1942, S. 1 f. (Konzernarchiv Sulzer, Schachtel 19a, Dr. Hch. Wolfer).
52 Sie tat dies auf Anraten von Carl Koechlin, Vizepräsident des Vororts, der seit 1941 im Verwaltungsrat von BCC sass. Aussprachen zwischen Präsidium, Delegation VA-, AV- und Kaufmännische Direktion vom 1. 10. 1942, S. 5 (Historisches Archiv ABB Schweiz).
53 Direktionsprotokoll April 1938 bis März 1939, Direktionssitzung vom 1. 11. 1938, S. 5 (Historisches Archiv ABB Schweiz, b-0-4-2-49).
54 Korrespondenz Dr. Wolfer nach London, Heinrich Wolfer an Hans Sulzer, 13. 10. 1942, S. 1 (Konzernarchiv Sulzer, Schachtel 19a, Dr. Hch. Wolfer).
55 Gruner, Erich: Die Arbeitgeberorganisationen – Spiegelbild oder Überbietung der Gewerk-

schaften?, in: ders. (Hg.): Arbeiterschaft und Wirtschaft in der Schweiz 1880–1914, Bd. II: Gewerkschaften und Arbeitgeber auf dem Arbeitsmarkt, Streiks, Kampf ums Recht und Verhältnis zu andern Interessengruppen, Zürich 1988, S. 813–836, hier S. 821. Siehe auch Jost, Hans-Ulrich: Les avant-gardes réactionnaires. La naissance de la nouvelle droite en Suisse 1890–1914, Lausanne 1992, S. 57.

56 Ausschuss-Protokoll vom 19. 11. 1924, S. 303 f. (AfZ, IB Arbeitgeberverband).

57 Der Ausdruck stammt von Hans Sulzer. Siehe Vorstands-Protokoll vom 16. 9. 1927, S. 122 (AfZ, IB Arbeitgeberverband).

58 Protokoll der am 22. 3. 1935 in Zürich abgehaltenen 125. Sitzung der Schweizerischen Handelskammer, S. 4 (Schweizerische Nationalbibliothek, V Schweiz 1398).

59 Eichenberger, Pierre; Leimgruber, Matthieu: Business interests and the development of the public-private welfare mix in Switzerland, 1880–1990, in: Dennie Oude Nijhuis (Hg.): Business Interests and the Development of the Modern Welfare State, Abingdon, New York 2019, S. 84–109.

60 Ausschuss-Protokoll vom 27. 3. 1929, S. 148 (AfZ, IB Arbeitgeberverband).

61 Vorstands-Protokoll vom 4. 7. 1928 (AfZ, IB Arbeitgeberverband). Zu diesen Ereignissen siehe auch die detaillierte Darstellung von Buomberger (1984, wie Anm. 4).

62 Wolfer, Heinrich, 8. 1917 – 10. 1919, Heinrich Wolfer an Hans Sulzer, 11. 4. 1919, S. 3 (AfZ, NL Hans Sulzer, 31.4.).

63 Wolfer, Heinrich, 8. 1917 – 10. 1919, Hans Sulzer an Heinrich Wolfer, 18. 6. 1919, S. 18 (AfZ, NL Hans Sulzer, 31.4.).

64 Sulzer Unternehmungen, Protokolle Verwaltungsrat, 1935–1941, Sitzung vom 24. 5. 1935, S. 187 (Konzernarchiv Sulzer).

65 Protokoll der Ausschuss-Sitzung vom 19. 6. 1936, S. 14 (AfZ, IB ASM-Archiv, 1.3.1.).

66 Ebd., S. 6 f.

67 Eröffnungsworte in der Sitzung des Verwaltungsrats der Gebrüder Sulzer AG Winterthur vom 2. 4. 1959, von Vizepräsident Dr. Heinrich Wolfer, S. 2 (AfZ, NL-Hans Sulzer, 17.1.).

68 Congrès internationaux, in: Bulletin commercial suisse, Nr. 18, 15. 9. 1908, S. 278.

69 Report on the activity of the International Chamber of Commerce, 1st July 1939 – 31st December 1944, vom 13. 8. 1945, S. 2 (Archives de Paris, Chambre de commerce et d'industrie de Paris, 2ETP/1/7/20 1).

70 Deutschland (1946–1948) (AfZ, IB Vorort-Archiv, 480.1.2.2.4.).

71 The Economist, 21. 6. 1947, Ausgabe 5417, S. 985.

72 Siehe beispielsweise Eröffnungsrede, Referatstext Hans Sulzer, Präsident des schweizerischen Landesausschusses, am XI. Kongress der Internationalen Handelskammer vom 6. 6. 1947 in Montreux (AfZ, NL Hans Sulzer, 36.2).

73 Ebd., S. 10.

74 Hans Sulzer an Sigfrid Edström, 31. 7. 1944 (Riksarkivet, Stockholm, Direktor J. Sigfrid Edströms Arkiv, Volume 20- A1s).

75 Hans Sulzer an Alfred Sulzer, 4. 4. 1943 (AfZ, NL Hans Sulzer, 54.5.).

76 Vorstands-Protokoll vom 12. 3. 1937, S. 4 (AfZ, IB Vorort-Archiv, 1.5.3.10.).

77 Familie Koechlin, Dr. h. c. Carl Koechlin-Vischer (1889–1969), Schweiz. Handels- und Industrie-Verein, 1951–1964 (Firmenarchiv Geigy, FB 2.4/8).

eigentlich
hätte ich besser für eine fighting-mission
nach Berlin gepasst

Hans Sulzer an Lili Sulzer, 12. 4. 1942

Diplomat und Unternehmer in zwei Weltkriegen

FLORIAN WEBER

EINBINDUNG IN DIE KRIEGSWIRTSCHAFTLICHE ORGANISATION DES BUNDES

Die Schweiz gilt als traditionell offene Volkswirtschaft mit erfolgreicher Einbindung in die internationale Arbeitsteilung. Ein Blick auf die erste Hälfte des 20. Jahrhunderts zeigt allerdings, dass diese Entwicklung nicht linear verlief. Vielmehr waren gerade die Schweizer Aussenwirtschaftsbeziehungen durch starke Verwerfungen geprägt, besonders während des Ersten und des Zweiten Weltkriegs. Zwar war die Schweiz offiziell neutral und militärisch unbeteiligt, sie geriet aber unter äusseren Druck und war zeitweise in ihrer wirtschaftlichen Existenz bedroht. Die schweizerische Wirtschaftspolitik zeichnete sich in dieser Phase durch eine Verknüpfung von Staat und Privatwirtschaft aus.[1] Diese «Politisierung der Wirtschaft» und «Verwirtschaftlichung der Politik», wie dies der Bundesrat 1937 beschrieb,[2] zeigt sich fast idealtypisch an Hans Sulzer. Als Industrieller trat er in beiden Weltkriegen in den Dienst der Eidgenossenschaft ein und prägte die Schweizer Aussenwirtschaftspolitik in entscheidender Weise. Aufgrund seiner reichen Erfahrung und des unternehmerischen Talents spielte er bei der Einbindung der Privatwirtschaft in die kriegswirtschaftliche Organisation des Bundes und bei den Verhandlungen mit den Kriegsparteien eine wichtige Rolle. Der vorliegende Beitrag möchte diese Ereignisse nachzeichnen und Hans Sulzer als diplomatischen Krisenmanager genauer beleuchten.

«MINISTER SULZER» IN DEN USA – ERNENNUNG ZUM GESANDTEN IM ERSTEN WELTKRIEG

Oft ist das Leben mehr vom Zufall als von planmässiger Vorbereitung bestimmt. So erging es auch Hans Sulzer, als er im Sommer 1917 unverhofft zum Schweizer Gesandten in die USA berufen wurde. Den neuen Posten verdankte er vor allem einem verhängnisvollen Fauxpas seines Vorgängers,

Paul Ritter. Dieser hatte auf Drängen des deutschen Botschafters in Washington im Frühjahr 1917 versucht, einen Kriegseintritt Amerikas abzuwenden und eine Verständigung zwischen den USA und dem deutschen Kaiserreich zu vermitteln. Durch sein unvorsichtiges Vorgehen hatte sich Ritter in den Augen der amerikanischen Öffentlichkeit zum Werkzeug der deutschen Aussenpolitik gemacht. Nach dem Kriegseintritt der USA am 6. April 1917 häuften sich deshalb die Angriffe auf den Schweizer Gesandten. Schliesslich kam es zu einer regelrechten Pressekampagne gegen die Schweiz. Man verdächtigte den neutralen Staat der Komplizenschaft mit dem Deutschen Reich, ein Vorwurf, der auch die Holländer und Skandinavier traf, die sich ebenfalls neutral verhielten.[3] Die Schweiz konnte sich einen aussenpolitischen Bruch aufgrund der Abhängigkeit von amerikanischen Rohstoffen und Lebensmittelimporten, insbesondere beim Getreide, aber auf keinen Fall leisten. Der glücklose Ritter wurde deshalb vom Bundesrat fallengelassen und kurzerhand nach Den Haag versetzt.[4] Rasch wurde Ersatz gesucht. Doch die Personaldecke beim Aussendepartement war dünn. Es fehlte an Karrierediplomaten mit Wirtschaftserfahrung und guten Beziehungen in die USA. So fiel die Wahl auf Hans Sulzer, dem man das Amt als Quereinsteiger offenbar zutraute. Mit erst 41 Jahren war Sulzer zwar noch ziemlich jung, dennoch verfügte er bereits über einen beachtlichen Leistungsausweis. Noch vor dem Krieg war er in die elterliche Firma Gebrüder Sulzer eingetreten und war rasch zu einer führenden Figur im Unternehmen aufgestiegen. Als international versierter ▸ S. 81 Industrieller mit einem guten Netzwerk in der Schweizer Wirtschaftselite verfügte er zweifellos über die geeigneten Qualifikationen.[5] Ende Mai 1917 ernannte ihn der Bundesrat zum «ausserordentlichen Gesandten und bevollmächtigten Minister» in Washington.[6] Die Ernennung wurde bei führenden Industriellen, Bankiers und Politikern positiv aufgenommen. Sulzer selbst war geehrt und schrieb dem Bundesrat, er finde nicht die richtigen Worte, um seinen Gefühlen des Dankes Ausdruck zu geben.[7] Zwar betrachtete er seine Entsendung als «patriotische Pflicht», mit Rücksicht auf das Unternehmen jedoch als vorübergehende Aufgabe. Er machte klar, dass er den Posten nur bis zum Kriegsende, maximal aber bis Ende 1918 zu übernehmen gedenke.[8] Der Bundesrat hielt seinerseits fest, dass es sich bei Sulzers Ernennung lediglich um eine «temporäre Mission» handle.[9] Die zeitliche Begrenzung des Mandats blieb allerdings eine Wunschvorstellung. Hans Sulzer und seine Familie sollten erst im Februar 1920 in die Schweiz zurückkehren.

Während seiner Zeit in Washington blieb Sulzers Rolle ambivalent: Zwar war er als Diplomat in den Staatsdienst eingetreten und damit der Aufgaben in Winterthur entbunden, zugleich blieb er seinem Selbstverständnis als Unternehmer treu. So wollte er während seiner Abwesenheit über den Geschäftsgang der Firma informiert bleiben und liess sich von Heinrich Wolfer, der ihn vorübergehend an der Spitze des Unternehmens ablöste, weiterhin über den Betrieb unterrichten.[10] Andererseits versuchte er sich aus den innerbetrieblichen Konflikten herauszuhalten, solange er auf dem Gesandtschaftsposten weilte. In einem Brief an seine Frau Lili hielt er fest, dass er sich anlässlich einer firmeninternen Diskussion zwischen seinen Brüdern Carl und Robert Sulzer bewusst «ganz fern gehalten» habe und sich davor hüte, seinen «Gehirnkarren in die alten Geleise zurückzulenken, bevor ich hierzu die Berechtigung habe; vorläufig heisst es noch den Gesandten spielen».[11] Ein wichtiger Grund für die Zurückhaltung in geschäftlichen Angelegenheiten und vielleicht die Annahme des Washingtoner Postens überhaupt dürften Animositäten und firmeninterne Rivalitäten mit dem älteren Bruder Carl gewesen sein. Die Versetzung nach Washington wäre in dieser Lesart eine willkommene Gelegenheit gewesen, den familiären Spannungen auszuweichen.[12] Die Vermischung von Sulzers Funktion als Diplomat und seiner beruflichen Rolle als Unternehmer zeigt sich auch bei der Frage der Entschädigung. So schien Sulzer die Entlöhnung für den Gesandtenposten zu gering, auch in Anbetracht der hohen Lebenshaltungskosten in Washington. Er stellte deshalb sicher, dass ihm Gebrüder Sulzer weiterhin ein Salär bezahlte. Von der gesamten Lohnsumme für seine knapp dreijährige Amtszeit bestritt das Politische Departement in Bern deshalb nicht einmal die Hälfte.[13] Damit kam faktisch eine private Unternehmung für die Entschädigung des schweizerischen Gesandten in Washington auf.

▸ S. 54

AUFBRUCH NACH AMERIKA IM SOMMER 1917

Ab Frühjahr 1917 verschlechterte sich die Stimmung in den USA gegenüber den europäischen Neutralen. Die Amerikaner erliessen im Zuge der beginnenden Kriegspolitik erste Exportverbote für Getreide und Fette. Dadurch stieg auch der Handlungsdruck für die Behörden in Bern. Auf Anraten verschiedener Amerikaner in der Schweiz beschloss der Bundesrat deshalb Anfang Juni 1917, zusammen mit dem neuen Gesandten auch noch eine Delegation führender Schweizer Persönlichkeiten zu entsenden.[14] Diese «Swiss Mission» sollte auf

▸ Die Mitglieder der Swiss Mission kurz vor der Abreise auf der Bundeshausterrasse, 1917: Bundespräsident Edmund Schulthess (Mitte) mit Hans Sulzer, William Rappard, John Syz und Wilhelm Stämpfli (von links nach rechts).

eine günstige öffentliche Wahrnehmung der Schweiz hinwirken und damit die offiziellen diplomatischen Anstrengungen unterstützen. Für die Mission wurden vom Politischen Departement drei Männer auserkoren, die man aufgrund ihrer Beziehungen zu den USA als geeignet erachtete. Mit der Leitung der Mission wurde der Textilunternehmer und freisinnige Nationalrat John Syz beauftragt. Dieser war eigentlich der Kronfavorit für die freigewordene Stelle des Schweizer Gesandten gewesen, allerdings hatte er mit Rücksichtnahme auf sein Alter und seine Gattin abgesagt.[15] Nun sollte er Hans Sulzer bei dessen kommender diplomatischer Aufgabe zur Seite stehen. Nebst Syz wurde zudem William Rappard für die Mission ausgewählt, ein junger Professor für Wirtschaftsgeschichte der Universität Genf, der zuvor in Harvard unterrichtet hatte. Beide, sowohl Syz als auch Rappard, waren in New York geboren worden und stammten aus Schweizer Familien, die es im Textilhandel mit den USA zu Wohlstand gebracht hatten. Als dritter Teilnehmer wurde der Berner Verleger Wilhelm Stämpfli bestimmt. Er war Präsident der Zentralkommission für die Interniertenbeschäftigung und damit für die Betreuung von ausländischen Militärpersonen in der Schweiz verantwortlich.[16] Noch wichtiger aber war sein Verhältnis zu den USA: Seine Ehefrau war eine amerikanische Sängerin.

Mit der Ernennung der drei Delegationsmitglieder und dem neuen Gesandten Hans Sulzer stand das Personal für eine aussenpolitische Kampagne in den USA bereit. ▸ S. 153 Am 17. Juli 1917 verliess der angehende Gesandte, begleitet von seiner Ehefrau Lili sowie den drei jungen Söhnen, die Schweiz. Zum Tross gehörten ausserdem das Kindermädchen und seine Privatsekretärin Margaretha Rebsamen. Gemeinsam mit den übrigen Mitgliedern der Mission führte die Reise zunächst per Bahn nach Paris. Dort besprach sich Sulzer in der Blockadefrage mit den französischen Behörden.[17] Zudem nutzte er die Zeit für verwandtschaftliche Besuche und wohl auch für geschäftliche Zwecke. Es ist kein Zufall, dass er von Heinrich Wolfer begleitet wurde. Dieser war in jenem Sommer damit beschäftigt, die Aktivitäten der Firma Sulzer in Frankreich neu auszurichten, um eine Diskriminierung im Wirtschaftskrieg zu verhindern.[18] Von Paris aus reiste Hans Sulzer anschliessend mit seiner Familie, dem Anhang und der Delegation weiter nach Spanien, wo die Gesellschaft in Cadiz ein Dampfschiff bestieg. Nach der Ankunft Mitte August 1917 und einer Begrüssung durch die Vertreter der Schweizer Kolonie in New York ging es gleich weiter in die amerikanische Hauptstadt. Bereits eine Woche später übergab Sulzer dort dem amerikanischen Präsidenten Woodrow Wilson sein Beglaubigungsschreiben. Damit war er als Gesandter und Minister offiziell akkreditiert.[19]

VERHANDLUNGSMARATHON IN WASHINGTON

Für Minister Sulzer, wie er nun überall genannt wurde, konnte die Arbeit beginnen. Seine Hauptaufgabe bestand darin, in der amerikanischen Politik wieder Vertrauen in die neutrale Haltung der Schweiz herzustellen. Denn nur dadurch konnten die aussenwirtschaftlichen Beziehungen stabilisiert und die Versorgung des Landes garantiert werden. Eine Normalisierung mit Washington war umso dringlicher, als sich in der Zwischenzeit die Versorgungslage der Schweiz weiter verschlechtert hatte.[20]

Zunächst musste Sulzer aber auf der Schweizer Gesandtschaft für Ordnung sorgen. Der abrupte Abgang des vormaligen Gesandten Ritter hatte diese in einem chaotischen Zustand hinterlassen.[21] Als zupackende Unternehmerpersönlichkeit organisierte er diese in kurzer Zeit neu. Besonders die Handelsabteilung der Gesandtschaft, die den Import von amerikanischen Lebensmitteln und Rohstoffen in die Schweiz zu regeln hatte, krempelte er um.[22] Zum neuen Leiter der Abteilung ernannte er seinen langjährigen Mitarbeiter, Friedrich Oederlin. Dieser war seit Mitte des Krieges in New York für den Einkauf der Firma Sulzer verantwortlich und kannte dadurch die Verhältnisse auf dem amerikanischen Rohstoffmarkt. Dieses Wissen konnte er direkt in den diplomatischen Betrieb einbringen. Andererseits stellte Sulzer damit sicher, dass eine Vertrauensperson aus seiner Firma die komplizierte Aufgabe übernahm.[23] Oederlin selbst machte später eine steile Karriere bei Sulzer und heiratete eine Nichte Hans Sulzers.[24] Ausserdem engagierte Sulzer seine Vertraute, Margaretha Rebsamen, als neue Chefsekretärin, die sich direkt um seine Agenda und die diplomatische Korrespondenz kümmerte. Die Gesandtschaft wurde organisatorisch rasch ausgebaut: Von sieben Angestellten nahm die Belegschaft bis im letzten Kriegsjahr 1918 auf siebzig Personen zu.[25]

Ende August 1917 fanden die ersten Verhandlungen zwischen Sulzer und den amerikanischen Behörden statt. Aufseiten der Amerikaner wurden diese durch das War Trade Board geführt, eine mächtige Behörde mit weitreichenden Kontrollrechten im amerikanischen Aussenhandel. Weil diese aber zunächst die amerikanischen Bedürfnisse abklären wollte, wurden vorerst weitgehende Ausfuhrverbote erlassen. Sulzer versuchte daher vergeblich, Exportlizenzen zu erhalten.

Doch im Verlauf des September 1917 kam Bewegung in die Sache. Nach längeren Verhandlungen gelang es Sulzer, vom War Trade Board den Entwurf für eine Verständigung zu erhalten. Das Memorandum war allerdings weniger grosszügig als erhofft. Die Amerikaner wollten nur einen Teil des Getreides liefern.[26] Schwerer wogen jedoch die Bedingungen: Der Schweiz wäre es verboten gewesen, Lebensmittel nach Deutschland auszuführen. Das war heikel, denn die Schweiz lieferte dem deutschen Kaiserreich beträchtliche Mengen an Milchprodukten, Fleisch und Vieh, um dafür Kohle und Eisen zu erhalten. Unter diesen Umständen sah sich Sulzer genötigt, das Verhandlungsangebot der Amerikaner einstweilen zurückzuweisen.

Immerhin war es dank der Swiss Mission gelungen, die öffentliche Wahrnehmung in den USA zugunsten der Schweiz zu verbessern. Nebst direkten Treffen mit Präsident Wilson und hohen Regierungsvertretern hatten Sulzer und die Delegationsmitglieder vielfältig Einfluss genommen. Während der Unternehmer John Syz seine Kontakte zu einflussreichen Wirtschaftskreisen spielen liess, gelang es Professor William Rappard, eine erfolgreiche Pressekampagne zu lancieren. Wilhelm Stämpfli wiederum strich die karitativen Leistungen der Schweiz bei der Internierung der kranken und verwundeten Soldaten hervor. Vor allem aber war es Hans Sulzer selbst, der als dynamischer Gesandter einen Imagewandel herbeiführte. Er nutzte geschickt sein weitreichendes Kontaktnetz, allen voran zu Robert Schwarzenbach Jr. und Robert Stehli. Die beiden einflussreichen Schweizer Textilunternehmer, die in den USA über Produktionsstätten verfügten, führten Sulzer in die gehobenen Kreise der US-Ostküste ein. Seine Bekanntheit und sein Ansehen verdankte Sulzer aber nicht nur seinen Beziehungen, sondern ebenso seinem überzeugenden Auftreten und äusseren Erscheinungsbild. Der gross gewachsene Sprössling einer protestantischen Unternehmerfamilie entsprach dem Idealbild der amerikanischen Elite. Alexander Stovall, der US-Botschafter in Bern, verglich Sulzer mit einem «athlete and a graduate of some American University».[27] Unterstützt wurde der junge Gesandte von seiner Ehefrau Lili, die auf der grosszügigen Residenz an der eleganten und zentral gelegenen Massachusetts Avenue ein reges Sozialleben arrangierte.[28]

Dem attraktiven Diplomatenpaar mit seinen drei Buben war im Washingtoner Establishment bald viel Aufmerksamkeit beschieden, und die amerikanischen Zeitungen berichteten fleissig über den neusten Zuzug in der diplomatischen Szene.[29]

Das erfolgreiche Lobbying für die Schweiz hatte im Frühherbst 1917 massgeblich mitgeholfen, die Reputation der Schweiz zu verbessern. Dieses Wohlwollen nutzte Sulzer und unterbreitete den amerikanischen Unterhändlern einen detaillierten Gegenentwurf, der weniger starke Exportverbote und grössere Einfuhrkontingente vorsah.[30] Doch noch bevor sich Sulzer mit seinen

▸ «New Swiss Minister, Jean Adolf Sulzer, Arrives»: Ankunft der Gesandtenfamilie im Hafen von New York am 15. August 1917, Agenturfoto Underwood & Underwood, N.Y.

Verhandlungspartnern einigen konnte, verlagerten die USA die Verhandlungen von Washington nach Europa, um sich enger mit den britischen und französischen Behörden abzustimmen. Damit lagen die Detailverhandlungen nicht mehr in Sulzers Händen. Allerdings gelang es dank seinen Vorarbeiten bereits am 5. Dezember 1917, in Paris eine Einigung zu erzielen: Im Gegenzug zu den Restriktionen des Exports nach Deutschland sagten die USA der Schweiz für das Jahr 1918 die Lieferung von rund einer Viertelmillion Tonnen Getreide sowie weiterer Lebensmittel zu. Damit waren die schlimmsten Befürchtungen einer drohenden Hungersnot gebannt.[31] Zudem war es der Schweiz als erstem neutralem Land in Europa gelungen, mit dem neuen Kriegsteilnehmer ein Wirtschaftsabkommen zu schliessen. Die rasche Einigung und das vorteilhafte Ergebnis erklären sich vor allem durch den Kriegsverlauf: Die Zentralmächte vermochten Ende 1917 ihren militärischen Einfluss auszubauen, eine stärkere Anbindung der Schweiz an den eigenen Wirtschaftsraum war daher im Interesse der Alliierten. Der persönliche Einfluss Hans Sulzers darf angesichts seiner hartnäckigen Verhandlungsführung aber nicht unterschätzt werden. Ein Brief des Vorsitzenden des War Trade Board Vance McCormick, eines einflussreichen Demokraten und engen Vertrauten Präsident Wilsons, gibt einen Hinweis auf Sulzers gute Beziehungen. Im Januar 1920 schrieb er an Hans Sulzer: «I [...] can assure you that one of the compensations of my war work in Washington was my delightful associations with you and your family and my regret always was that the war exigencies did not permit us to do more for your good people whom you so ably represented.»[32] Auch in der Schweizer Öffentlichkeit scheint das Wirken Sulzers bekannt gewesen zu sein. So rapportierte Hans Sulzers Schwester, Jenny Brown-Sulzer, ihrem Bruder in einem Brief vom Januar 1918 nach Washington, dass man «an allen Ecken, im Tram und Eisenbahnzug oder auch zu Fuss» nur voll des Lobes über ihn sei. Oft sei es gar «zu komisch, wenn plötzlich zwei nebenan von Dir und Deiner ‹Carrière› zu reden anfangen, ahnungslos, dass daneben eine sehr nah Beteiligte sitzt, die jedes Wort mit geheimer Genugtuung auffängt».[33]

TRANSPORTENGPÄSSE UND DIE SCHWEIZER SCHIFFE

Das letzte Kriegsjahr 1918 stand für Hans Sulzer ganz im Zeichen der Umsetzung des Abkommens. Schon wenige Wochen nach der Unterzeichnung zeigte sich, dass das amerikanische Versorgungsversprechen schwierig umzusetzen sein würde. Es mangelte an Transportschiffen für die Ausfuhr der versprochenen Getreidelieferungen. Vor allem das Übersetzen der US-Truppen über den

Mit dem Schweizer Kreuz beflaggte Frachtschiffe bringen 1918 für die Schweiz bestimmtes Getreide aus den USA nach Sète (Frankreich).

Atlantik und die Abschüsse der deutschen U-Boote hatten die Transportkapazitäten begrenzt. Die logistischen Engpässe wurden zum Problem für die Landesversorgung, denn die Schweiz besass damals keine eigene Hochseeflotte. Sulzer setzte nun alle Hebel in Bewegung und intervenierte pausenlos bei den verschiedenen Behörden. «Es gibt Tage», schrieb er an Heinrich Wolfer, «wo ich fast beständig zwischen State Department, War Trade Board, Shipping Board und Food Administration, teils hier, teils in New York unterwegs bin. Ohne dieses beständige Insistieren und Bearbeiten der massgebenden Persönlichkeiten, was ich, um die nötige Wirkung zu erzielen, höchst persönlich tun muss, würde ich nichts erreichen.»[34]

Der konstante Druck auf die Regierungsbehörden und Berichte amerikanischer Beobachter aus der Schweiz, die auf die dringliche Lage hinwiesen, bewegten die amerikanische Administration schliesslich zum Handeln. Ende März 1918 stellten die USA eigene Schiffe zur Verfügung. Auch Berlin stimmte zu, die Schiffe passieren zu lassen und nicht durch U-Boote abzufangen. Die Schiffe mussten jedoch weithin kenntlich gemacht werden, mit aufgemalten Schweizer Kreuzen und einer grossen Schweizer Flagge. Ab dem Sommer 1918 brachten diese «Schweizer» Schiffe schliesslich in grösseren Mengen Getreide nach Frankreich, von wo aus die kostbare Fracht mit Bahnwagen in die Schweiz gebracht wurde. Zwar lieferten die USA nicht die gesamte vereinbarte Getreidemenge, doch die Willensdemonstration der Amerikaner war unübersehbar und wurde in der Schweiz weithin anerkannt.[35] Sulzer selbst hatte am Gelingen massgeblichen Anteil, indem er unermüdlich auf eine Verständigung hingewirkt und nach Lösungen gerungen hatte. Zudem reiste er im Sommer 1918 zurück nach Europa, um mit den alliierten Behörden in Paris und Bern die Blockade- und Transportsituation weiter zu verbessern.[36] Insgesamt gelang es ihm, gemeinsam mit seiner Handelsabteilung auf der Washingtoner Gesandtschaft vom August 1917 bis Sommer 1919 für fast 500 Millionen Franken Lebensmittel und Rohstoffe aus den USA in die Schweiz einzuführen.[37] Beim Getreide stammten damit fast sämtliche Importe aus Amerika, bei den Lebensmitteln war es insgesamt rund ein Viertel.[38] Zwar blieb die Schweiz trotz diesen Einfuhren gegen Kriegsende nicht von sozialpolitischen Spannungen verschont. Die Getreide- und Lebensmittellieferungen leisteten aber einen unverzichtbaren Beitrag dazu, die Versorgung der Schweiz sicherzustellen und insbesondere die Brotversorgung der ärmeren Schichten zu decken. Ein Ausbleiben der Lieferungen hätte die prekäre Ernährungssituation im letzten Kriegsjahr erheblich verschlechtert und die innenpolitische Situation verschärft.[39]

DIE KOMMENDE SUPERMACHT DES 20. JAHRHUNDERTS

Mit dem Kriegsende richteten sich aller Augen auf die USA als neuen machtpolitischen Faktor. Erstmals tauchten am Horizont die Umrisse einer zukünftigen «Pax Americana» auf. Auch die Schweiz suchte die Nähe zur neuen Weltmacht und adaptierte ihre Aussenpolitik.[40] An der Intensivierung der schweizerisch-amerikanischen Beziehungen arbeitete Hans Sulzer entscheidend mit. Er versuchte das gegenseitige Verständnis der beiden Länder zu fördern und setzte sich dezidiert dafür ein, in der Schweiz die US-Aussenpolitik zu erklären. Als die Amerikaner in Bern ihr erstes Pressebüro eröffneten, unterstützte Sulzer diese Aktivitäten. Er empfahl die bekannte amerikanische Frauenrechtlerin Vira Whitehouse, die mit der Leitung des Büros beauftragt worden war, direkt an Bundespräsident Felix Calonder. Die Entsendung von Whitehouse habe das primäre Ziel, das «Interesse für Volk und Land der Vereinigten Staaten in der Schweiz wachzurufen», und ihre Arbeit könne hier «ausgezeichnete Resultate» bringen, schrieb ihm Sulzer in einem Brief.[41] Aus der Zusammenarbeit mit Whitehouse ergab sich auch die Organisation einer Reise von Schweizer Journalisten, die ab September 1918 sieben Wochen lang die USA besuchten. Nach der ersten Mission mit Syz, Rappard und Stämpfli reiste damit zum zweiten Mal eine Gruppe einflussreicher Schweizer in die USA. Sulzer und Bundespräsident Calonder förderten das Projekt nach Kräften und das Politische Departement begleitete die Planungen.

Gegen Ende des Krieges wurden die USA auch in der Schweiz immer populärer und Präsident Wilson zur Lichtgestalt. Es war allen voran Bundespräsident Calonder, der sich als prominenter Fürsprecher von Wilsons Nachkriegsplänen hervortat und die Gründung einer League of Nations begrüsste. Sulzer spielte bei der Propagierung der neuen aussenpolitischen Linie der Schweiz ebenfalls eine Rolle. Als er sich im Herbst 1918 auf den Rückweg in die USA machte, nahm er einen Brief Calonders mit, der an Colonel House, den aussenpolitischen Berater Wilsons, adressiert war. Darin lobte der Bundespräsident die Ideen Wilsons in höchsten Tönen und sicherte dem US-Präsidenten volle Unterstützung zu.[42] Weniger begeistert war Sulzer hingegen, als ihn der deutsche Gesandte in Bern, Baron von Romberg, darum bat, dem US-Präsidenten ein Aide-Mémoire für Friedensverhandlungen zu unterbreiten. Zwar vertrat die Schweiz die Interessen Deutschlands in den USA im Rahmen eines Schutzmachtmandats.[43] In Anbetracht der Kriegslage war Sulzer aber klar, dass es besser war, für das untergehende deutsche Kaiserreich keine Vermittlungsaktion mehr zu übernehmen. Dementsprechend schrieb er an seine Ehefrau Lili, dass er wegen des deutschen «Friedensangebots» mit seiner Rückreise nicht zu pressieren brauche. Die deutschen und österreichischen Armeen seien bereits komplett «aktionsunfähig».[44] Tatsächlich brachen das Kaiserreich und die Habsburger Monarchie noch im Oktober 1918 weitgehend zusammen, bevor Sulzer die amerikanische Ostküste erreichte. Die Schweizer Gesandtschaft in Washington beschränkte sich bei der deutschen Interessenvertretung in den letzten Kriegswochen denn auch auf die Rolle des passiven Briefträgers. Während der Abwesenheit Sulzers übernahm dies sein Vertrauter, Fritz Oederlin, als Chargé d'Affaires.

Nach seiner Rückkehr setzte sich Sulzer in Washington, gemeinsam mit dem ebenfalls angereisten William Rappard, für eine transatlantische Ausrichtung der Schweizer Aussenpolitik ein und propagierte eine Integration der Schweiz in die von den USA geprägte Nachkriegsarchitektur. In Gesprächen mit Colonel House und dem US-Präsidenten warben Sulzer und Rappard für eine Beteiligung der Schweiz an den Friedensverhandlungen und versuchten dem Kleinstaat einen Platz am Verhandlungstisch zu verschaffen.[45] Zeitweise schien dies gar zu gelingen und Genf war als Austragungsort des diplomatischen Grossevents im Gespräch. Doch Präsident Wilson musste Rücksicht auf die Alliierten nehmen, die eine Austragung auf eigenem Staatsgebiet bevorzugten. Ausserdem war er wegen des Landesstreiks um die Sicherheit in Genf besorgt. So fanden die Verhandlungen schliesslich in Versailles statt, wo die Alliierten unter sich konferierten, während die Neutralen mitsamt der Schweiz aussen vor blieben. In der Folge gelang es der Schweiz jedoch, sich ihre Neutralität im Vertragswerk des Völkerbundes bestätigen zu lassen und Genf zum Hauptsitz der neuen Organisation zu machen.[46]

DER «GESCHÄFTSMINISTER» UND DIE FASZINIERENDE INDUSTRIEMACHT AMERIKA

Als Angehöriger der Schweizer Wirtschaftselite vertrat Sulzer stets auch die Interessen der Industriellen. Diese blickten in jenen Jahren gebannt in die USA und verfolgten den rasanten Aufschwung der amerikanischen Wirtschaft mit grossem Interesse.[47] Bereits im ersten Nachkriegsjahr, 1919, kam es als Folge der Journalistenreise, die Vira Whitehouse organisiert hatte, zu einer «Swiss Mission of Economic Studies». Diese bestand aus 225 Teilnehmern, mehrheitlich Industrielle, Fabrikanten und Kaufleute, die die neuen Produktions- und Organisationsmethoden in den USA studieren wollten. Darunter waren viel Wirtschaftsprominenz und etliche Bekannte Sulzers. Auch sein Bruder Carl, Vizepräsident des Verwaltungsrats der Firma Sulzer, nahm daran teil.[48] In seiner Funktion als Schweizer Gesandter begrüsste Sulzer die Delegation bei ihrer Ankunft in den USA und hielt eine ausführliche Rede, in der er den «geistigen und materiellen Reichtum» Amerikas hervorstrich.[49] Er selbst war stets überzeugt, dass die USA als Absatz- und Produktionsstandort der Schweizer Industrie hervorragende Wachstumsmöglichkeiten boten, wobei er explizit auch an die eigene Firma dachte, deren nordamerikanische Aktivitäten er nach seiner Amtszeit als Gesandter auszubauen gedachte.[50] Vor seiner Rückkehr in die Schweiz bereiste Sulzer deshalb das Land noch einmal ausgiebig, wobei er nebst der Inspizierung der Schweizer Konsulate vor allem die Verhältnisse der amerikanischen Industrie studieren wollte.[51] Sulzer imponierten insbesondere die harmonischen Beziehungen zwischen der amerikanischen Arbeitgeber- und Arbeitnehmerschaft. Sie standen für ihn im grellen Gegensatz zu den Klassenkämpfen in Europa.[52] Da ihn die sozialpolitischen Fragen stark beschäftigten, nahm er im Herbst 1919 in Washington gemeinsam mit einer Schweizer Delegation an der ersten International Labor Conference teil.[53] Das Ziel der Konferenz war eine internationale Verständigung über arbeitsrechtliche Standards. Sulzer hielt seine Teilnahme aus geschäftlicher Perspektive für nützlich und schrieb an Heinrich Wolfer, dass er den Austausch mit Arbeitgeber- und Arbeitnehmervertretern für die Firma als wertvoll erachte.[54]

Nach dem Anlass sprach aber nur noch wenig für einen weiteren Verbleib in Washington, denn mit der Unterzeichnung des Versailler Friedensvertrags im Juli 1919 hatten sich die Handelsverhältnisse weitgehend normalisiert und die Transportprobleme entschärft. Sulzer konnte das Personal auf der Gesandtschaft und in der Handelsabteilung schrittweise abbauen und auch sein eigener Einsatz als kommerzieller Krisenmanager war nicht mehr notwendig. Er bemühte sich daher um eine rasche Rückkehr in die Schweiz.[55] Eine rein politische Interessenvertretung fand Sulzer weniger inspirierend. Dies hatte auch die Berner Zentrale festgestellt, wo das Ausbleiben von politischen Rapporten des «Geschäftsministers» kritisch vermerkt wurde.[56] Er selbst hatte seine Hauptaufgabe stets darin gesehen, die Landesversorgung zu sichern, und so meinte er im selben Brief an Heinrich Wolfer, mit einer Spitze gegen Bern: «Aber mir schien eben in diesen Zeiten die Versorgung der Schweiz mit materiellen Guetern wichtiger zu sein, als mit schön ausgearbeiteten politischen Berichten.»[57]

HANS SULZER UND AMERIKA: EINE INNIGE BEZIEHUNG

Durch seine diplomatische Funktion als Gesandter war Sulzer zum Vermittler zwischen den beiden Welten geworden und hatte zu einer intensiveren schweizerisch-amerikanischen Beziehung beigetragen. Dies hinterliess bei ihm auch auf der persönlichen Ebene Spuren. Als er im März 1922 aus geschäftlichen Gründen[58] zum ersten Mal nach Amerika zurückkehrte, schrieb er in einem Brief an seine Ehefrau Lili: «So bin ich denn also wieder im Land der goldenen Vergangenheit. Merkwürdige Gefühle durchrieselten mich, als wir [...] links an der Statue of Liberty, rechts an den Sky-scrapers Manhattans vorbei in den Hudson einfuhren [...] Es war mir, als müsste ich gleich den nächsten Zug benutzen, um wieder auf meinen Posten in Washington zurückzukehren. Ich kam mir so als Nobody vor, wenngleich die Vergangenheit mir ja immer noch einen 50%igen Glorienschein verlieh [...] um 10.30 waren wir im Hotel. How do you do, Mr Sulzer, tönte es von allen Seiten, vom Desk, vom Porter, vom Elevator. Ich war wirklich gleich zu Hause.»[59]

Die Gefühlsregungen, die Sulzer bei der Ankunft überkamen, illustrieren gut, welch grosse Bedeutung die Lebensphase in den USA für ihn hatte. Obwohl er sich stets seiner Aufgabe als Industrieller verbunden fühlte, hatten ihn die Jahre in der Diplomatie geprägt, und offensichtlich hatte er auch an der Würde des Amtes durchaus Gefallen gefunden. Sulzer war von der amerikanischen Lebensart und dem «gesunden Optimismus» der Amerikaner

«Im Land der goldenen Vergangenheit»: das Gesandtschaftspersonal vor der Residenz am Hillyer Place, Washington D. C., 1918.

begeistert, die er als umgängliche und integre Menschen erlebte. In einer Rede fragte er einmal rhetorisch: «Ist es ein Zufall, dass so Wenige, die sich einmal hier drüben eingelebt haben, wieder in die alte Heimat zurück wollen, ist es ein Zufall, dass ich während der zwei Jahre meines hiesigen Aufenthaltes in meinem ganzen Leben nie gefälligere, hilfsbereitere, fairere Leute gefunden habe [...]?»[60] Es war der Beginn einer innigen Beziehung zu den USA, die ihn ein Leben lang begleiten sollte. Nach seiner Rückkehr ins beschauliche Winterthur umwehte ihn nun ein Hauch von Welt und in den Zeitungsspalten war fortan die Rede vom «Minister Sulzer».[61]

KRIEGSWIRTSCHAFT DES BUNDES – ERNEUTER EINSATZ FÜR DIE SCHWEIZ IM ZWEITEN WELTKRIEG

Knapp zwanzig Jahre nach seiner Rückkehr aus den USA begann mit dem Zweiten Weltkrieg für Hans Sulzer ein erneutes Engagement im schweizerischen Staatsdienst. Inzwischen war er bereits über sechzig Jahre alt und einer der einflussreichsten Köpfe der Schweizer Wirtschaft.[62] Es erstaunt daher nicht, dass er bei der Umstellung auf eine kriegswirtschaftliche Organisation bald eine prominente Rolle spielte.

Bereits vor Kriegsausbruch hatte der Bund in Antizipation eines Konflikts mit dem «Aufbau der Kriegswirtschaft» begonnen, wobei der behördliche Apparat in enger Absprache mit der Privatwirtschaft konzipiert wurde.[63] An dieser Ausrichtung war Sulzer massgeblich beteiligt, indem er als Präsident des Vororts,[64] des Dachverbandes der Schweizer Wirtschaft, darauf gedrängt hatte, die Privatwirtschaft in die Planungen einzubeziehen.[65] Während des Kriegs betrieb der Bund ein «kriegswirtschaftliches Milizsystem», indem privatwirtschaftliche Führungskräfte auf leitende Positionen der Kriegswirtschaftsorgane berufen wurden, wobei deren Tätigkeit zumeist im Teilzeitpensum erfolgte.[66] Auch Hans Sulzer teilte sich die Zeit als Industrieller, Verbandspräsident und Behördenmitglied auf. An Sohn Alfred, der zu jener Zeit in New York lebte, schrieb er: «Im allgemeinen kann ich mich jetzt so einrichten, dass ich im Laufe des Dienstag nach Bern fahre und Donnerstag Nacht wieder zu Hause sein kann. So bleiben mir für Winterthur und alle anderen Beschäftigungen (Vorort etc.) Montag und Freitag/Samstag.»[67]

Bei der Neugestaltung der Schweizer Kriegswirtschaftspolitik wurde besonders die Aussenwirtschaft kontrolliert und durch neue Behörden gelenkt.[68] Unter Hans Sulzers Vorsitz wurde nur drei Wochen nach Kriegsbeginn eine über zwanzigköpfige Beratende Kommission zur Überwachung der Ein- und Ausfuhr eingesetzt. Diese hatte die Aufgabe, eine Konsensfindung zwischen den divergierenden Wirtschaftsinteressen zu ermöglichen.[69] Dem Gremium gehörten die wichtigsten Akteure der Aussenhandelspolitik an, darunter Jean Hotz, der Vorsteher der Handelsabteilung im Eidgenössischen Volkswirtschaftsdepartement (EVD), und Heinrich Homberger, der geschäftsführende Direktor des Vororts.[70] Das Gremium hatte vor allem eine politische Funktion: Am Anfang des Krieges ging es um die interne Organisation, danach um die Wirtschaftsverhandlungen mit den Kriegsparteien.[71] Aufgrund seiner Präsidialfunktion sass Sulzer zudem in der Kommission für Kriegswirtschaft. Diese war hierarchisch höher angesiedelt und unterstand als oberstes Koordinationsorgan im EVD direkt dem zuständigen Bundesrat.[72] Nebst diesen strategischen Aufgaben war Sulzer als Industrieller in die Kriegswirtschaft eingebunden. Aufgrund seines Fachwissens aus der Maschinenindustrie wurde er zum Chef der Sektion Eisen und Maschinen ernannt.[73] Diese gehörte zum Kriegsindustrie- und Arbeitsamt (KIAA) und hatte die Aufgabe, die Eisenversorgung der Maschinenindustrie mit gegen 200 000 Arbeitskräften sicherzustellen, einem Viertel aller im zweiten Sektor Beschäftigten.[74]

Dank diesen Ämtern stand Sulzer mit allen Entscheidungsträgern in regelmässigem Austausch und nahm zudem Einfluss auf die Personalpolitik. So sorgte er dafür, dass sein Stellvertreter bei der Sektion Eisen und Maschinen, Ernst Speiser, die Leitung des KIAA übernahm. Mit Speiser, Direktor bei Brown Boveri, gelang es Sulzer, einen Vertreter der Maschinenindustrie auf den wichtigen Posten zu hieven.[75] Zufrieden rapportierte er an seinen Sohn: «Mein bisheriger Stellvertreter Herr Speiser ist – auf meinen Vorschlag – jetzt Chef des Kriegs-Industrie- und Arbeitsamtes geworden und macht seine Sache sehr gut.»[76]

DIE WIRTSCHAFTSVERHANDLUNGEN BEI KRIEGSBEGINN

Nebst der Mitwirkung in der internen Organisation übernahm Hans Sulzer bald eine aktive Rolle in den Wirtschaftsverhandlungen. Wie bereits im Ersten Weltkrieg stand die Verhandlungsführung mit den Kriegsparteien im Zentrum der Schweizer Handelspolitik.[77]

In einer ersten Phase des Krieges, nach dem deutschen Überfall auf Polen, waren zunächst die Verhandlungen mit den Westmächten von Bedeutung.[78] Diese verfolgten eine rigorose Blockadepolitik gegen Deutschland, die auch die Neutralen tangierte. Die Schweiz drängte auf eine rasche Verständigung mit Grossbritannien und Frankreich und führte dazu Verhandlungen in London und Paris. In diesem Kontext übernahm Hans Sulzer ein erstes Mandat als Unterhändler. Zusammen mit Paul Keller, dem St. Galler Wirtschaftsprofessor und Delegierten des Bundesrates für Handelsverträge, reiste er im November 1939 für Verhandlungen nach London. Aufgrund seiner Mission führte Sulzer wie in Washington wieder den Ministertitel, obwohl er diesmal nicht als akkreditierter Gesandter fungierte. Gemeinsam mit Keller verhandelte er in London direkt mit dem britischen Ministry of Economic Warfare.[79] Da für einen Verhandlungsabschluss allerdings auch die Franzosen gewonnen werden mussten, kam es zu weiteren Verhandlungen in Paris und Bern. Schliesslich konnte Ende April 1940 ein War Trade Agreement zwischen Grossbritannien, Frankreich und der Schweiz unterzeichnet werden.[80]

Doch schon im Sommer 1940 veränderte sich die Ausgangslage für die Schweiz. Mit der deutschen Besetzung Frankreichs wurde das Abkommen zumindest in Bezug auf die französischen Gebiete obsolet und die Handelswege wurden vollständig von den Achsenmächten kontrolliert. Für die Schweiz ging es in Anbetracht der deutschen Dominanz nun darum, eine Einigung mit Berlin zu finden. Im August 1940 kam es zum Abschluss eines ersten deutsch-schweizerischen Handelsabkommens.[81] Dieses sah eine massive Erhöhung der Schweizer Exporte vor, wobei die Schweiz die Ausfuhren mit einem Kredit von 150 Millionen Franken vorfinanzieren musste.[82] Mit Rücksicht auf die wirtschaftlichen und sicherheitspolitischen Interessen war der Bundesrat im Sommer 1940 bereit, sich mit dem Dritten Reich zu arrangieren.[83] Die Hauptrolle in den Verhandlungen mit Deutschland spielten Vororts-Direktor Homberger und Jean Hotz vom EVD.[84] Allerdings war auch Sulzer in die Aushandlung des Abkommens involviert und nahm an den Beratungen mit dem Bundesrat teil.[85] Zudem reiste er im Oktober 1940 als Chef der Sektion Eisen und Maschinen zu Besprechungen nach Berlin, um eine bessere Eisenversorgung der Schweizer Maschinenindustrie zu erreichen.[86] Sulzer war jedoch eher contre cœur zu wirtschaftspolitischen Zugeständnissen gegenüber Deutschland bereit.[87] Er setzte sich in den Beratungen mit dem Bundesrat vehement dafür ein, die Wirtschaftsbeziehungen zu den Alliierten nicht abreissen zu lassen und das War Trade Agreement aufrechtzuerhalten: «Wir müssen solange wie möglich am Prinzip des Blockade-Vertrages festhalten und uns jede Ausnahme zäh von Deutschland abringen lassen.»[88] Als Maschinenindustrieller, dessen Firma für den angelsächsischen Weltmarkt produzierte, stand er einer einseitigen Ausrichtung auf den von Deutschland besetzten kontinentalen Wirtschaftsraum kritisch gegenüber. Er wollte den Vertrag mit den Alliierten am Leben erhalten, um die Rohstoffzufuhren zu sichern und den Schweizer Export in die überseeischen Gebiete zu gewährleisten.[89] Doch das Verhältnis zum westlichen Bündnis wurde durch die Anlehnung an Deutschland strapaziert. Bald schon wurde es deshalb Sulzers vordringlichste Aufgabe, sich für eine Verständigung mit London einzusetzen.

DIE LONDONER MISSION 1942

Unter dem Eindruck der deutschen Hegemonie intensivierte die Schweiz im Sommer 1941 ihre Wirtschaftsbeziehungen mit dem Deutschen Reich weiter. In einem erneuerten Handelsabkommen gewährte sie einen Kredit im Umfang von 850 Millionen Franken und kam den deutschen Forderungen bei der Gegenblockade entgegen.[90] Hans Sulzer gehörte allerdings zu den kritischen Stimmen und empfand die deutschen Forderungen als «Erpressungsversuch». Er war der Ansicht, die Schweiz könne es sich nicht leisten, «die ganze schweizerische Industrie in den Dienst Deutschlands» zu stellen.[91] Tatsächlich liessen die geharnischten Reaktionen aus Grossbritannien nicht lange auf sich warten. Die britischen Behörden waren der Ansicht, dass die Schweiz mit ihrem Verhalten einen substanziellen Beitrag an die deutsche Kriegsführung leiste, und waren deshalb nicht mehr bereit, weitere Rohstoff- und Warenexporte in die Schweiz zuzulassen. Die alliierten Massnahmen führten auf Schweizer Seite rasch zu Versorgungsschwierigkeiten, und der Vorort stellte schon im Herbst 1941 die Forderung nach einer Spezialmission nach Grossbritannien.[92] Im Februar 1942 entschied sich der Bundesrat schliesslich, mit der britischen Regierung in Verhandlungen zu treten, und ernannte eine Delegation. Zum Leiter wurde Hans Sulzer als Vororts-Präsident bestimmt. Begleitet wurde er wiederum von Paul Keller, der mit ihm bereits 1939 ein erstes Mal in London verhandelt hatte.[93] Als drittes Mitglied wurde William Rappard ernannt, den Sulzer aus seiner Washingtoner Zeit bestens kannte.[94]

Mit der Londoner Mission begann für Sulzer die wohl intensivste Periode als Unterhändler. Während neun Monaten, vom Frühjahr bis Winter 1942, sollte er in der Stadt an der Themse mit den alliierten Behörden um eine Einigung ringen. Dies, obwohl Sulzer ursprünglich gar nicht für die Verhandlungen vorgesehen war. Vielmehr hatte der Bundesrat geplant, ihn auf eine Mission in die USA zu entsenden. Sulzer wäre aufgrund seiner Erfahrung der ideale Kandidat gewesen. Doch mit dem Abschluss des deutsch-schweizerischen Abkommens hatten sich die Fronten zwischen Grossbritannien und der Schweiz verhärtet, sodass London gar keine Durchfuhrbewilligungen mehr ausstellte.[95] Zudem entschieden sich die USA nach dem Kriegseintritt, die Blockadepolitik von London aus zu regeln. Sulzer schrieb daher seinem Sohn Alfred, der auf einen Besuch des Vaters gehofft hatte: «Damit verschoben sich die Schwierigkeiten zunächst in erster Linie nach England. Es hatte gar keinen Zweck, nach Amerika zu gehen [...].»[96] Doch auch für die Mission nach London schien Sulzer dem Bundesrat aufgrund seiner Affinität zum angelsächsischen Raum der Richtige.[97] Sulzer wusste allerdings, dass die Mission trotz seiner Erfahrung und seinen Kontakten anspruchsvoll sein würde. «So, wie heute die Dinge liegen, wird die Aufgabe nichts weniger als leicht sein. Aber man muss in Gottesnamen alles versuchen», teilte er Alfred mit.[98]

Mitte März 1942 brach Sulzer, gemeinsam mit der Delegation, nach London auf. Die Reise war allerdings beschwerlich. Dauerte es vor dem Krieg per Direktflug bloss dreieinhalb Stunden von Zürich nach London, waren es jetzt sieben Tage.[99] Via Barcelona und Madrid führte die Reise nach Lissabon und von dort mit dem Flugzeug via Bristol nach London. Dort residierte Sulzer, wie immer, wenn er in der Stadt weilte, im berühmten Hotel Dorchester, welches unter Schweizer Leitung stand. Er lebte ziemlich komfortabel, wie es ihm schien. Zwar war auch in London das Essen rationiert, und es fehlte an alltäglichen Dingen wie Zucker oder Butter, dafür gab es reichlich Austern und geräucherten Lachs.[100] Abgesehen von den Zerstörungen durch die deutschen Bombardierungen, die er auf einer Rundfahrt durch die City zu sehen bekam, machte ihm das Stadtleben aber einen normalen Eindruck. Die Engländer schienen trotz allem positiv gestimmt. An seine Frau Lili in Winterthur berichtete er: «Die Nachrichten aus dem Osten sind dauernd schlecht, aber Jedermann, insbesondere auch in Regierungskreisen, ist optimistisch und überzeugt, dass England den Krieg in the long run gewinnen werde.» Und er fügte hinzu: «Das ist ja allerdings auch meine Überzeugung.»[101]

Kurz nach der Ankunft begannen die Verhandlungen. Die Delegation wurde vom Ministry of Economic Warfare und den amerikanischen Vertretern empfangen, wobei die Atmosphäre «sehr liebenswürdig und sympathisch» war, wie Sulzer fand. Auch die Begegnungen mit Lord Selborne,[102] dem Leiter des Ministeriums, einem englischen Aristokraten, «dem die natürliche Güte aus den Augen spricht», stimmten Sulzer optimistisch. Nicht weniger freundlich verlief das Gespräch mit Aussenminister Anthony Eden. Sulzer resümierte zufrieden: «Bei niemandem, den ich bisher sah, habe ich die leiseste Animosität oder Unfreundlichkeit gegenüber der Schweiz feststellen können.»[103]

Tatsächlich gelang es rasch, einige kleine Erleichterungen bei der Blockade zu erreichen. Doch der erste Verhandlungserfolg währte nur kurz, denn beim Hauptziel, dem Abschluss eines Kompensationshandels, ging es nicht vorwärts. Dieser «compensation deal» hätte den Export von Schweizer Kriegsmaterial nach Grossbritannien vorgesehen im Gegenzug zu alliierten Rohstoffen und Lebensmitteln. Doch die Briten und Amerikaner hielten Sulzer hin. Eine Liste der Güter, die sie aus der Schweiz wünschten, erhielt er nicht. Genau diese «Wunschliste» hätte Sulzer aber nach Bern übermitteln müssen, damit Hotz und Homberger anschliessend den Transit durch das deutsche Gebiet hätten aushandeln können.[104] Leicht entnervt, aber immer noch guten Mutes, schrieb er an Lili: «Ich habe die Zuversicht, dass wir hier schliesslich etwas erreichen werden; aber es braucht Zeit, viel Zeit und man möchte manchmal schon aus der Haut fahren.»[105] Immerhin gelang es Sulzer, in London mit einflussreichen Persönlichkeiten in Kontakt zu treten. Dazu gehörten mehrere Minister der britischen Regierung, hochrangige Politiker und ausländische

Gesandte.[106] Zudem traf er sich mit Angehörigen der «haute volée Englands», darunter dem Erzieher von König Georg VI., Louis Greig. Für diesen liess er sich sogar eine IWC-Armbanduhr aus der Schweiz zuschicken.[107] Immer mehr kamen ihm aber Zweifel am Nutzen seines regen Soziallebens. In einem Brief an Lili stellte er fest, er habe wohl noch nie in so kurzer Zeit so viele neue Namen und Gesichter kennengelernt. Dies sei aber doch «eigentlich nicht der Zweck der Uebung, so sehr es ja zweifellos ein Mittel zum Zweck ist».[108]

Tatsächlich sollten sich die Kontakte nicht in Verhandlungserfolge ummünzen lassen. Denn es zeigte sich, dass die Alliierten an einem Kompensationsgeschäft gar nicht mehr interessiert waren. Vielmehr hatte sich durch den Kriegseintritt der USA die Versorgungslage der Briten stark verbessert, sodass sie auf die Exporte aus der Schweiz gut verzichten konnten. Unter dem Einfluss der Amerikaner verschob sich der Fokus auf ein anderes Thema: die Schweizer Waffen- und Munitionsexporte an die Achsenmächte. Im Gegenzug zu Rohstofflieferungen verlangten die Briten und Amerikaner eine signifikante Reduktion dieser Kriegsmaterialexporte. Sulzer versuchte der Berner Zentrale diesen Stimmungsumschwung zu erklären und drängte darauf, den Alliierten entgegenzukommen. Doch Bundesrat Stampfli und das EVD stellten sich taub.[109] Über diese unnachgiebige Haltung ärgerte sich Sulzer. Für ihn war klar: «[...] dass die Schweiz so viel Kriegsmaterial für die Achsenmächte herstellt, ist hier der grosse Stein des Anstosses.»[110] In der Folge kam es zu einer Entfremdung zwischen Bern und Sulzers Delegation. In einem Brief an Rappard, der bereits abgereist war, meinte Sulzer: «Aber ich merke schon, man hält uns in Bern bereits auch für Engländer, wie gewisse andere Herren hier. Wenn man nur den Balken im eigenen Auge etwas mehr erkennen würde!»[111] Sulzer wurde es in seiner Verhandlungsposition immer unwohler. Er sah sich in die unangenehme Rolle gedrängt, die stark gestiegenen Schweizer Waffenexporte rechtfertigen zu müssen, die weitgehend auf die Geschäftsaktivitäten des Industriellen Emil Bührle zurückgingen. An Lili schrieb er: «Ich muss sagen, ich bin nicht gerade in glücklicher Stimmung; eigentlich hätte ich besser für eine fighting mission nach Berlin gepasst, als hier die Bührle'sche Waffen- und Munitionsfabrikation für die Nazi zu verteidigen. (das unter uns).»[112]

Während Sulzer die Mission zunehmend als Belastung empfand, ergab ▸ S. 168 sich immerhin in persönlicher Hinsicht ein Lichtblick: Seine Ehefrau Lili, die er sehr vermisste, setzte im Sommer 1942, trotz seinen Bedenken und den Befürchtungen der Schweizer Behörden, einen Besuch in London durch. Im Juni 1942 gelangte sie via das besetzte Frankreich nach Spanien und von dort via Portugal nach London.[113] Allerdings konnte auch die moralische Unter-

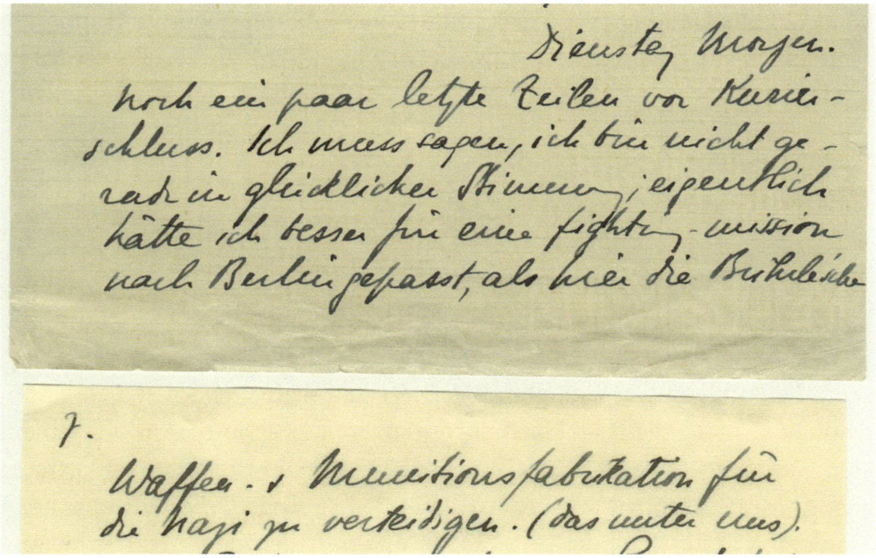
Dienstag Morgen.
noch ein paar letzte Zeilen vor Kurierschluss. Ich muss sagen, ich bin nicht gerade in glücklicher Stimmung; eigentlich hätte ich besser für eine fighting-mission nach Berlin gepasst, als hier die Bührle'sche

7.
Waffen- u. Munitionsfabrikation für die Nazi zu verteidigen. (das unter uns).

«[...] eigentlich hätte ich besser für eine fighting-mission nach Berlin gepasst, als hier die Bührle'sche Waffen- und Munitionsfabrikation für die Nazi zu verteidigen. (das unter uns).» Brief von Hans an Lili Sulzer vom 12. April 1942.

stützung durch die Gattin in den Verhandlungen keine Wunder bewirken. Schliesslich bat Sulzer in Bern darum, den Alliierten wenigstens einen Exportkredit anbieten zu können. Ähnlich den Krediten, die die Schweiz zuvor Deutschland und Italien gewährt hatte. Dadurch hoffte er, Verhandlungsspielraum zu gewinnen. Doch auch in der Kreditfrage war er mit Bern zunächst uneinig. Erst nach langem Zögern gab die Berner Zentrale dem Begehren Sulzers nach und er konnte den alliierten Unterhändlern einen Kredit in Aussicht stellen.[114] Doch auch dies führte zu keinem Verhandlungsdurchbruch. Denn zu einem Abbau der Kriegslieferungen war in Bern noch immer niemand bereit. Ohne signifikante Reduktion dieser Exporte wollten die Alliierten aber kein Abkommen schliessen. Auch ein Exportkredit konnte daran nichts ändern. Sulzer war über die Unbeweglichkeit seiner Vorgesetzten in der Frage der Kriegsmaterialexporte zunehmend frustriert. Seiner Ansicht nach hatte sich die Schweizer Aussenpolitik viel zu einseitig in die Abhängigkeit des Dritten Reichs begeben. Entnervt schrieb er Ende Oktober 1942 in einem Brief an Heinrich Wolfer: «Wenn wir uns nur nicht so ganz an die Achsenmächte verkauft hätten.»[115] Die Verhandlungen gerieten gegen Ende des Jahres damit endgültig in eine Sackgasse. Das zentrale Blockadeproblem blieb bestehen und Hans Sulzer und die Verhandlungsdelegation mussten schliesslich auf Weihnachten 1942 «in der Hauptsache unverrichteter Dinge in die Schweiz» zurückkehren.[116]

UNGEMACH IM NEUEN JAHR: SULZER AUF DER SCHWARZEN LISTE

Nach seiner Rückkehr war Sulzer sogleich wieder mit Arbeit überschwemmt. Beim Vorort kümmerte er sich um öffentliche Wirtschaftsfragen, daneben blieb er in die Bundesangelegenheiten involviert und widmete sich seinen Unternehmensmandaten. Im Rückblick auf die Londoner Mission gab er sich seinem Sohn Alfred gegenüber gefasst: «Du weisst, dass meine Mission in London recht wenig positive Resultate ergeben hat. Es war kein leichtes Opfer, während neun Monaten sich durch all die Hoffnungen und Enttäuschungen durchzukämpfen.» Er resümierte trocken: «Wir haben gemacht, was wir konnten [...].»[117]

Doch im Sommer 1943 sah es danach aus, als zeichnete sich eine Lösung ab. Erstmals hatte sich die Schweiz entschlossen, für die zweite Jahreshälfte weniger kriegswichtige Güter nach Deutschland auszuführen und damit den alliierten Forderungen entgegenzukommen.[118] Damit war Sulzers Drängen auf eine Reduktion der Kriegsmaterialexporte in Bern erhört worden. Im Juni 1943 stellte er zufrieden fest, «dass man seit unserer Rückkehr aus London auf Prof. Keller's und meine Stimme Wert legt».[119] Die Entspannung im Verhältnis zwischen der Schweiz und den Alliierten führte dazu, dass die Briten die Blockade etwas lockerten und die Zustimmung zur Wiederaufnahme von Verhandlungen gaben.[120] Entsprechend rechnete Sulzer jederzeit mit der Abreise nach London. Zwar sei die neue Verhandlungsrunde «keine leichte Aufgabe», aber er «habe die Hoffnung nicht verloren, dass doch noch ein tragbarer Kompromiss gefunden werden kann», schrieb er an Alfred nach New York.[121] Doch aus der erhofften Entspannung und einer erneuten Mission nach London wurde nichts. Im Gegenteil, in den folgenden Wochen kam es zu einer eigentlichen Eskalation. Denn im Sommer wurde die neue Ausfuhrstatistik der Schweiz publik, die einen ungewöhnlichen Anstieg der Maschinenexporte nach Deutschland aufzeigte.[122] Dazu hatte auch die Firma Sulzer mit dem Export von Dieselmotoren für Handelsschiffe beigetragen.[123] Zwar beteuerte die Schweiz, dass es sich um ältere Bestellungen handle und die Steigerung nur damit zu tun habe, dass die Exporteure ihre Waren versenden wollten, bevor die Exportbeschränkungen griffen. Doch in London waren die Behörden technischen Argumenten nicht mehr zugänglich. Vielmehr wählten sie in Anbetracht des Überlegenheitsmoments eine härtere Gangart, um endlich eine Reduktion des deutsch-schweizerischen Aussenhandels zu erreichen. Sie beschlossen, zum erprobten Mittel der schwarzen Liste zu greifen.[124] Dazu wurden Verfahren gegen die grossen Schweizer Exportfirmen Brown Boveri, Escher Wyss, Georg Fischer und die Gebrüder Sulzer AG eingeleitet. Die Firmen sollten ein Versprechen abgeben, ihre Exporte nach Deutschland zu reduzieren respektive auf Vorkriegsniveau einzufrieren, andernfalls drohte die Versetzung auf die schwarze Liste und damit die Boykottierung im gesamten Einflussgebiet der westlichen Allianz.[125] Hans Sulzer lehnte es entschieden ab, eine solche Verpflichtungserklärung zu unterschreiben. Seiner Ansicht nach durfte diese Einmischung in die Privatindustrie und Missachtung der zwischenstaatlichen Verträge nicht toleriert werden.[126] Zudem war es Schweizer Firmen gesetzlich verboten, solche Abmachungen zu treffen. Während Wochen versuchte Sulzer stattdessen eine informelle Einigung zu erzielen. Als Alternative schlug er einen Brief mit einer Willensbekundung vor. Doch dem Ministry of Economic Warfare in London reichte ein privates Gentlemen's Agreement nicht aus, vielmehr beharrte das Ministerium auf einer verbindlichen Vereinbarung. Da man sich nicht einigen konnte, erschien im Herbst 1943 der Name von Gebrüder Sulzer auf der alliierten schwarzen Liste.[127] Die Firma Sulzer wurde dadurch im gesamten alliierten Wirtschaftsraum als feindliches Unternehmen geächtet und faktisch boykottiert. Die Alliierten statuierten mit dieser Massnahme in erster Linie ein öffentlichkeitswirksames Exempel an Hans Sulzer als dem herausragenden Repräsentanten der Schweizer Wirtschaft und Chefunterhändler der schweizerisch-alliierten Wirtschaftsdelegation. Dass es bei der Wahl der Firma vor allem um seine Person und weniger um das Unternehmen selbst ging, zeigt sich daran, dass die Firma keinerlei Kriegsmaterial nach Deutschland exportierte. Zudem wurden die Verfahren gegen die übrigen Schweizer Exportfirmen rasch wieder eingestellt.

Mit der Versetzung auf die Liste stand Sulzer aber auf dem «Dokument der Unehre und der Schieber», wie er sich ausdrückte.[128] Er empfand dies als schwere Beschädigung seiner Reputation und des Renommees seiner Firma. Hans Sulzer sah sich international gebrandmarkt und im gesamten angelsächsischen Kulturraum diskreditiert. Auch die beiden Söhne in New York waren betroffen und er befürchtete, dass der Skandal ihnen schaden könnte.[129] Sohn Alfred sorgte sich aber weniger um sich als um den Vater und schrieb an Mutter Lili: «Vater tut mir ganz grauenhaft leid, besonders weil ich weiss, auf welcher Seite sein Herz immer gewesen ist. Und eine solche Behandlung von der Seite, an die man immer geglaubt, ist doppelt schwer zu ertragen.»[130]

Unter dem Druck der Ereignisse war der Bundesrat zu einer Kurskorrektur mit deutlichen Zugeständnissen bei den Kriegsmaterialexporten bereit. Paul Keller reiste mit neuen Instruktionen nach London. Dieses Mal wohlgemerkt ohne Hans Sulzer, der dafür unter den gegebenen Umständen nicht mehr infrage kam. Keller gelang es relativ rasch, eine Einigung zu erzielen. Im Gegenzug zur Reduzierung schweizerischer Kriegsexporte wurde die Blockade gelockert, insbesondere bei den Lebensmitteln. Die Alliierten versprachen zudem, die Einmischung in die Maschinenindustrie zu beenden und die Firma Sulzer von der schwarzen Liste zu streichen. Die Details der Streichung mussten jedoch in langwierigen Verhandlungen in Bern finalisiert werden. Erst im März 1944 gelang dies definitiv.[131] Zwar war Sulzer damit offiziell rehabilitiert, dennoch hatten ihn die Ereignisse tief gekränkt. Besonders die unfaire mediale Berichterstattung, dass «unter den mehr als 1000 Schweizerfirmen wir die einzigen sind, deren Versetzung auf die schwarze Liste durch den offiziellen B. B. C. der ganzen Welt mitgeteilt worden ist», traf ihn. Schwer enttäuscht stellte er fest: «Ich werde darüber nie hinwegkommen.»[132] Allerdings lässt sich aus heutiger Sicht ein gewisser Widerspruch im Handeln von Hans Sulzer feststellen. So zeigte er sich zwar stets kritisch gegenüber den Schweizer Kriegsmaterialexporten nach Deutschland, zugleich fungierte er aber während des gesamten Kriegs als Verwaltungsratspräsident der Adolph Saurer AG in Arbon.[133] Diese Firma lieferte, im Gegensatz zu Gebrüder Sulzer, tatsächlich Kriegsmaterial ins Dritte Reich.[134] Die Alliierten hätten Hans Sulzer somit, wenn schon, wegen seines Verwaltungsratspräsidiums bei Saurer ins Visier nehmen müssen, nicht aber als Unternehmenschef der Firma Sulzer.

NEUJAHR 1945 IN NEW YORK UND DAS KRIEGSENDE

Von der Krise schien sich Hans Sulzer allerdings bald zu erholen. Lili meldete im Januar 1944 erleichtert an Sohn Alfred: «Vater ist doch wieder ganz anders als vor einigen Wochen, er sieht wieder frisch und jung aus, das Schlimmste hat er überwunden [...].»[135] Auch in den letzten beiden Kriegsjahren, 1944 und 1945, blieb Sulzer aktiv an der kriegswirtschaftlichen Politik des Bundes beteiligt. Er setzte sich als Präsident des Vororts für die Interessen der Wirtschaft ein und prägte die aussenwirtschaftliche Strategie mit. Dabei trat er gegen Kriegsende dezidiert für eine stärkere Ausrichtung auf den alliierten Wirtschaftsraum und die USA ein. Als Maschinenindustrieller waren ihm die westlichen Absatzmärkte besonders wichtig. So forderte Sulzer etwa bei der Diskussion um die richtige «Dollarpolitik», die Kontingentierung des Exports in den Dollarraum zu lockern.[136] Allerdings übernahm er keine eigentliche Verhandlungsmission mehr. Paul Keller bestritt die Missionen in London 1944 für die Erneuerung des Abkommens mit den Alliierten ohne ihn. Dies dürfte auch damit zusammenhängen, dass sich Sulzer bereits bei seinem Londoneinsatz 1942 gefragt hatte, ob es in seinem Alter richtig sei, solche Verhandlungsmandate zu übernehmen. Nachdenklich hatte er an Lili geschrieben, er «hadere manchmal mit dem Schicksal, dass es mir einen von wenigen glücklichen Frühlingen und Sommern wegnimmt, die mir in meinem Leben noch verbleiben».[137]

Trotzdem übernahm er kurz vor Kriegsende noch einmal eine semioffizielle Mission. Anfang November 1944 reiste er zusammen mit Lili in die USA, zur International Business Conference in Rye in der Nähe von New York. Dort versammelten sich rund 400 Geschäftsleute aus über fünfzig Ländern, um mit Blick auf die amerikanisch dominierte Nachkriegsordnung die drängendsten Wirtschaftsfragen zu diskutieren.[138] Sulzer nahm als Vorsitzender der Schweizer Delegation im gewohnten Rang eines Ministers an der Konferenz teil, wobei er als Vertreter des Vororts die Schweizer Privatwirtschaft repräsentierte. Zudem spielte seine Funktion als Präsident des Schweizer Ablegers der Internationalen Handelskammer eine Rolle, denn diese organisierte die Konferenz.[139] Zwar nahm Sulzer somit als Privatperson an der Konferenz teil, sein Besuch hatte aber dennoch einen diplomatischen Anstrich. Dies zeigte sich schon bei der Anreise nach New York: In Lissabon wurden Lili und er auf der amerikanischen Botschaft zu einem Dinner eingeladen und bei der Einreise hatten die Behörden den Sulzers «alle Erleichterungen gewährt».[140] Sulzers Wirken als Unternehmer und Diplomat überlagerten sich weitgehend. Eine Kombination, die die «New York Herald Tribune» veranlasste, Sulzer als einen «business-statesman» zu bezeichnen.[141]

▸ S. 103

Zu den Schweizer Teilnehmern der Konferenz gehörten zudem hochkarätige Vertreter der Schweizer Wirtschaft – Mitglieder einer Bankierdelegation und Vertreter von Schweizer Industrie- und Handelsfirmen – sowie des Bundes und der Nationalbank.[142] Sulzer nutzte die Konferenz, um die Schweizer Position in die internationale Wirtschaftsdebatte einzubringen und der befürchteten politischen und wirtschaftlichen Isolation der Schweiz bei Kriegsende entgegenzuwirken, denn das Land stand aufgrund der Kooperation mit den Achsenmächten massiv in der Kritik.[143] Sulzer warb um Verständnis für die spezifische Situation der Schweiz im Wirtschaftskrieg und versuchte, die Zugeständnisse gegenüber den Achsenmächten zu erklären. Vor der Swiss Society of New York hielt er am 20. November 1944 im Hotel Pierre an einem Galadiner eine ausführliche Rede dazu. Darin lobte er die starke Einbindung der Privatwirtschaft in die schweizerische Kriegswirtschaft als Erfolgsrezept und rechtfertigte die aussenwirtschaftspolitische Strategie des Bundes. Diese habe die Unabhängigkeit und wirtschaftliche Existenz des Landes gesichert, allerdings auch Kompromisse gegenüber Deutschland notwendig gemacht. Die Rede endete mit einem Loblied auf die schweizerisch-amerikanische Freundschaft und einem Toast: «Let us raise our glasses to the everlasting friendship between the United States and Switzerland.»[144]

Nebst der Konferenz pflegte Sulzer sein weitreichendes Beziehungsnetz und frischte alte Kontakte auf.[145] Über die Wirtschaftskonferenz und New York hinaus reiste er ausserdem nach Washington, um in der US-Hauptstadt die politischen Beziehungen zu vertiefen. Dabei wurden Lili und er sogar von der amerikanischen First Lady, Eleanor Roosevelt, zum Tee empfangen,[146] ein klares Zeichen dafür, dass Sulzers Ruf in der Zwischenzeit wieder hergestellt war und er weiterhin Zugang zu den höchsten amerikanischen Kreisen genoss. Ebenfalls in Washington weilte in jenen Tagen die Bankierdelegation. Diese versuchte erfolglos mit dem amerikanischen Finanzministerium eine privatwirtschaftliche Regelung der deutschen Vermögenswerte in der Schweiz zu erreichen, die die Alliierten beschlagnahmen wollten.[147] Es handelte sich um eine Frage von grösster Brisanz, die wenig später auch bilateral in Bern von einer Verhandlungsdelegation unter dem amerikanischen Diplomaten Laughlin Currie diskutiert wurde. Die sogenannte Currie-Mission läutete ab Februar 1945 die Phase der Verhandlungen über die Nachkriegsverhältnisse ein.[148] Auf Schweizer Seite wurden diese vom Spitzendiplomaten Walter Stucki koordiniert, mit beteiligt waren die bekannten Gesichter Jean Hotz, Heinrich Homberger, Paul Keller und William Rappard.[149]

Sulzer gehörte der Verhandlungsdelegation nicht mehr an. Er blieb aber eng in die Nachkriegsplanung der Schweiz eingebunden und engagierte sich weiterhin für eine starke Anbindung an die USA. Dafür nutzte er auch seine privaten Netzwerke und propagierte das Projekt der American Friends of Switzerland Incorporated, einer privatwirtschaftlichen Vereinigung zur Förderung der schweizerisch-amerikanischen Beziehungen, die dank dem New Yorker Firmenanwalt von Gebrüder Sulzer, Edward Goodwin, zustande kam.[150] Der Verein wurde später in American Society for Friendship with Switzerland umfirmiert. Sulzer diente darin als Präsident des Swiss Advisory Committee, dem aus Schweizer Geschäftsleuten bestehenden Beirat. Im Rückblick erwies sich das Engagement Sulzers dabei als nachhaltig: Die Vereinigung widmet sich bis heute als American Swiss Foundation der Förderung der bilateralen Beziehungen der beiden Länder.

Nebst der Förderung der wirtschaftspolitischen Beziehungen zu den USA hatte sein Besuch vom November 1944 aber auch private Gründe. Seit Jahren

Grussadresse an einem Treffen der American Society for Friendship with Switzerland, 1954.

hatten weder seine Frau Lili noch er selbst die beiden Söhne Hans Rudolf und Alfred gesehen. Als die Sulzers auf dem Flughafen La Guardia landeten, war die Freude über das Wiedersehen dementsprechend überwältigend. Vor allem aber erfuhren Lili und Hans bei ihrer Ankunft, dass sie soeben Grosseltern geworden waren. Die Schwiegertochter Dorette hatte vor wenigen Tagen ihr erstes Kind zur Welt gebracht, sodass die stolzen Grosseltern ihren Enkel noch im Spital bestaunen konnten. Der per Jus Soli als Amerikaner geborene Knabe wurde John getauft, ganz nach dem berühmten Grossvater, nur amerikanisch eben.[151] Über die Festtage und bis weit ins neue Jahr hinein blieben die Sulzers in Amerika. Erst Ende Februar 1945, nach über vier Monaten, kehrten Hans und Lili per Schiff nach Europa zurück. Dort war inzwischen der Krieg fast vorbei und der Zusammenbruch des Dritten Reichs stand unmittelbar bevor. Sulzer wollte daher, als er in Lissabon von Bord ging, so schnell wie möglich

Als Grosseltern mit den Söhnen John (rechts) und Alfred, dessen Frau Dorette (geb. Merian) und Enkel Johnny in New York, 1944.

nach Bern weiterreisen, um dem Bundesrat von seinen Eindrücken aus den USA zu berichten, denn in der Schweizer Hauptstadt begannen just in diesen Tagen die Verhandlungen mit der alliierten Currie-Mission, die eine neue Phase in der Schweizer Aussenpolitik einläuteten.

EIN TRANSATLANTIKER DER ERSTEN STUNDE

Hans Sulzer war in der ersten Hälfte des 20. Jahrhunderts ein wichtiger Akteur in der Gestaltung der schweizerischen Aussenwirtschaftsbeziehungen. Er setzte sich dabei früh und dezidiert für enge transatlantische Beziehungen ein. Vier Aspekte stechen heraus.

Erstens arbeitete Sulzer im Ersten Weltkrieg als Schweizer Gesandter beharrlich an der Schweizer Reputation und einer aussenwirtschaftlichen Verständigung mit den USA. Es gelangen ihm der Abschluss grosszügiger Wirtschaftsabkommen und der Transport der Lebensmittel und Rohstoffe in die Schweiz. Damit leistete er einen zentralen Beitrag zur Versorgungssicherheit des Landes in der Krisenzeit 1917–1919. Durch die aussenwirtschaftliche Verknüpfung steuerte er den neutralen Kleinstaat in eine politische Nähe zu den USA. Als mit dem Kriegsende die Dominanz der Amerikaner fühlbarer wurde, nutzte er die Washingtoner Kontakte, um für eine angemessene Rolle der Schweiz in Präsident Wilsons Nachkriegsordnung zu werben.

Zweitens übernahm Sulzer im Zweiten Weltkrieg als Präsident des Vororts und oberster Repräsentant der Schweizer Wirtschaft wichtige kriegswirtschaftliche Ämter und handelspolitische Missionen. Auch während dieser Zeit blieb er seiner Ausrichtung treu und war überzeugt vom Sieg der Westmächte. Zwar war er zu wirtschaftspolitischen Kompromissen mit den Achsenmächten bereit, doch setzte er sich konsequent für die Aufrechterhaltung der Kontakte zu den Alliierten ein. Mit seiner Mission nach London 1942 versuchte er die Wirtschaftsbeziehungen zu Grossbritannien und den USA zu entspannen. Dieses Ansinnen misslang allerdings und die Firma Gebrüder Sulzer und er selbst wurden zur Zielscheibe im alliierten Wirtschaftskrieg. Trotz dieser Enttäuschung setzte er sich weiterhin für eine Verständigung mit London und Washington ein und im Herbst 1944 besuchte er als Vertreter der Schweizer Privatwirtschaft die Konferenz zur wirtschaftlichen Nachkriegsordnung in den USA.

Drittens war Hans Sulzers Haltung gegenüber den USA durch wirtschaftspolitische Überlegungen und handfeste unternehmerische Interessen geprägt. Als Maschinenindustrieller war er, wie viele Schweizer Industrielle seiner Zeit, von der Dynamik des amerikanischen Kapitalismus fasziniert und von der langfristigen Bedeutung der amerikanischen Volkswirtschaft für die Schweiz und Europa überzeugt. Zudem hatte er frühzeitig das Potenzial der westlichen Länder und vor allem der USA als Absatzmarkt und Produktionsstandort für das eigene Unternehmen erkannt.

Und viertens war Sulzers Engagement für die Westorientierung durch persönliche und familiäre Beziehungen motiviert. Hans Sulzer hatte mit seiner Familie im Ersten Weltkrieg prägende Jahre in Washington verbracht und viele Beziehungen geknüpft, die ihn ein Leben lang begleiteten. Während des Zweiten Weltkriegs lebten zwei seiner drei Söhne in New York, und mit der Geburt von John Sulzer war sogar sein Enkel in Amerika geboren worden. Als Hans Sulzer im Februar 1945 wieder in Europa ankam, schrieb er seinem Sohn Alfred folgerichtig: «Dieser Amerikaaufenthalt gehört zu den glücklichsten Stunden meines Lebens.»[152]

Anmerkungen

1 Vgl. Unabhängige Expertenkommission Schweiz – Zweiter Weltkrieg (UEK): Die Schweiz, der Nationalsozialismus und der Zweite Weltkrieg. Schlussbericht, Zürich 2002, S. 116 f.
2 So beschrieben vom Bundesrat in seiner Botschaft über die Partialrevision der Wirtschaftsartikel der Bundesverfassung, 10. 9. 1937, BBl. 1937 II, S. 833–956, hier S. 840 f., zitiert nach UEK (2002, wie Anm. 1), S. 117.
3 Zur Aussenpolitik der europäischen Neutralen vgl. Frey, Marc: The Neutrals and World War One, in: Forsvarsstudier 3 (2000), S. 1–39.
4 Obwohl das Politische Departement und der Schweizer Aussenminister, Arthur Hoffmann, in die Vermittlungsaktion involviert gewesen waren, schob Hoffmann Ritter die alleinige Verantwortung zu und machte diesen damit zum Bauernopfer. Zum Fall Ritter vgl. Widmer, Paul: Bundesrat Arthur Hoffmann. Aufstieg und Fall, Zürich 2017, S. 220–238.
5 Die Abschnitte zum Ersten Weltkrieg basieren im Wesentlichen auf der Publikation Weber, Florian: Amerikanische Verheissung. Schweizer Aussenpolitik im Wirtschaftskrieg 1917/18, Zürich 2016, https://library.oapen.org/handle/20.500.12657/31815.
6 BAR, Digitale Amtsdruckschriften: Beschlussprotokoll 29. 5.–30. 5. 1917, in: Protokolle des Bundesrats, 1917, Teilbestand BAR, E1004.1, www.amtsdruckschriften.bar.admin.ch/viewOrigDoc/70011398.pdf?ID=70011398.
7 Hans Sulzer an Schweizerischen Bundesrat, 2. 6. 1917 (AfZ, NL Hans Sulzer, 21.1.), zitiert nach Weber (2016, wie Anm. 5), S. 67 f.
8 Protokoll der Verwaltungsratssitzung der Gebrüder Sulzer AG vom 7. 5. 1917 (AfZ, NL Hans Sulzer, 21.1.).
9 BAR, Digitale Amtsdruckschriften: Beschlussprotokoll 29. 5.–30. 5. 1917, in: Protokolle des Bundesrats, 1917, Teilbestand BAR, E1004.1, www.amtsdruckschriften.bar.admin.ch/viewOrigDoc/70011398.pdf?ID=70011398.
10 Zu Wolfers Rolle in der Firma Sulzer in jener Zeit vgl. Adank, Florian: Die Unternehmensführung einer «Exportfirma par Excellence» im Ersten Weltkrieg und in zwei Wirtschaftskrisen. Die Sulzer Unternehmungen AG in Winterthur von 1914–1936, unveröffentlichte Lizenziatsarbeit Universität Zürich 2000, S. 44.
11 Hans Sulzer an Lili Sulzer, 7. 7. 1918 (AfZ, NL Hans Sulzer, 54.1.).
12 Insbesondere im Zuge der von Hans Sulzer vorangetriebenen Umwandlung der Firma in eine Aktiengesellschaft kam es zu heftigen Diskrepanzen zwischen den Brüdern. Vgl. Adank (1999, wie Anm. 10), S. 24 f.
13 Für die Amtszeit erhielt Sulzer vom Politischen Departement rund 235 000 Franken Lohn und Spesen, während die Firma Gebrüder Sulzer ihm rund 330 000 Franken überwies. Vgl. Abrechnung über meine Auslagen während meiner Beurlaubung als Schweiz. Gesandter in Washington, 17. 7. 1917–15. 2. 1920, datiert vom 18. 3. 1922 (AfZ, NL Hans Sulzer, 31.5.).
14 Zu den Promotoren dieser aussenpolitischen Offensive gehörte unter anderem die in Genf lebende amerikanische Geschäftsfrau Clara Guthrie d'Arcis. Vgl. Weber (2016, wie Anm. 5), S. 70 f.
15 Information erhalten von Alfred R. Sulzer im Gespräch am 9. 10. 2022 in Zürich.
16 Zum Thema Internierung im Kontext des Ersten Weltkriegs vgl. Huber, Anja: Fremdsein im Krieg. Die Schweiz als Ausgangs- und Zielort von Migration, 1914–1918, Zürich 2018, S. 206–220.
17 Er telefonierte mit dem französischen Aussenminister und erklärte, dass die Schweiz in den Verhandlungen in Washington nicht nur die Versorgung mit amerikanischen Rohstoffen, sondern auch die Einbindung der USA in die Blockadepolitik anstrebe. Dies musste im Sinne der Franzosen sein, denn diese betrieben mit den Briten eine gezielte Blockadepolitik gegen die Zentralmächte. In Bezug auf die Schweiz hatten sie zudem eine Kontrollbehörde geschaffen, die Société suisse de surveillance économique (SSS), die den Import aus dem alliierten Wirtschaftsraum kontrollierte. Zur SSS vgl. Weber, Florian: Société Suisse de Surveillance Economique (SSS), in: Ute Daniel et al. (Hg.): 1914–1918-online. International Encyclopedia of the First World War, Berlin 2014 ff., http://encyclopedia.1914-1918-online.net/article/societe_suisse_de_surveillance_economique_sss, 24. 9. 2015.
18 Vgl. Adank (1999, wie Anm. 10), S. 48–53.
19 Die Schweiz unterhielt, mit Ausnahme der Botschaft in Paris, nur diplomatische Aussenstellen im Range von Gesandtschaften und noch keine Botschaften. Siehe Schweizerische Bundeskanzlei: Staatskalender der Schweizerischen Eidgenossenschaft 1918, S. 61.
20 Der Bund musste zu immer stärkeren Rationierungsmassnahmen greifen. Insbesondere im Bereich der Brotversorgung wurde dem rückläufigen Getreideimport mit der Abgabe von Mehl- und Brotkarten begegnet. Für eine gute Studie zur Lebensmittelversorgung der Schweiz im Ersten Weltkrieg am Beispiel der Stadt Basel vgl. Meier, Maria: Von Notstand und Wohlstand. Die Basler Lebensmittelversorgung im Krieg, 1914–1918, Zürich 2020.
21 Vgl. Widmer (2017, wie Anm. 4), S. 236.
22 Vgl. Oederlin, Friedrich: Weltkrieg 1914–1918. Tätigkeit der Schweizerischen Gesandtschaft in Washington vom August 1917 bis Ende 1919 in bezug auf die Lebensmittel- und Rohstoffversor-

gung der Schweiz, Winterthur, Broschüre, S. 116 (AfZ, NL Friedrich Oederlin, 3).

23 Vgl. Oederlin, Friedrich: Erinnerungen, Winterthur 1936, S. 36–38 (AfZ, NL Friedrich Oederlin).

24 Sulzer setzte sich dafür ein, dass Oederlin eine gute Stellung erhielt. Damit schuf er die Ausgangslage für dessen Aufstieg. Oederlin wurde später Mitglied der obersten Geschäftsleitung und Verwaltungsrat bei Sulzer. Zudem heiratete er Louise Ziegler, eine Tochter von Hans Sulzers Schwester Bertha. Nach der Heirat übernahmen Oederlin und seine Frau von Hans und Lili Sulzer das Haus an der Trollstrasse in Winterthur. Im Juni 1919 schrieb Hans Sulzer an Heinrich Wolfer: «Nachdem sich Herr Oederlin auf Kosten seiner Privatcarriere in so uneigennütziger und treuer Weise mir als Hülfe zur Verfügung gestellt und dem Lande und auch dem Ansehen der Gebrüder Sulzer vorzügliche Dienste geleistet hat [...] ist es unsere, mit unserem Interesse zusammenfallende moralische Pflicht, ihm eine Stellung im Geschäft zu erschaffen, die ihn geschäftlich und finanziell befriedigt.» Hans Sulzer an Heinrich Wolfer, 18. 6. 1919, S. 17 f. (AfZ, NL Hans Sulzer, 31.4.). Zu Oederlins Position 1914–1964 vgl. Oederlin, Friedrich: Ein Beitrag zur Geschichte der Gebrüder Sulzer, Aktiengesellschaft Winterthur, Winterthur 1965, S. 14–26 (AfZ, NL Friedrich Oederlin).

25 Vgl. Oederlin (wie Anm. 22), S. 132.

26 Laut früheren Vereinbarungen mit den Alliierten lag die jährliche mögliche Importmenge bei einer halben Million Tonnen Getreide. Die USA wollten aber höchstens 200 000 Tonnen pro Jahr liefern.

27 Stovall, Alexander: Switzerland and the World War, Savannah, Georgia, 1939, S. 163, zitiert nach Meier, Heinz K.: Friendship under Stress. U. S.-Swiss Relations 1900–1950, Bern 1970, S. 72.

28 Eine besonders enge Beziehung entwickelten die Sulzers zum Polarforscher Fridtjof Nansen, der in Washington die Interessen Norwegens vertrat. Dessen Tochter schreibt in ihren Erinnerungen, dass die schweizerische Gesandtschaft ihr und ihrem Vater, der verwitwet war, in jener Zeit «zur zweiten Heimat» wurde. Sulzer und Nansen, die beide keine Karrierediplomaten waren und vor ähnlichen Aufgaben standen, hätten sich gut verstanden und Nansen sei von der «hübschen und reizenden» Lili «begeistert» gewesen. Die Freundschaft ging so weit, dass man gemeinsam Ferien auf Cape Cod verbrachte. Vgl. Nansen-Høyer, Liv: Mein Vater Fridtjof Nansen, Wiesbaden 1957, S. 212, sowie Unterlagen zu Fridtjof Nansen (AfZ, NL Hans Sulzer, 32.2.).

29 Vgl. The New Swiss Minister and His Family, in: Los Angeles Times, 21. 8. 1917; Swiss Ministers Wife Aids Diplomacy, in: Detroit Free Press, 7. 9. 1917; The Washington Post, Society, 14. 9. 1917; The Washington Post, Society, 5. 3. 1918.

30 Vgl. Weber (2016, wie Anm. 5), S. 98 f.

31 Nebst Lebensmitteln garantierte das Abkommen die Versorgung mit Rohstoffen (Baumwolle, Eisen, Mineralölen). Umgekehrt durften Baumwolle und Leder nicht mehr ausgeführt werden und amerikanisches Eisen und Schmieröl nicht an Schweizer Munitionsfabriken geliefert werden, die für Deutschland produzierten. Die USA erklärten sich ausserdem bereit, dem von Frankreich und Grossbritannien etablierten Blockadeorgan beizutreten.

32 Vance McCormick an Hans Sulzer, 15. 1. 1920 (AfZ, NL Hans Sulzer, 32.4.). Zu McCormick siehe Archives at Yale, Vance Criswell McCormick papers, https://archives.yale.edu/repositories/12/resources/4049.

33 Die Schwester spricht den Bruder mit «Schangli» an, abgeleitet vom französischen «Jean». So nannte sich Hans Sulzer in Washington, um allfälligen deutschfeindlichen Anwürfen zu entgehen. Vgl. Jenny Brown-Sulzer an Hans Sulzer, 29. 1. 1918 (AfZ, NL Hans Sulzer, 54.4.).

34 Hans Sulzer an Heinrich Wolfer, 26. 3. 1918 (AfZ, NL Hans Sulzer, 31.4.).

35 Die USA lieferten schliesslich rund 180 000 der im Rahmen des Abkommens zugesicherten 240 000 Tonnen.

36 Vgl. Hans Sulzer an Lili Sulzer, 26. 6. 1918; Hans Sulzer an Lili Sulzer, 7. 7. 1918 (AfZ, NL Hans Sulzer, 54.1.).

37 Der grösste Teil entfiel auf Weizen, Weizenmehl, Roggen und weitere Getreidesorten. Zudem wurden Öle und Fette sowie Metalle und Brennstoffe importiert. Vgl. Oederlin (wie Anm. 22), S. 116 f.

38 Von Mitte 1917 bis Mitte 1919 importierte die Schweiz Lebensmittel für ungefähr 1,238 Milliarden Franken. In derselben Periode beliefen sich die Lebensmittelimporte, die über die Gesandtschaft abgewickelt wurden, auf rund 309 Millionen Franken. Vgl. Geering, Traugott: Handel und Industrie der Schweiz unter dem Einfluss des Weltkriegs, Basel 1928, S. 23; Oederlin (wie Anm. 22), S. 116 f.; Weber (2016, wie Anm. 5), S. 115.

39 Vgl. Weber (2016, wie Anm. 5), S. 115 f.

40 Vgl. ebd., S. 200 f.

41 Hans Sulzer an Felix Calonder, 22. 5. 1918 (AfZ, NL Hans Sulzer, 26.1.4.1.).

42 Felix Calonder an Colonel House, 12. 10. 1918 (AfZ, NL Hans Sulzer, 27.6.), zitiert nach Weber (2016, wie Anm. 5), S. 186.

43 Im Verlauf des Ersten Weltkriegs übernahm die Schweiz im Rahmen der «guten Dienste» den Status als Schutzmacht. Damit handelte sie im Namen Dritter, wenn die diplomatischen Beziehungen unterbrochen worden waren. Dies tat die Schweiz sowohl für die Staaten der Zentralmächte als auch für die Entente. So vertrat die Schweiz das Deutsche Reich in fast sämtlichen alliierten Hauptstädten, umgekehrt übernahm sie

die alliierten Interessen in Wien oder Berlin. Für eine Liste der Mandate vgl. Kreis, Georg: Insel der unsicheren Geborgenheit. Die Schweiz in den Kriegsjahren 1914–1918, Zürich 2014, S. 71 f.

44 Hans Sulzer an Lili Sulzer, 7. 7. 1918 (AfZ, Hans Sulzer, 54.1.).

45 Vgl. BAR, E 2001 (B) 1/81*, Le Ministre de Suisse à Washington, H. Sulzer, à la Division des Affaires étrangères du Département politique, 23. 11. 1918, in: Diplomatische Dokumente der Schweiz, Bd. 7a, S. 39 f., www.amtsdruckschriften.bar.admin.ch/viewOrigDoc/60003009.pdf?id=60003009.

46 Vgl. Weber (2016, wie Anm. 5), S. 186–190.

47 Die gestiegene Bedeutung der USA spiegelte sich auch in zunehmenden Schweizer Kapitalanlagen. Entfielen 1910 erst 7 Prozent aller Auslandsanlagen schweizerischer Unternehmen auf Nordamerika, betrug der Anteil 1919 bereits fast ein Drittel. Vgl. Müller, Margrit: Internationale Verflechtung, in: Patrick Halbeisen, Margrit Müller, Béatrice Veyrassat (Hg.): Wirtschaftsgeschichte der Schweiz im 20. Jahrhundert, Basel 2012, S. 339–465, hier S. 356 f.

48 Zwischen 1919 und 1930 folgten weitere Schweizer Reisegruppen, die jeweils zwischen dreissig und siebzig Personen umfassten. Zu den Details der Swiss Economic Mission vgl. Jaun, Rudolf: Management und Arbeiterschaft. Verwissenschaftlichung, Amerikanisierung und Rationalisierung der Arbeitsverhältnisse in der Schweiz, 1873–1959, Zürich 1986, S. 86–92.

49 Ansprache Dr. Hans Sulzer, I. Swiss Mission 1919 (AfZ, NL Hans Sulzer, 30.9.).

50 Sulzers Expansionspläne fanden in Winterthur aber nur wenig Gehör. Vgl. Hans Sulzer an Heinrich Wolfer, 18. 6. 1919, S. 6 f., 9–11 (AfZ, NL Hans Sulzer, 31.4.); vgl. Adank (1999, wie Anm. 10), S. 97 f.

51 Vgl. Hans Sulzer an Heinrich Wolfer, 18. 6. 1919, S. 20 (AfZ, NL Hans Sulzer, 31.4.). Zur Reform der Schweizer Konsulate, die Sulzer insgesamt für «reformbedürftig» hielt, vgl. Hans Sulzer an Henry Heer, Mitarbeiter Eidg. Volkswirtschaftsdepartement, vom 31. 1. 1919, S. 5 (AfZ, NL Hans Sulzer, 30.1.), sowie AfZ, NL Hans Sulzer, 25.3.

52 Vgl. Hans Sulzer an Heinrich Wolfer, 18. 6. 1919, S. 3 f. (AfZ, NL Hans Sulzer, 31.4.).

53 Vgl. Hans Sulzer an Henry Heer, 31. 1. 1919, S. 5 (AfZ, NL Hans Sulzer, 30.1.). Zur Geschichte der ILO und zum Protokoll der Konferenz mit Erwähnung von Hans Sulzer und der Schweizer Delegation vgl. https://libguides.ilo.org/c.php?g=657806&p=4636553.

54 Hans Sulzer an Heinrich Wolfer, 18. 6. 1919, S. 18 f. (AfZ, NL Hans Sulzer, 31.4.). Zur Teilnahme Hans Sulzers an der Konferenz siehe AfZ, NL Hans Sulzer, 30.7.

55 Sulzer hatte bereits Anfang 1919 dem Bundesrat seinen Wunsch mitgeteilt, die Gesandtschaft im Sommer 1919 zu verlassen. Vgl. Hans Sulzer an Henry Heer, 31. 1. 1919, S. 5 (AfZ, NL Hans Sulzer, 30.1.).

56 Hans Sulzer an Heinrich Wolfer, 18. 6. 1919, S. 20 (AfZ, NL Hans Sulzer, 31.4.).

57 Ebd.

58 Sulzers Reise diente dem weiteren Ausbau des US-Geschäfts, insbesondere der Partnerschaft mit der Familie Busch. Seit 1911 produzierten die beiden Familienunternehmen in einem Werk in St. Louis (Missouri) gemeinsam Dieselmotoren für den amerikanischen Markt. Sulzer besuchte den Patron Augustus Busch und seine gesamte Familie und besichtigte auch die Fabrik. «Ein ausgezeichnet geführtes Geschäft», wie er gegenüber Lili zufrieden festhielt. Vgl. Hans Sulzer an Lili Sulzer, 1. 4. 1922 (AfZ, NL Hans Sulzer, 54.1.).

59 Vgl. Hans Sulzer an Lili Sulzer, 25. 3. 1922 (AfZ, NL Hans Sulzer, 54.1.).

60 Ansprache Dr. Hans Sulzer, I. Swiss Mission 1919 (AfZ, NL Hans Sulzer, 30.9.).

61 Vgl. dazu etwa die Titel der Nekrologe: Bachmann, Hans: Minister Dr. Hans Sulzer gestorben, in: Neues Winterthurer Tagblatt, 5. 1. 1959; Minister Sulzer, in: Der Landbote, 5. 1. 1959; Minister Sulzer gestorben, in: Arbeiter Zeitung, Winterthur, 5. 1. 1959; Hotz, Jean: Zum Andenken an Minister Dr. Hans Sulzer, in: Basler Nachrichten, 7. 1. 1959.

62 Vgl. Mach, André; David, Thomas; Ginalski, Stéphanie; Bühlmann, Felix: Schweizer Wirtschaftseliten 1910–2010, Baden 2017, S. 72.

63 Eidgenössische Zentralstelle für Kriegswirtschaft: Die Schweizerische Kriegswirtschaft 1939/1948, Bericht des eidg. Volkswirtschafts-Departementes, Bern 1950, S. 2.

64 Heute economiesuisse.

65 Sulzer wehrte sich mit Blick auf das totalitäre Europa gegen zentralistische Tendenzen und hatte 1937 in einer Vororts-Sitzung gewarnt: «Wir müssen Kautelen schaffen, die dafür sorgen, dass wir nicht in faschistische oder nationalsozialistische Fahrwasser kommen.» Vorortsprotokoll vom 5. 11. 1937 (AfZ, IB Vorort-Archiv, 1.5.3.10.), zitiert nach UEK (2002, wie Anm. 1), S. 182.

66 Vgl. Eidgenössische Zentralstelle für Kriegswirtschaft (1950, wie Anm. 63), S. 2 f. Für eine Übersicht zur Organisation des EVD siehe Meier, Martin; Frech, Stefan; Gees, Thomas; Kropf, Blaise: Schweizerische Aussenwirtschaftspolitik 1930–1948. Strukturen – Verhandlungen – Funktionen (Veröffentlichungen der UEK 10), Zürich 2002, S. 99–103.

67 Hans Sulzer an Alfred Sulzer, 25. 12. 1941 (AfZ, NL Hans Sulzer, 54.5.).

68 Vgl. UEK (2002, wie Anm. 1), S. 183.

69 Ebd.

70 Hotz spielte eine zentrale Rolle in den Aussenbeziehungen. Nach seinem Ausscheiden aus der Bundesverwaltung wurde er 1954 unter anderem Verwaltungsrat bei Sulzer. Auch Homberger prägte die Schweizer Wirtschafts- und Handelspolitik.

Ausserdem gehörten weitere Vororts-Mitglieder dazu: Friedrich Hug als Vertreter der Textilindustrie sowie Carl Koechlin für die chemische Industrie. Letzterer sollte Hans Sulzer 1951 an der Spitze des Vororts beerben. Weitere Mitglieder waren Ernst Laur als Vertreter der Bauern sowie der jeweilige Leiter des Kriegsindustrie- und Arbeitsamts. Zur Einsitznahme von Hotz im Verwaltungsrat von Sulzer vgl. Oederlin (1965, wie Anm. 24), S. 2. Zur Zusammensetzung der Kommission vgl. Meier et al. (2002, wie Anm. 66), S. 107.

71 Vgl. Meier et al. (2002, wie Anm. 66), S. 107.

72 Bis Sommer 1941 Bundesrat Hermann Obrecht, danach Bundesrat Walther Stampfli. Vgl. Eidgenössische Zentralstelle für Kriegswirtschaft (1950, wie Anm. 63), S. 10 f.

73 Da die Vorbereitungen schon vor Kriegsausbruch einsetzten, erfolgte die Ernennung bereits am 7. 6. 1938 durch Bundesrat Obrecht. Vgl. Eidgenössische Zentralstelle für Kriegswirtschaft (1950, wie Anm. 63), S. 600.

74 Vgl. ebd., S. 601. Historische Statistik der Schweiz, 2012, Tab. F.2b, https://hsso.ch/2012/f/2b.

75 Vgl. UEK (2002, wie Anm. 1), S. 21.

76 Vgl. Meier et al. (2002, wie Anm. 66), S. 102, 107; Hans Sulzer an Alfred Sulzer, 25. 12. 1941 (AfZ, NL Hans Sulzer, 54.5.).

77 Vgl. UEK (2002, wie Anm. 1), S. 186.

78 Vgl. ebd.

79 Vgl. Inglin, Oswald: Der stille Krieg. Der Wirtschaftskrieg zwischen Grossbritannien und der Schweiz im Zweiten Weltkrieg, Zürich 1991, S. 82–85.

80 Zu den Details des War Trade Agreement vom April 1940 vgl. Meier et al. (2002, wie Anm. 66), S. 165–168.

81 Zu den Wirtschaftsverhandlungen mit Italien und Deutschland ab Mai 1940 vgl. Meier et al. (2002, wie Anm. 66), S. 172–192.

82 Die Schweiz exportierte vor allem mehr Kriegsmaterial, Maschinen, Textilien, Aluminium und Milchprodukte. Zudem musste die Schweiz Zugeständnisse machen: Kriegswichtige Waren durften nur noch mit einem Geleitschein durch das Gebiet der Achse transportiert werden, frei exportierbar waren faktisch nur noch Güter, die für die Westmächte kaum von Interesse waren. Trotzdem hielt man auf Schweizer Seite das Abkommen für günstig. Meier et al. (2002, wie Anm. 66), S. 175, 189 f.; vgl. BAR, E1004.1 1/400, Conseil fédéral, Procès-verbal de la séance, 13. 8. 1940, in: Diplomatische Dokumente der Schweiz, Bd. 13, S. 888.

83 Zu den Diskussionen um eine Annäherung ans «neue Europa» vgl. Meier et al. (2002, wie Anm. 66), S. 122–138.

84 Vgl. Meier et al. (2002, wie Anm. 66), S. 179, Anm. 106.

85 Vgl. BAR (wie Anm. 82), S. 888.

86 Vgl. Protokoll der 94. Sitzung des schweizerischen Bundesrates vom 26. 11. 1940, S. 1900, www.amtsdruckschriften.bar.admin.ch/viewOrigDoc/70014003.pdf?ID=70014003.

87 Sulzers Sympathien lagen eindeutig bei den Westmächten. Dies belegen verschiedene Äusserungen. Zum Beispiel schrieb er am 4. 1. 1942 seinem Sohn Alfred nach New York: «Was wird uns das neue Jahr bringen? Es sieht nicht nach Frieden aus. Der Krieg im Pacific hat nicht gut angefangen und es wird lange dauern bis die Alliierten die schwere Scharte ausgewetzt haben. An einen Sieg der Achsenmächte ist nach dem schweren Rückschlag in Russland wohl nicht mehr zu denken, gottlob.» Hans Sulzer an Alfred Sulzer, 4. 1. 1942 (AfZ, NL Hans Sulzer, 54.5.).

88 BAR (wie Anm. 82), S. 888.

89 Generell sah die Maschinenindustrie durch die deutsche Gegenblockade ihre Absatzmärkte in den USA, in den britischen Dominions und neutralen Ländern wie der Türkei bedroht. Vgl. BAR (wie Anm. 82), S. 888; Meier et al. (2002, wie Anm. 66), S. 189.

90 Bis Kriegsende stellte die Schweiz Kredite an Deutschland im Wert von etwa 1,121 Milliarden Franken zur Verfügung. Die Alliierten sprachen von der «Kollaborationsmilliarde». Vgl. UEK (2002, wie Anm. 1), S. 189. Zum Abkommen vom 18. 7. 1941 vgl. Meier et al. (2002, wie Anm. 66), S. 209–211.

91 Protokoll bundesrätliche Finanzdelegation vom 21. 3. 1941 (AfZ, NL Homberger, 21), zitiert nach Meier et al. (2002, wie Anm. 66), S. 210, Anm. 283.

92 Für eine gute Zusammenfassung des Verhandlungsverlaufs in London vom Februar 1942 bis Dezember 1942 vgl. Meier et al. (2002, wie Anm. 66), S. 215–224.

93 Keller war in der Zwischenzeit, im Herbst 1941, ein weiteres Mal in der britischen Hauptstadt gewesen. Zur «Keller-Mission» vgl. Meier et al. (2002, wie Anm. 66), S. 192–196.

94 Nebst seiner Stellung als Professor in Genf sass Rappard seit kurzem auch im Nationalrat. Er vertrat dort 1941–1943 den Landesring der Unabhängigen.

95 Unter anderem hatte noch im Sommer 1941 auch General Henri Guisan dem Bundespräsidenten Ernst Wetter vorgeschlagen, Sulzer aufgrund seiner Erfahrung für eine Aufklärungsmission in die USA zu entsenden, um dort die Schweizer Situation zu erklären. Vgl. General Guisan an Bundespräsident Wetter, 27. 6. 1941, zitiert nach Kreis, Georg: General Guisan, Minister Frölicher und die Mission Burckhardt 1940, in: Schweizerische Zeitschrift für Geschichte, Bd. 27, 1977, S. 112 f., dodis.ch/47256. Vgl. zudem Hans Sulzer an Alfred Sulzer, 25. 12. 1941 (AfZ, NL Hans Sulzer, 54.5.).

96 Hans Sulzer an Alfred Sulzer, 25. 12. 1941 (AfZ, NL Hans Sulzer, 54.5.).

97 Allerdings scheinen gewisse englische Kreise gegen Sulzer als Vertreter der Maschinenindustrie Vorbehalte gehabt zu haben. Vgl. Inglin (1991, wie Anm. 79), S. 173 f.

98 Hans Sulzer an Alfred Sulzer, 25. 12. 1941 (AfZ, NL Hans Sulzer, 54.5.).

99 Hans Sulzer an Lili Sulzer, 9. 5. 1942 (AfZ, NL Hans Sulzer, 54.3.).

100 Vgl. Hans Sulzer an Lili Sulzer, 29. 3. 1942 (AfZ, NL Hans Sulzer, 54.3.).

101 Hans Sulzer an Lili Sulzer, 12. 4. 1942 (AfZ, NL Hans Sulzer, 54.3.).

102 Roundell Cecil Palmer, 3rd Earl of Selborne, diente von Februar 1942 bis Kriegsende als Minister of Economic Warfare.

103 Hans Sulzer an Lili Sulzer, 29. 3. 1942 (AfZ, NL Hans Sulzer, 54.3.).

104 Vgl. Hans Sulzer an Lili Sulzer, 24. 4. 1942 (AfZ, NL Hans Sulzer, 54.3.).

105 Hans Sulzer an Lili Sulzer, 24. 4. 1942 (AfZ, NL Hans Sulzer, 54.3.).

106 Darunter etwa der chinesische Staatsmann Wellington Koo, der nach der Niederlage Frankreichs als chinesischer Botschafter in London fungierte, sowie der belgische Gesandte Émile de Cartier de Marchienne. Sulzer kannte beide bereits aus seiner Washingtoner Zeit, da diese zuvor als Gesandte in den USA gewirkt hatten.

107 Sulzer stützte sich zudem, wie bereits in Washington, auf sein Schweizer Beziehungsnetz. Ein wichtiger Kontakt war Sir Hanns Vischer, ein aus Basel stammender britischer Kolonialbeamter und Jugendfreund. Ebenso Arthur Bon-Burckhardt, der Schweizer Direktor des Hotels Dorchester, der «enorm viele Leute» kenne, wie Sulzer bewundernd feststellte. Vgl. Hans Sulzer an Lili Sulzer, 12. 4. 1942 (AfZ, NL Hans Sulzer, 54.3.); Hans Sulzer an Lili Sulzer, 25. 5. 1942 (AfZ, NL Hans Sulzer, 54.3.).

108 Hans Sulzer an Lili Sulzer, 24. 4. 1942 (AfZ, NL Hans Sulzer, 54.3.).

109 Vgl. Meier et al. (2002, wie Anm. 66), S. 219 f., und Homberger, Heinrich: Minister Dr. Hans Sulzer zum Gedächtnis. Eine Episode aus der schweizerischen Handelspolitik, in: Schweizer Monatshefte, Bd. 39, Heft 10, Sonderbeilage zur Januarnummer 1960, S. 11.

110 Hans Sulzer an Lili Sulzer, 26. 5. 1942 (AfZ, NL Hans Sulzer, 54.3.).

111 Sulzer an Rappard, 12. 10. 1942. Diplomatische Dokumente Schweiz, Bd. 14, Nr. 244, Anhang, S. 803 f., zitiert nach Meier et al. (2002, wie Anm. 66), S. 223.

112 Hans Sulzer an Lili Sulzer, 12. 4. 1942 (AfZ, NL Hans Sulzer, 54.3.). Dies musste ihn umso mehr umtreiben, als er den Engländern eine faire Kriegsführung attestierte, während er umgekehrt über Hitlers rücksichtslosen Krieg und die deutsche Besatzungspolitik entsetzt war. Fassungslos stellte er fest: «Die Deutschen sind wirklich von allen guten Geistern verlassen.» Hans Sulzer an Lili Sulzer, 25. 5. 1942 (AfZ, NL Hans Sulzer, 54.3.).

113 Hans Sulzer an Heinrich Wolfer, 25. 10. 1942 (AfZ, NL Hans Sulzer, 39.).

114 Die Schweiz war bereit, einen Kredit im Umfang von 200 Millionen Franken zu gewähren. Vgl. Meier et al. (2002, wie Anm. 66), S. 222.

115 Hans Sulzer an Heinrich Wolfer, 25. 10. 1942 (AfZ, NL Hans Sulzer, 39).

116 Homberger (1960, wie Anm. 109), S. 25. Immerhin gelang es, statt eines grossen Kompensationsprogramms ein kleineres Programm zu entwickeln. Vgl. Meier et al. (2002, wie Anm. 66), S. 224.

117 Hans Sulzer an Alfred Sulzer, 4. 4. 1943 (AfZ, NL Hans Sulzer, 54.5.).

118 Zu den Details vgl. Meier et al. (2002, wie Anm. 66), S. 242.

119 Hans Sulzer an Alfred Sulzer, 14. 6. 1943 (AfZ, NL Hans Sulzer, 54.5.).

120 Vgl. Meier et al. (2002, wie Anm. 66), S. 246.

121 Hans Sulzer an Alfred Sulzer, 14. 6. 1943 (AfZ, NL Hans Sulzer, 54.5.).

122 Vgl. Meier et al. (2002, wie Anm. 66), S. 246.

123 Die Firma Sulzer lieferte zwar auch nach Deutschland, allerdings nur zivile Güter. Bei den Dieselmotoren hätte es zwar die Möglichkeit der militärischen Nutzung für U-Boote gegeben. Im fraglichen Zeitraum lieferte die Firma Sulzer aber nur Motoren für Handelsschiffe. Vgl. Meier et al. (2002, wie Anm. 66), S. 248; Bálint, Anna: Sulzer im Wandel. Innovation aus Tradition, Baden 2015, S. 80 f. Für Zeitgenossen und wohl auch für Hans Sulzer stellte eine gewisse wirtschaftliche Zusammenarbeit mit dem Dritten Reich keinen Widerspruch dar, war man sich doch über alle politischen Lager hinweg einig, dass die Aussenwirtschaft funktionsfähig gehalten werden musste, um Arbeitslosigkeit zu vermeiden und die volkswirtschaftliche Stabilität zu sichern. Die innenpolitischen Erschütterungen des Ersten Weltkriegs dienten in diesem Kontext als Negativfolie. Vgl. Tanner, Jakob: Geschichte der Schweiz im 20. Jahrhundert, München 2015, S. 394 f.

124 Zu den Details des Themenkomplexes schwarze Liste und zum Fall Sulzer vgl. Inglin (1991, wie Anm. 79), S. 172–196, sowie Meier et al. (2002, wie Anm. 66), S. 247–252.

125 Vgl. Bálint (2015, wie Anm. 123), S. 79–81.

126 Vgl. Hans Sulzer an Alfred Sulzer, 23. 2. 1944, beigelegtes Memorandum «Ueber die Angelegenheit der schwarzen Liste», S. 2 (AfZ, NL Hans Sulzer, 54.5.).

127 Vgl. Inglin (1991, wie Anm. 79), S. 177 f.

128 Hans Sulzer an den Gesandten Walter Thurnheer, 12. 11. 1943 (Konzernarchiv Sulzer, Handakten Dr. Hans Sulzer), zitiert nach Inglin (1991, wie Anm. 79), S. 179.

129 Vgl. Hans Sulzer an Alfred Sulzer, 23. 2. 1944 (AfZ, NL Hans Sulzer, 54.5.).

130 Alfred Sulzer an Lili Sulzer, 20. 11. 1943 (AfZ, NL Hans Sulzer, 54.5.).

131 Vgl. Meier et al. (2002, wie Anm. 66), S. 251 f.

132 Hans Sulzer an Alfred Sulzer, 23. 2. 1944, beigelegtes Memorandum «Ueber die Angelegenheit der schwarzen Liste», S. 2 (AfZ, NL Hans Sulzer, 54.5.). Gewisse Zeitzeugen schildern Sulzer in jenen Tagen gar als gebrochenen Mann, so der Wirtschaftsdiplomat Ernst Schneeberger, der überspitzt festhielt: «Ein Riese von Gestalt, doch sein Haupt war gebeugt und seine Augen irrten umher wie diejenigen eines hoffnungslos in Gefangenschaft geratenen Wildes.» Vgl. Schneeberger, Ernst: Wirtschaftskrieg und «anderes», als Diplomat erlebt in Bern und Washington D. C. 1940–1948, Wädenswil 1984, S. 48, zitiert nach Inglin (1991, wie Anm. 79), S. 282, Anm. 288. Dieses Narrativ wurde später in einem Artikel der Zeitschrift «Cash» wiederaufgenommen, vgl. Speich, Sebastian: Der gedemütigte Riese. Die Briten statuierten an Minister und Konzernchef Hans Sulzer ein Exempel, in: Cash, Nr 3, 17. 1. 1997, S. 51.

133 Eine abschliessende Beurteilung der Rolle Sulzers bleibt aufgrund der Forschungslage schwierig. Es ist unklar, inwiefern er um die Geschäfte wusste. Auch die bisherige Literatur liefert dazu keine Antwort. Hans Sulzer war im fraglichen Zeitraum der Saurer-Exporte (Dezember 1942 und Januar 1943) eben erst aus London zurückgekehrt. Vgl. Keller, Stefan: Die Zeit der Fabriken. Von Arbeitern und einer roten Stadt, Zürich 2001, S. 115–117.

134 In den Jahren 1940–1944 für insgesamt 4,4 Millionen Franken. Dies war im Verhältnis zu den gesamten Kriegsmaterialausfuhren der Schweiz nach Deutschland im Umfang von 609 Millionen Franken in derselben Periode eine eher bescheidene Summe. Fast 320 Millionen Franken entfielen allein auf die Werkzeugmaschinenfabrik Oerlikon, Bührle & Co. Vgl. UEK (2002, wie Anm. 1), S. 207.

135 Lili Sulzer an Alfred Sulzer, 3. 1. 1944 (AfZ, NL Hans Sulzer, 54.5.).

136 Zu den Diskussionen um die «Dollarpolitik» vgl. Meier et al. (2002, wie Anm. 66), S. 263–267. Zur Dollarbewirtschaftung der Schweizerischen Nationalbank vgl. Halbeisen, Patrick; Straumann, Tobias: Die Wirtschaftspolitik im internationalen Kontext, in: Halbeisen/Müller/Veyrassat (2012, wie Anm. 47), S. 1018–1020, sowie Bernholz, Peter: Die Nationalbank 1945–1982. Von der Devisenbannwirtschaft zur Geldmengensteuerung bei flexiblen Wechselkursen, in: Die Schweizerische Nationalbank 1907–2007, Zürich 2007, S. 129–143.

137 Hans Sulzer an Lili Sulzer, 9. 5. 1942 (AfZ, NL Hans Sulzer, 54.3.).

138 Vgl. Schweizerische Zentrale für Handelsförderung: Die internationale Wirtschaftskonferenz («International Business Conference») in Rye-New York, Lausanne 1944. Zu Sulzers Ansichten, basierend auf der Konferenz, vgl. Wirtschaftsfragen der Nachkriegszeit. Referatstext Hans Sulzer an der Delegiertenversammlung des SHIV 29. 9. 1945 (AfZ, NL Hans Sulzer, 36.1.).

139 Eine wichtige Person war IBM-Chef Thomas J. Watson, Präsident der Internationalen Handelskammer. Mit diesem war Sulzer bekannt, wobei das Verhältnis nicht ganz ungetrübt war. Als Sohn Alfred den IBM-Chef in der Schwarze-Liste-Affäre um Unterstützung anging, wollte dieser plötzlich nichts mehr mit ihm zu tun haben. Vgl. Alfred Sulzer an Hans Sulzer, 2. 1. 1944 (AfZ, NL Hans Sulzer, 54.5.).

140 Der amerikanische Botschafter Henry Norweb kannte Sulzer aus seiner Zeit als Gesandter in Washington. Lili Sulzer an Georg Sulzer, 27. 10. 1944 (AfZ, NL Hans Sulzer, 54.4.).

141 Tribute to Dr. Hans Sulzer, in: New York Herald Tribune, 17. 3. 1956, zitiert nach Eichenberger, Pierre: The eternal rebirth of the liberal creed. Alternative temporalities of Swiss neoliberalism, in: Journal of Modern European History 17/4 (2019), S. 390.

142 Dazu gehörten mehrere Genfer Bankiers: Edmond Barbey, Vizepräsident der Bankiervereinigung, Frederick N. Bates, André Fatio. Für die Versicherungen: Robert M. Naef, Präsident der Zürich Versicherungen, Paul A. Thorin, Generaldirektor der Schweizerischen Unfallversicherungs-Aktiengesellschaft, Winterthur. Für die Handelsfirmen: Wilhelm Max Keller-Diethelm (heute DKSH), Walter Schiess, Verband schweizerischer Transit- und Welthandelsfirmen. Für die Industrie: Hermann R. Stirlin, Chef des Bally-Konzerns, Leo Bindschedler, Generaldirektor der Alimentana (Maggi, heute Nestlé). Für die Behörden: Joseph A. Straessle, Finanzattaché bei der schweizerischen Gesandtschaft in Washington, Rudolf Pfenninger, Direktor bei der Nationalbank.

143 Botschafter Carl Bruggmann, Finanzattaché Straessle und Generalkonsul Viktor Nef drängten im November 1944 auf eine Annäherung an die USA. Vgl. V. Nef an P. Bonna, 28. 11. 1944, Diplomatische Dokumente der Schweiz, Bd. 15, Nr. 305, S. 754–756, sowie J. Straessle an P. Bonna, 30. 11. 1944, Diplomatische Dokumente der Schweiz, Bd. 15, Nr. 45, S. 120–126, zitiert nach Meier et al. (2002, wie Anm. 66), S. 265. Zur Wahrnehmung der Schweiz vgl. Tanner (2015, wie Anm. 123), S. 425 f.

144 «Switzerland in Review», Speech delivered by Minister Hans Sulzer, in: Amerikanische Schweizer Zeitung, New York, 6. 12. 1944 (AfZ, NL Hans Sulzer, 43.).

145 Lili Sulzer schrieb an Sohn Georg in der Schweiz: «Ich komme kaum vor dem Lunch in meine Kleider, weil das Telephon ununterbrochen läutet, u. zum z'Morgen ist meistens auch schon ein Herr

da.» Lili Sulzer an Georg Sulzer, 9. 11. 1944 (AfZ, NL Hans Sulzer, 54.4.).

146 «In the afternoon [...] Mr. and Mrs. Hans Sulzer came to tea. Mr. Sulzer is here from Switzerland for the economic conference. It seems a long while – 25 years, I think Mr. Sulzer said – since we had been together in Washington in our more youthful days.» Roosevelt, Eleanor: My Day, December 2, 1944, in: The Eleanor Roosevelt Papers, Digital Edition (2017), www2.gwu.edu/~erpapers//myday/displaydocedits.cfm?_y=1944&_f=md056964.

147 Vgl. Le Département politique à l'Association suisse des Banquiers, Berne, 11. 12. 1944, in: Diplomatische Dokumente der Schweiz, Bd. 15, Nr. 313, S. 775.

148 Für die Currie-Verhandlungen bis zum Washingtoner Abkommen vgl. UEK (2002, wie Anm. 1), S. 97–99.

149 Vgl. Meier et al. (2002, wie Anm. 66), S. 272, 286 f.

150 Sulzer stellte das Projekt an einer Konferenz zur «kulturellen Annäherung der Schweiz zu den Vereinigten Staaten» vor, die unter Stuckis Leitung im August 1945 in Bern tagte. Daran nahmen alle für die amerikanisch-schweizerischen Beziehungen massgebenden Persönlichkeiten teil, unter anderen Carl Bruggmann, Paul Keller, William Rappard, sowie Walter Schiess, Hermann Stirlin, Paul A. Thorin, die Sulzer zur Konferenz begleitet hatten. Vgl. Diplomatische Dokumente der Schweiz, Bd. 16, Nr. 26, S. 83–90, dodis.ch/1763. Edward Goodwin war ein guter Freund der Familie und hatte sich stets für diese eingesetzt. Hans Sulzer schrieb an Sohn Alfred: «Bitte sage ihm (Goodwin) immer wieder, wie unendlich dankbar wir ihm für alles sind, was er für uns getan hat; insbesondere auch in der fatalen Schwarze-Liste-Sache.» Hans Sulzer an Alfred Sulzer, 23. 2. 1944 (AfZ, NL Hans Sulzer, 54.5.).

151 Lili Sulzer an Georg Sulzer, 9. 11. 1944 (AfZ, NL Hans Sulzer, 54.4.).

152 Hans Sulzer an Alfred Sulzer, 12. 2. 1945 (AfZ, NL Hans Sulzer, 54.5.).

müssen wir
vor Glück, wieder einmal
so recht in der
Welt herumzusausen

Lili Sulzer an Georg Sulzer, 9. 11. 1944

Lili Sulzer-Weber – Partnerin auf Augenhöhe

EVA SCHUMACHER

EINE FRAU AUS WINTERTHUR IN DER GROSSEN WELT

Am 17. Juli 1917 war es so weit: Hans und Elisabeth – alle riefen sie «Lili» – Sulzer-Weber brachen mit den drei Söhnen Hans Rudolf, Georg und Alfred mitsamt dem Kindermädchen «Fräli» und der Privatsekretärin Margaretha Rebsamen nach Washington D. C. auf. Seit drei Jahren herrschte in Europa Krieg und man fürchtete, die Versorgung könne auch für die Schweiz knapp ▸ S. 113 werden. Dies veranlasste den Bundesrat, Hans Sulzer zum ausserordentlichen Gesandten und bevollmächtigten Minister der Schweiz in Washington zu berufen, um die Lebensmittel- und Rohstoffzufuhren für die Heimat zu sichern. Auf die grosse Mission – man wusste 1917 noch nicht, wie lange sie dauern würde – sollte ihn seine Familie begleiten.[1]

Hans Sulzer war bereits früh am Morgen des 17. Juli 1917 allein zu letzten Besprechungen in der Hauptstadt abgereist. Lili Sulzer kehrte derweil von der Abschiedsfeier am Bahnhof Winterthur für kurze Zeit in die Villa an der Winterhurer Trollstrasse zurück: «Dann setze ich mich noch einmal eine halbe Stunde ruhig auf den Fauteuil in meinem geliebten Wohnzimmer und denke über Vergangenheit und Zukunft nach, mehr aber über die Vergangenheit.»[2] Die Dreiunddreissigjährige telefonierte ein letztes Mal vor der Abfahrt mit ihren Verwandten in St. Moritz. Dort im Engadin hatte sie ihre Jugend verbracht. Erschöpft von den vielen Vorbereitungen, liess sie kurz vor dem Aufbruch die vergangenen Jahre Revue passieren.

Ihr längst verstorbener Vater, Johann Jakob Weber, Winterthurer Industrieller und Präsident der lokalen Sektion des Schweizer Alpenclubs (SAC) war einst ein begeisterter Berggänger. Ende Juli 1891 stürzte er beim Abstieg von der Bernina am Morteratschgletscher und verstarb in der Nacht auf den 1. August, den ersten Bundesfeiertag, an den Folgen des Unfalls.[3] Verarztet hatte ihn sein SAC-Kollege Oscar Bernhard, Chefarzt im Spital Samedan, Experte für «Erste Hilfeleistungen bei Verletzungen und plötzlichen Krankheitserscheinungen im Gebirge».[4] Offenbar fanden der Oberengadiner Mediziner und die frisch verwitwete Frau Elisabeth Weber-Imhoof in jener Zeit Gefallen aneinander.

Jedenfalls wurde 1893 geheiratet und die dreifache Mutter zog mit der neunjährigen Lili und deren zwei jüngeren Schwestern Leni und Ella ins Bündnerland. Oscar Bernhard wurde schnell zu «Papa». «Wie lange höre ich nun diese Stimmen nicht mehr. Ob ich diejenige der lieben Grossmama überhaupt noch einmal hören werde?», schrieb sie am Abreisetag 1917 in ihr Tagebuch.[5]

Die junge Frau war schon viel und weit gereist. Für ihren letzten Schliff vor einer Heirat hatte sie in Winterthur die Höhere Mädchenschule besucht und während dieser Zeit bei ihren Grosseltern mütterlicherseits in der Villa Blumenthal an der äusseren Tösstalstrasse[6] gewohnt. Zu ihrem Grossvater, dem berühmten Numismatiker Friedrich Imhoof-Blumer, pflegte die junge Lili ein inniges Verhältnis. Zur «Löffelschleife»[7] der heranwachsenden Frau gehörte ein Französischaufenthalt in Genf, und ein Englandjahr[8] rundete die Ausbildung vor der Verheiratung ab. Ihre guten Fremdsprachenkenntnisse sollten ihr ein paar Jahre später noch von grossem Nutzen sein.

Ihr Kunstverständnis erlangte Lili Weber en passant: Im Haus Bernhard-Imhoof im Engadin waren die Maler Giovanni Giacometti und Giovanni Segantini gern gesehene Gäste, die Wände waren geschmückt mit Gemälden von ihnen und auch von Ferdinand Hodler. Man war mit dem Sozialhygieniker Albert Neisser[9] und seiner Frau, der Philanthropin Toni Neisser-Kauffmann, aus Breslau eng befreundet. Das kinderlose Paar hatte eine bedeutende Kunstsammlung aufgebaut und sein Haus war ein kulturelles Zentrum der Stadt. Der Mediziner Neisser entdeckte 1879 den Erreger der Gonorrhö und erforschte weitere Geschlechtskrankheiten, darunter die Syphilis.[10]

Als Lili kurz nach der Jahrhundertwende als «Haustochter» in der Neisser-Villa weilte, lernte sie den Mathematiker und späteren Physiknobelpreisträger Max Born kennen. Damals wohl über beide Ohren in sie verliebt, ist von ihm überliefert, dass Lili fleissig geflirtet, aber auch gleich zu verstehen gegeben habe, dass sie nur einen reichen Mann zu ehelichen beabsichtige. Und hübsch müsse er sein.[11]

1906 heiratete Lili Weber einen Mann, wie sie ihn den erfolglosen Verehrern beschrieben hatte: den Industriellenerben und Juristen Hans Sulzer. Sein finanzielles Potenzial schien rosig und gut aussehend war er auch. Zweiundzwanzigjährig schloss sie mit ihm den Bund der Ehe, einen Bund, der auf gegenseitigem Respekt und Verständnis aufgebaut sein sollte. Die beiden hielten zusammen – bis zum Tod des Winterthurer Unternehmers und Diplomaten 1959.

So war es denn auch klar, dass Hans Sulzer im Krisenjahr 1917 von seiner Familie nach Washington begleitet wurde. Kurz vor Mittag des 17. Juli verliess also Lili Sulzer mit den drei kleinen Söhnen und dem Kindermädchen

Die noch unverheiratete Lili Weber während ihres Sprachaufenthalts in London, porträtiert von Martin Jacolette, Studios Queens Gate Hall, South Kensington, um 1904.

das Haus an der Trollstrasse. Am Bahnhof Winterthur versammelten sich ein zweites Mal an diesem Tag Angehörige, Freunde und Bekannte, die alle Abschied nehmen wollten. Eine Schar Schaulustiger bewunderte den reservierten Wagen. «In Baden sind Browns am Bahnhof mit herrlichen Rosen, mit den Buben fahre ich bis Bern.»[12] Dort traf sie ihren Mann und den jungen Ökonomen William Rappard, der zur Schweizer Delegation gehörte. «Es ist eine wundervolle Fahrt bis Genf durch das reiche sommerliche Land und ich bin ganz elektrisiert von der Freude, endlich wieder zu reisen.»[13] Die Reise war sorgfältig geplant worden, Europa war im Krieg und die Delegation wählte die Route über Frankreich zum Hafen von Cadiz in Spanien, wo sie einschiffen wollte. Wie ursprünglich vorgesehen über Deutschland anzureisen, wurde nach der Intervention der Amerikaner wieder verworfen, denn eine Nähe zu Deutschland sollte tunlichst vermieden werden.[14]

Weder die Sulzers noch William Rappard waren Berufsdiplomaten, und schon ab dem ersten Tag der Mission verliessen sie sich auch auf ihr privates und berufliches Netzwerk. So kehrte man zu einem Nachtessen bei William Rappards Eltern in Genf ein und begab sich von dort aus auf die nächste Etappe, festgehalten im Tagebuch Lili Sulzers:[15] «Um 9 Uhr fahren wir weiter bis Bellegarde, herrliche Abendstimmung. Dort werden wir von Zollschwierigkeiten verschont, wir sitzen nur lange wie Balkanflüchtlinge auf einer Bank und der arme müde Tidi[16] jammert immer: ‹De Schlafwage muess cho!› Zuletzt kommt er denn auch und die Buben sind selig über das Erlebnis.»[17]

Schon auf der mehrwöchigen Reise sollte es unzählige offizielle Anlässe geben, zu denen auch die Diplomatengattin eingeladen wurde. In Paris freute sie sich aber erst einmal, ihre Schwester Leni Herold-Weber endlich wiederzusehen, die mit ihrem Mann, dem aus Chur gebürtigen Bankier Werner Herold, in der französischen Hauptstadt lebte. Zusammen besuchten sie mit den Kindern den Jardin des Tuileries. Die Kleinen vergnügten sich auf Trottinetten, und Lili Sulzer musste aufpassen, dass die schweizerdeutschen Rufe der vergnügten Buben nicht auf offene Ablehnung stiessen.[18] Alles «Deutsche» versuchte sie bereits hier und später auch in Washington zu vermeiden. Denn die Deutschschweiz stand unter dem Verdacht der Deutschfreundlichkeit, was es unter allen Umständen zu widerlegen galt.

ÜBER PARIS ANS MEER

In Washington war die Ankunft des neuen Schweizer Ministers Jean Adolphe Sulzer mit Mme. Sulzer – man gab sich bewusst frankophil – und den Kindern schon längst angekündigt worden, und die diplomatische Society schien fast ebenso gespannt auf die junge Europäerin wie auf die offizielle Swiss Mission. Wo würde die Familie wohnen? Wie würde sich die Debütantin in der Capital City zurechtfinden? Fragen, die sich Lili Sulzer sicher auch stellte. Vorerst genoss sie es aber noch, wieder einmal aus der Schweiz, die ihr in den Kriegsjahren enger und enger erschien, herauszukommen und den Duft der weiten Welt in sich aufzusaugen. Endlich Paris: «Ich hätte am liebsten laut gejauchzt vor Freude; nachdem ich 3 Jahre lang nicht zur Schweiz herausgekommen war, fand ich diese Reise so überwältigend herrlich.»[19]

Hans Sulzer nutzte die vier Tage an der Seine für Besprechungen und einen gemeinsamen Sonntagsausflug nach Saint-Germain und Versailles, zusammen mit der Verwandtschaft seiner Frau, die in ihren Aufzeichnungen schwärmte: «Die Terrasse von St-Germain ist etwas vom herrlichsten, das ich je gesehen habe; wie muss es in früheren Zeiten gewesen sein, ich bekam eine solche Sehnsucht danach. Jetzt sind die Blumenbeete voll Bohnen und eine gewöhnliche Sonntagsmenge tummelt sich herum, mit Kinderwagen und Sandwiches und Zeitungspapier.»[20] Beschreibungen des Alltags und politische Einschätzungen, Notizen zu den Gesprächen mit ihrem Mann und die Anforderungen an ihn: Die Tagebucheinträge Lili Sulzers während der Reise vermitteln ein vielschichtiges Bild der diplomatischen Mission aus einer ungewohnten Perspektive. Sie selbst nahm verschiedene Rollen ein, als Mutter, als junge und neugierige Schweizerin auf Reisen durch das kriegsversehrte Europa und als Diplomatengattin. In Barcelona bei einem Nachtessen der Schweizerkolonie wurde ihr ihre neue Aufgabe zum ersten Mal wirklich bewusst: «Es waren ungefähr 50 Personen an schön dekorierten Tischen und es gab Reden von Hans, Gschwend, Rappard und verschiedenen anderen Barcelona-Schweizern. Ich kam mir ziemlich komisch vor, zum ersten Mal in offizieller Stellung.»[21]

Dem Ehepaar Sulzer war fraglos klar, dass zu den Repräsentationsaufgaben in den USA auch die Ausstattung der Residenz gehören würde. Da Lili Sulzer gelernt hatte, dass gehaltvolle Kunst immer als gutes *conversation piece* dient, wurde der Pariser Aufenthalt auch für einen Besuch bei Joseph Durand-Ruel genutzt, um die Ausstattung der Privaträumlichkeiten der Schweizer Legation vorzubereiten. Der Galerist bereitete in einem Brief Ende Juli seine New Yorker Dependance auf das Geschäft vor: «J'ai eu la visite du nouveau ministre de Suisse à Washington, M. H. Sulzer, accompagné de sa femme; ils sont partis pour l'Amérique par la voie espagnole. [...] Ils iront vous voir à New York; il faudra leur montrer tous nos tableaux.»[22]

Zehn Tage nach der Abreise aus Winterthur legte die Reisegesellschaft einen Zwischenhalt in Valencia ein, wo ein Teil der Gruppe einem Stierkampf beiwohnte: «Vor der Arena stiegen wir aus und betrachteten den Aufzug der Gäste. Man kam sich vor wie in einem Märchen.»[23] Allzu gerne hätte die abenteuerlustige Lili Sulzer mit den Legationsteilnehmern Wilhelm Stämpfli[24] und André Marcuard den Stierkampf besucht, «aber der ruhigere und überlegte Hans wollte nichts davon wissen».[25] Wie schon in früheren Ehejahren und auch in Zukunft begegnete die Frau des streng erzogenen Industriellen allem Unbekannten mit grösserer Offenheit. Ihr Erlebnishunger dürfte ihm manchmal etwas unheimlich erschienen sein, gleichzeitig war er davon stets fasziniert und konnte gerade während des diplomatischen Diensts erheblich davon profitieren.

Am 1. August 1917 stach die Gruppe in Cadiz in See: «Um 2 Uhr fuhren wir denn auch wirklich ab, ins grosse Ungewisse, wie es mir schien.»[26]

NOW IN AMERICA

Die Ankunft in den USA war ein Ereignis: Am 16. August 1917 berichteten alle wichtigen Zeitungen des Landes von der Ankunft der Schweizer Diplomaten auf dem Ozeandampfer «Manuel Calvo». Nach einem Empfang durch die Schweizer Kolonie in New York begaben sich die Sulzers direkt nach Washington, wo sie vorerst in einem Appartement im Shoreham Hotel abstiegen. Die Büros der Legation befanden sich in einem einfachen Backsteinreihenhaus am Hillyer Place. Was noch fehlte, war eine standesgemässe Unterkunft für das Ehepaar Sulzer mit den drei kleinen Söhnen. Deshalb mieteten sie sich Mitte September an der Diplomatenmeile in der 1915 Massachusetts Avenue in unmittelbarer Nähe des Dupont Circle ein. Sie wählten die stattliche, möblierte Villa mit Bedacht, galt es doch, nicht nur an Aufwartungen teilzunehmen, sondern auch selbst zu empfangen. Das Haus gehörte der noblen Südstaatlerfamilie von Richter William Bailey Lamar, die es den Neuankömmlingen gegen 9000 Dollar Jahresmiete[27] überliess. Für die nächsten zwei Jahre sollte es das Heim der Sulzer-Familie sein. Um die frankophile Ausrichtung zu betonen, hingen an den Wänden bald zwanzig französische Impressionisten der Galerie Durand-Ruel.[28] Lili Sulzer suchte die Gemälde wie in Paris abgemacht in New York aus und schon Anfang Oktober, noch vor dem ersten grossen Empfang, wurden sie angeliefert. Als Leihgabe, aber hier war man diskret.[29]
Zum Einstand des neuen Gesandten fand im New Yorker Swiss Club ein grosses Galadiner statt.[30] Am «Anlass zu Ehren Ihrer Exzellenz Dr. Hans Sulzer»[31] trug man die strahlend weissen Hemden mit Fliege und Frack. Das Bankett am 6. Oktober 1917 war eine reine Männerveranstaltung. Es wurden Huîtres de Cape Cod als Starter gereicht, gefolgt von einem Granite Rigi Kulm, um den Magen wieder freizumachen für das, was folgte: die gefüllten Täubchen als Hauptgang und eine Bombe Sempach zum Dessert.

Die Abwesenheit der Damen stand dabei im Widerspruch zu ihrer Bedeutung für das diplomatische Wirken. Sie übernahmen zahlreiche Aufgaben und ihre Arbeitsbelastung stand der ihrer Gatten in nichts nach, auch wenn sie anders geartet war. Die Frauen organisierten in der fremden Umgebung die grossen Haushalte, waren in der Kindererziehung meist auf sich gestellt und mussten sich daneben in Komitees engagieren, zum Tee einladen, Konversation führen und dabei immer lächelnd den diplomatischen Fettnäpfchen ausweichen, die in dieser streng getakteten Welt stets lauerten.

«Ambassadrice» Lili Sulzer war nun eine von ihnen und begeisterte von Beginn weg als «brilliant and vivacious European type».[32] Besonders bewundert wurde in Washington ihre Mehrsprachigkeit. Auch wenn ihr als Diplomatengattin formell keine aktive Rolle in der Aussenpolitik zukam, war sie durch eine klug gewählte Selbstinszenierung in kürzester Zeit unverzichtbarer Teil der Schweizer Charmeoffensive in den USA geworden.[33]

Bereits am Tag der Ankunft veröffentlichte der Washingtoner «Evening Standard» auf Seite 13 ein Gruppenbild mit Dame: Zwischen Walter Stämpfli und John Syz zur Rechten, Ehemann Hans, André Marcuard und William Rappard zur Linken stand mit Hut Lili Sulzer, an ihrer Hand der jüngste Sohn Alfred, flankiert von seinen beiden Brüdern Hans Rudolf und Georg. Schon nach wenigen Tagen war Minister Sulzers Gattin Mitglied der Hauptstadt-Society, auch wenn sie nach eigenen Aussagen zu Beginn noch etwas «nervous» gewesen sei. Ihr Name tauchte bald regelmässig auf den Gesellschaftsseiten der lokalen Presse auf, wo auch zu lesen stand, dass sie mit dem neuen Automobil die Nachbarschaft erkunde. Dass die beiden älteren Buben Anfang Herbst in Washington eingeschult wurden und schnell Englisch lernten, galt als weiterer Beweis dafür, wie gut und elegant sich Sulzers in Amerika eingelebt hatten.[34]

Die Aufgaben Lili Sulzers beschränkten sich aber nicht auf Damenteestunden, diplomatische Diners bei Aussenminister Robert Lansing und Ausfahrten mit der Locomobile-Limousine.[35] Sie wurde von der Legation auch geschickt in die Pressearbeit eingespannt, die der Direktor der Associated Press, Melville Stone, orchestrierte.[36] Mit grossem Fotoporträt veröffentlichte die «Washington Times» in der Sonntagsausgabe vom 2. September 1917 ein Gespräch mit der Journalistin Gertrude Stevenson, in dem sich die Diplomatengattin lobend über die US-Soldaten äusserte, die sie in Paris getroffen hatte. Dabei nutzte sie gleich auch die Gelegenheit, die Interniertenfrage in der Schweiz in den Society-Spalten zu lancieren. Diese war ein wichtiger Aspekt in der geplanten Verbesserung der Beziehungen zwischen der Schweiz und den USA.[37]

Einen weniger guten Eindruck hinterliess Frau Minister bei Hans Sulzers Privatsekretärin, die mitgereist war und sich ganz in der Nähe ihres Vorgesetzten in einem *boarding house* einquartiert hatte. Am 19. September 1917 berichtete Margaretha Rebsamen in einem Brief ihren Angehörigen in der

THE WASHINGTON TIMES: SUNDAY, SEPTEMBER 2, 1917.

MME. SULZER SAYS U. S. SOLDIERS ARE BASHFUL IN PARIS

By GERTRUDE STEVENSON.

Can you imagine an American soldier shy, bashful, and ill at ease?

Neither can I, but the wife of the new Swiss minister, Madame Hans Sulzer, lately arrived from Paris, assures me that the fine American troops she saw in the French capital are all that and more.

That the American soldier at home and the American soldier abroad are two different boys is the conclusion to be drawn from Madame Sulzer's observations in Paris and Washington. On his home ground the American boy asks odds of no one, but put him down suddenly in a foreign capital, 3,000 miles from home, his eyes bewildered by strange sights and his ears tormented with a strange tongue he cannot understand, and he reverts to that earlier age when as a small boy he had to endure the minister's call for tea.

"The most interesting thing in Paris at the moment," Madam Sulzer exclaimed, "is the American soldier. The English, the Russians—all were quite out of it when those fine, fresh, long-limbed boys of yours came ashore. Oh, how eager they looked; as though they could fight the world. And how the French opened their arms to them. It is an open secret that the French soldier already loves the American soldier as he does no other, not even the British Tommie, with whom he has been brother in arms for so long."

But They Are Shy.

Mrs. Sulzer, who is of the brilliant, vivacious European type, paused, smiled a bit mischievously, and added:

"But it didn't need even a woman's eye to see that those American boys are very shy, and if I'm not mistaken, very homesick in that city 3,000 miles away from the land they call home. They never go about alone. You always see them in groups—two or three taxi-loads traveling together."

Says U. S. Soldiers Are Bashful

MME. HANS SULZER.

Artikel über die neu angekommene Gesandtengattin Lili Sulzer in der Sonntagsausgabe der «Washington Times» vom 2. September 1917.

Schweiz: «Von Frau Dr. sind wir dagegen alle mehr oder weniger enttäuscht. Sie hat wirklich nur Sinn für sich und ihre Toilette, alles andere lässt sie kalt, sogar die Kinder sind Nebensache. Ich hatte sie mir anders vorgestellt. Nun – hier kann sie glänzen u. das versteht sie.»[38] Die Charmeoffensive verfing im diplomatischen Washington, weniger offenbar aber bei einigen Angestellten der Swiss Legation, die in ihr eine gutbürgerliche Schweizer Hausfrau und Mutter vermissten.

Lili Sulzer selbst hatte indes kein ungebrochenes Verhältnis zu ihrer Beliebtheit. So notierte sie am 6. Juni 1918 in ihr Tagebuch, dass Mrs. Saulsbury[39] sie bei einem Besuch mit heissen Küssen bedacht und ihr anvertraut habe, «dass sie mich alle hier so gern hätten ‹because you are so bright and so pretty›! Grad stolz bin ich nicht darauf!»[40] Bereits im Dezember 1917 hatte sie sich bei ihrem Grossvater darüber beklagt, und dieser liess seine Winterthurer Bekannte, die Künstlerin Sophie Schaeppi, wissen, dass die Begeisterung langsam abflache. «Il paraît que Lilly Sulzer se lasse de devoir toujours représenter à Washington, elle qui trouvait si amusant lorsque son mari est devenu ambassadeur Suisse et qu'elle se sentait un personnage haut placé!»,[41] hielt diese nach dem Gespräch in ihren Aufzeichnungen fest.

PATRONESSE IN DER INTERNIERTENFRAGE

Der Verleger Wilhelm Stämpfli hatte als Mitglied der Swiss Mission den Auftrag, den Umgang mit Internierten in der Schweiz in ein gutes Licht zu rücken und damit auch die neutrale Haltung der Schweiz zu betonen.[42] Lili Sulzer engagierte sich ebenso in dieser Frage und beriet sich mit einem Damenkomitee, «wie man die Interniertenfrage in der Schweiz anpacken soll».[43] Im Ausschuss dabei waren neben anderen Frauen aus dem diplomatischen Kreis auch Renée Tremblay-Ador, Tochter des Schweizer Aussenministers, verheiratet mit dem Bankier und Präsidenten des New York Swiss Club, Maurice Trembley. Ferner nahm Sarah Iselin-Gracie King aus den gleichnamigen New Yorker Bankiersfamilien an den Besprechungen teil. Offensichtlich funktionierte das Zusammenspiel mit den in den USA lebenden Schweizer Familien reibungslos, ein Netzwerk, das vornehmlich vom Swiss-Mission-Mitglied John Syz bearbeitet wurde.[44]

Die Frauen trafen sich zu mehreren Sitzungen mit dem Ziel, Veranstaltungen zu organisieren, an denen die Interniertenfürsorge der Schweiz positiv dargestellt werden sollte. Am 11. Dezember 1917 – Lili Sulzer weilte seit vier Tagen in New York zu Besuch – besprach sie sich bei Trembleys mit der Archäologin und Philanthropin Mabel Grouitch-Dunlop, einer gebürtigen Amerikanerin und Gattin des serbischen Gesandten in Bern. Diskutiert wurden die Vorbereitungen für den Anlass in der Carnegie Hall in New York, an dem Mable Grouitch vor grossem Publikum einen Vortrag mit Lichtbildern über den Empfang der Internierten in der Schweiz halten sollte. Die Veranstaltung, an der Hans Sulzer ebenfalls kurz auftrat, wurde rundum als Erfolg gewürdigt und mit einem Bazar sollte in der Folge für das humanitäre Engagement der Schweiz Werbung gemacht werden.[45]

▸ Die Gesandtenfamilie porträtiert von Bachrach Photographers, 1919.

Die Zusammenarbeit der Schweizerinnen und der Amerikanerinnen gestaltete sich ab und an auch schwierig. Mit Mabel Grouitch kam es zu Auseinandersetzungen, weil verschiedene kulturelle Vorstellungen aufeinanderprallten. Den Europäerinnen missfiel speziell das amerikanische «Tam-Tam».[46] Doch man raufte sich wieder zusammen und so war am 4. März 1918 im Washingtoner «Evening Standard» unter der Rubrik «Society» ein Hinweis zu finden, dass Mme. Hans Sulzer in der Schweizer Gesandtschaft vom 12. bis 14. März einen Verkauf mit kunsthandwerklichen Erzeugnissen abhalten werde. Die Schnitz- und Lederarbeiten hatten britische, französische und belgische Kriegsinternierte gefertigt. Mary Stovall-Ganahl, die Frau des amerikanischen Gesandten in Bern, präsidierte den Bazar, für den Lili Sulzer im Vorfeld «so viel Propaganda als nur möglich»[47] gemacht hatte. «Drei Tage lang wurde nun in meinem Haus verkauft und ich habe mich halbtot gelächelt und geschwatzt. Aber der Erfolg ist gross, 3500 $ und so vielen Leuten sind bei dieser Gelegenheit die Augen aufgegangen über die wahre Schweiz.»[48] Derweil verreiste Hans Sulzer für zwei Tage nach New York, um dem Rummel zu entgehen.

MME. HANS SULZER BETREIBT DIPLOMATIE

Weil Aussenwirtschaftspolitik nicht allein durch Verhandlungen der politischen Eliten und durch klassische diplomatische Kanäle betrieben wird, darf die Rolle Lili Sulzers nicht unterschätzt werden. Nicht nur, dass sie in der sorgfältig geplanten Pressearbeit viel Geschick an den Tag legte, sie hatte auch ein gutes Gespür für feine kulturelle Unterschiede. Davon zeugt beispielsweise, dass sie in der Schweizer Gesandtschaft bei festlichen Anlässen das Militärlied «Roulez, tambours!» einführte, «damit nicht nur deutsch gesungen wird».[49]

Das Leben als Diplomatengattin umfasste klar definierte Aufgaben. Während die Herren der Swiss Mission in Gentlemen's Clubs und auf Reisen Kontakte pflegten, besuchte Lili Sulzer die regelmässigen *at home days* der Damen aus der oberen Gesellschaft und Politik. Ihren Empfangstag an der Massachusetts Avenue legte sie auf den Freitag. Daneben richtete sie reihenweise Dinnerpartys und Teenachmittage aus. Unterstützt wurde sie vom Hauspersonal, mit dem es aber immer wieder zu Auseinandersetzungen kam. So verzweifelte sie mitunter an der Köchin, die eine andere Arbeitsauffassung gehabt habe. «Das Resultat meiner höchst freundlichen Ermahnungen war natürlich, dass sie sofort das Haus verliess. Jetzt sitzen wir wieder da!»[50] Die Arbeit in der Küche war ob der vielen Einladungen streng und Ende Februar

1918 liess sich die Angestellte nicht mehr halten. Bis Mitte März war man nun «köchinnenlos» und musste sich mit Aushilfen arrangieren.[51]

Mit einem Lächeln musste Lili Sulzer auch «zweifelhafte Komplimente» über sich ergehen lassen: «I love to talk to your husband and to look at you!»,[52] raunte ihr der amerikanische Diplomat Henry White beim Nachtessen zu, das die Sulzers für das befreundete französische Botschafterpaar Jusserand in der Schweizer Gesandtschaft im Mai 1918 gaben. Sie trug es mit Nonchalance. Alles in allem buchte sie das Galadiner im Tagebuch als sehr gelungenen Anlass ab, war zufrieden mit der ausgeklügelten Tischordnung und dass ihr Kleid «im griechischen Style gefiel».[53] Vor dem Essen wies sie am Telefon noch kurz eine Rotkreuz-Dame zurecht, die sich ihr gegenüber unverschämt benommen hatte,[54] um dann, ohne sich ihren Ärger anmerken zu lassen, die perfekte Gastgeberin zu spielen. Zur Rolle der Diplomatengattin gehörte auch, in Windeseile die Miene zu wechseln und ihre Sorgen nicht nach aussen zu tragen.

Ihrem Mann war sie in den Washingtoner Tagen eine wichtige Gesprächspartnerin und tauschte sich mit ihm aktiv über seine Arbeit und Verantwortung als Schweizer Minister aus. Dank ihrem politischen Interesse, gepaart mit der zunehmenden Erfahrung auf dem diplomatischen Parkett, vertrat sie Hans Sulzer auch an Diners, wenn dieser ob der grossen Arbeitsbelastung oder krankheitshalber verhindert war. Nach einem Nachtessen auf der französischen Botschaft, das sie ohne ihn bestreiten musste, notierte sie abends im Tagebuch: «Ich traf dort den neuen rumänischen Minister, Houstons, Lanes, Barcley, etc. Mit Houston unterhielt ich mich famos, nur mit Tardieu komme ich einfach nicht vom Fleck.»[55] Ganz offensichtlich genoss Lili Sulzer ihre selbständige Rolle und war stolz auf ihr geschicktes Auftreten. Im Familienalbum ist ein kleiner, undatierter Zeitungsausschnitt aus der Washingtoner Zeit eingeklebt, worin zu lesen steht, wie stolz man zu Hause im Engadin über ihre Fähigkeiten war: «Dr. Hans Sulzer in Washington ist freilich Winterthurer, aber dafür beanspruchen wir seine Gemahlin, Frau Lilli geb. Weber als Samadener Kind. Frau Lilli hat den grössten Teil ihrer ersten Jugend hier zugebracht und unsere Primar- und Sekundarschule als *treffliche Schülerin* durchlaufen. So wie wir sie kennen, wird sie jetzt als nicht minder treffliche Frau unseres Gesandten in der grossen amerikanischen Schwesternrepublik ihres Amtes walten.»[56]

Zwei Jahre nachdem sie Washington verlassen hatten, reiste Hans Sulzer wieder in die USA, dieses Mal ohne seine Frau, die von allen vermisst wurde: «Where have you left your charming wife?», sei der Refrain, berichtete er in einem Brief an Lili.[57] Die US-amerikanische Hauptstadt sei leer ohne sie, «es ist der Ort, wo unsere Lebenswege am meisten ineinanderflossen, trotz all

Lili und Hans Sulzer zusammen mit Fritz Oederlin auf einer Ausfahrt während ihrer Zeit in Washington, um 1918.

dem vielen Äusserlichen, das daran hing. [...] überall fehltest du mir, immer kamen mir jene schönen Frühlingsabende in Erinnerung, wo wir nach getaner Arbeit unsere Abendausfährtchen machten; es ist schön, es ist herrlich schön, aber es ist traurig schön.»[58]

LIEBER INTERESSANT ALS BEQUEM

In der Washingtoner Zeit schloss Lili Sulzer zahlreiche Freundschaften, die ein Leben lang halten sollten. Dazu gehörte die Bekanntschaft mit Fridtjof Nansen, der als norwegischer Sonderbotschafter in den USA darüber verhandelte, dass wichtige Versorgungsgüter ans neutrale Norwegen geliefert wurden. Er war fast zeitgleich mit Sulzers in Washington angekommen. Der Kontakt zum norwegischen Forscher und Friedensnobelpreisträger dauerte bis zu dessen Tod 1930. Begleitet wurde Nansen von seiner Tochter Liv Nansen Høyer, die sich später erinnerte, dass ihr und ihrem Vater die Schweizer

Gesandtschaft eine «zweite Heimat» wurde. Man lud sich gegenseitig zum Essen, unternahm zusammen Autospazierfahrten entlang des Potomac und durch den Rock Creek Park. Der Polarreisende machte Lili Sulzer den Hof und freute sich, «dass es irgendwo Kinder gab, mit denen er spielen konnte».[59]

Nach seiner Abreise im Frühling 1918 blieb Fridtjof Nansen mit Sulzers brieflich in Kontakt, und vor allem Lili Sulzer und er korrespondierten regelmässig. Er richtete während seines Einsatzes für die russische Hungerhilfe (1921–1923) verzweifelte Zeilen an sie und berichtete von seinen Kämpfen gegen die «coldhearted politicians»[60] und seinen Appell an den Völkerbund, der Sowjetunion Regierungskredite zu sprechen, um die grosse Hungersnot lindern zu können.[61] «Oh, how I have longed for you, how I have longed for a cut talk, for you to give me new courage in this cold world of politics, – and how I wished you could have been there, when I gave my last speech.»[62]

Der auch im Ruf eines Frauenhelds stehende Nansen mischte in seinen Briefen an Lili Sulzer politische Berichterstattung mit Schwärmereien und betonte stets den Wunsch nach vertrauten Gesprächen mit ihr. Er bat sie um ihre Meinung und schilderte ihr seine Verzweiflung über das Zögern der Politik. Diese Vertrautheit gab es in Washington auch zwischen dem Ehepaar Sulzer. Zwischenzeitlich nach Paris verreist, verfasste Hans Sulzer in einer einsamen Stunde im Juli 1918 bewegte Zeilen an seine Frau, die in den USA geblieben war: «Du bist so gut zu mir und hast mich so lieb. Und ich glaube, wir sind einander in diesem Jahre doch etwas näher gekommen, glaubst Du nicht auch, Liebe? Oh wenn das kommende es vermöchte, unsere Herzen vollends zusammenzustimmen, so wäre diese unter Tränen begonnene Mission unser und unserer lieben Buben Glück gewesen.»[63]

Später, zurück in Winterthur, vermisste Lili Sulzer ebendiese Intimität und wünschte sich, wieder eine echte Sparringpartnerin zu sein. Ihr Mann war erneut Tag und Nacht in die Firma und die Verbandsarbeit eingebunden, diskutierte seine Bedenken und Anliegen mit Berufskollegen, Politikern und Freunden in seinem Umfeld, reiste dauernd zwischen Winterthur und Bern hin und her. Da Hans Sulzer unentwegt arbeitete, habe ihm seine Privatsekretärin Margaretha Rebsamen fast nähergestanden. «Ich glaube, in all den Jahren haben Sie ihn [meinen Mann] eigentlich mehr gesehen als ich, u. verstanden haben Sie ihn auch immer in guten u. bösen Stunden»,[64] liess Lili Sulzer 1958 sie zu ihrem Fünfzig-Jahre-Dienstjubiläum wissen.

Die Industriellengattin kümmerte sich in der Schweiz um das für Gäste immer offene Haus, erzog die Kinder und hielt die weitverzweigte Verwandtschaft zusammen. In der Rolle der Mutter und Ehefrau, «in ihrer Güte, ihrer wunderbaren Hingabe, Sorge und Aufopferung»,[65] wie Hans Sulzer in einem frühen Vermächtnis formuliert hatte, fühlte sie sich indessen eingeschränkt. Um der Eintönigkeit zu entgehen, verschaffte sie sich kleine Fluchten aus dem strengen Winterthurer Korsett, suchte und pflegte den Kontakt zu Menschen wie Fridtjof Nansen und seiner Tochter Liv, die ihr andere Welten eröffneten und die Schweiz weniger eng erscheinen liessen.

Als Hans Sulzer von März bis Ende 1942 erneut auf einer längeren handelspolitischen Mission war – dieses Mal in England –, setzte seine Frau alles daran, ihn in London zu besuchen und so dem Schweizer Alltag zu entfliehen. Hans Sulzer erfasste in einem langen Brief an sie aus London wohl richtig, dass ihr bei seinen Schilderungen des gesellschaftlichen Lebens «manchmal etwas das Wasser im Mund» zusammenlaufen würde.[66] Vordergründig machte Lili Sulzer sich zwar Sorgen, wie der Haushalt in der Familienresidenz Oberes Alpgut ohne sie funktionieren sollte, erkundigte sich aber sogleich bei Noel Evelyn Norton, der Frau des britischen Gesandten in der Schweiz, wegen der «Toilettenfrage in London» für den herbeigesehnten Aufenthalt.[67] Und
▸ S. 134
tatsächlich reiste sie im Juni 1942 mit bundesrätlichem Zuspruch zu ihrem Mann. «Vu les incommodités du voyage et les risques que présente Londres, – à ne pas exagérer cependant, – j'ai quelque peine à vous conseiller de partir. Mais si votre cœur vous y décide, je ne pourrai que m'en féliciter. Je suis persuadé que votre compagnie rendra moins lourde à Monsieur Sulzer sa tâche si délicate et ne pourra que faciliter son action.»[68]

Der Aufenthalt dauerte, wie von Bundesrat Pilet-Golaz vermutet,[69] länger als erwartet, und um die Garderobe zu ergänzen, telegrafierte sie am 12. September nach Hause, dass Sohn Georg ihr doch bitte das kurze schwarze Paillettenkleid und die weisse Satinbluse senden solle.[70] In Grossbritannien war das Ehepaar wieder ein gut eingespieltes Duo, und auch wenn sie wählen könnte «zwischen bequemem und interessantem Leben», schrieb Lili Sulzer später, würde sie sich doch immer wieder für das zweite entscheiden.[71] Nach der Rückkehr nach Winterthur war das Eheleben bald wieder vom bekannten Ablauf geprägt: «Ich sehe auch jeden Tag mehr, wie viel schöner ich es mit Vater in London hatte, seit er wieder hier ist, erzählt er wie immer so wenig mehr und man muss alles ein wenig erraten, er ist ja auch furchtbar viel fort und daheim müde.»[72] Während viele ihrer Bekannten freiwillig in Vereinen arbeiteten oder wie ihre Schwägerin Jenny Brown-Sulzer ihr Interesse der Kunst widmeten, schien es fast, als würde ihr eine solche Lebensführung zu eintönig sein. Sie musste «Betrieb haben», wie sie das aus dem Engadiner Familienverband und von den Grosseltern Imhoof-Blumer kannte.

Lili Sulzer mit Fridtjof Nansen und seiner Tochter Liv (Mitte), um 1918.

SONNTAGSKIND ZWISCHEN FREIHEIT UND VERANTWORTUNG

Lili Weber bewegte sich schon in jungen Jahren mit grosser Selbstverständlichkeit in unterschiedlichen Gesellschaftskreisen. Der Student Max Born war im Haus Neisser nicht nur von ihrem Charme beeindruckt, er bewunderte auch ihre Nähe zum Bündner Patriziat und ihre Herkunft aus einer ungezwungenen Familie, umgeben von Kultur und Wissenschaft. Beinahe endete die Schwärmerei des Naturwissenschaftlers in einem Duell, denn auch ein anderer Jungspund hatte ein Auge auf die junge Frau aus der Schweiz geworfen. Im Breslauer Zirkel verkehrte das Brüderpaar Fritz und Erich Erler, zwei Kunstmaler und Protegés der Neissers. Sie waren oft wochenlang zu Gast, Fritz porträtierte Neissers und bemalte das Musikzimmer mit Fresken.[73] Wegen seiner ungestümen Leidenschaft für Lili Weber überwarf sich der jüngere der beiden «Pflegesöhne»,[74] Erich, aber mit seinen Mäzenen. «Das alles geschah durch einen Streit wegen eines Weibes (Lili), der zu einem Pistolenduell zwischen mir und einem Rivalen zu führen drohte. Sie war eigentlich meine erste grosse Liebe, nicht nur eine Wallung des Blutes, ich wollte das Äusserste für sie wagen. Das Mädchen hinderte den Zweikampf durch die Erklärung (unter Heulen): ‹Ich heirate euch alle Beide nicht, ich bin ja noch so jung.›»[75] In letzter Sekunde besannen sich die beiden Kampfhähne: Es mache ja keinen Sinn, auf den andern zu schiessen, wenn sie ohnehin leer ausgehen würden.

Offenbar war wenig später auch der junge Hans Sulzer von der selbstbewussten und weltoffenen ältesten Weber-Tochter, einem Sonntagskind, wie ihre Verwandten sie nannten, angetan. Und er hatte mehr Glück bei ihr, zu ihm sagte sie «Ja». Lili Sulzer und er wurden ein gut eingespieltes Paar. Mit niemandem sonst konnte er so «vertraulich & vernünftig reden»[76] wie mit ihr.

Mit zunehmendem Alter taten sich aber doch da und dort kleine Risse auf. Die zahlreichen Verwaltungsratsmandate, die Probleme mit der eigenen Firma, die Auslandsmissionen und die angeschlagene Gesundheit Hans Sulzers hinterliessen Spuren. Seine Frau machte sich Sorgen und beklagte sich bei ihren Söhnen, dass der Vater immerzu müde sei, zwischen Bern und Win-
▸ S. 22
terthur hin- und herrenne. Wenn er einmal Zeit habe, dann verbringe er diese nicht mit ihr, sondern gehe auf die Jagd. Zu seinem siebzigsten Geburtstag schenkte sie ihm dennoch eine Jagdhütte bei Ossingen, auch wenn sie fürchtete, dass er nun wohl nirgendwo anders mehr hingehen würde.[77] Früher hatte das Ehepaar immer begeistert zusammen Tennis gespielt, aber in der Anbauschlacht wurde der Court im Oberen Alpgut zu einem Acker umgepflügt und später nicht mehr wiederhergestellt. Bei der Freizeitgestaltung schlugen beide immer öfter getrennte Wege ein. Während Hans Sulzer nach St. Moritz, Montecatini und Baden-Baden zur Kur fuhr, organisierte sich Lili Sulzer zur Abwechslung einen Ausflug zu einer Prozession in Visperterminen, die sie «viel lustiger» fand, «als wochenlang mit langweiligen Leuten in einem Berghotel zu sitzen».[78]

Hans Sulzer entging die Unzufriedenheit seiner Frau über das behäbige Leben nicht, und er fürchtete, dass ihr die Langeweile aufs Gemüt schlagen könnte.[79] Er hatte aber gleichwohl seine Mühe damit, wenn sie sich während des Kriegs freiwillig beim Frauenhilfsdienst in der «Rotkreuzschürze» engagierte, aber sie konnte «es einfach nicht aushalten, in dieser grossen schweren Zeit daheim in Watte zu sitzen und Fleischpünktli zu zählen».[80] Der freiere Geist seiner Frau und ihre spontane Hilfsbereitschaft waren Hans Sulzer manchmal fremd, auch wenn er sie dafür bewunderte und sie «eine so viel grössere, edlere Auffassung vom Leben»[81] habe als er. Ganz der Tradition verpflichtet, unterstützte sie mittellose Menschen aus ihrem Umfeld, organisierte für Kinder aus Kriegsgebieten Ferienplätze und verteilte Weihnachtsbescherungen an ärmere Bekannte. Ein solches Engagement gehörte zwar

Hans und Lili Sulzer an der Feier ihrer Goldenen Hochzeit, 1956.

zum Pflichtenheft grossbürgerlicher Frauen, Lili Sulzer erfüllte diese Aufgaben aber mit besonderem Ehrgeiz. Mit ihrem Eifer eckte sie in ihrem Umfeld offenbar zuweilen auch an, und dass sie immer «die Erste und die Liebste» sein wollte, sei gerade für ihre jüngeren Geschwister nicht einfach gewesen.[82]

FAMILIENPOLITIK

Familie und Freundschaften waren in Lili Sulzers Welt eng verknüpft. Man heiratete in ihrem Umfeld auch regelmässig untereinander: Geschäftsbeziehungen, Freundschaft und Verwandtschaften waren schwer auseinanderzuhalten in der Winterthurer Oberschicht. Mit der Vermählung ihres Zweitgeborenen Georg mit Anne Elizabeth «Lilo» Schwarzenbach entstand 1943 eine neue Verbindung, die den frischgebackenen Ehemann etwas aus dem Lot brachte. Amüsiert schrieb Lili Sulzer an Dorette und Alfred Sulzer-Merian: «Es ist furchtbar lustig, dass Gög nun mit Reinharts verwandt ist, die ‹Tante Olga› würgt er nun so langsam heraus, aber am ‹Onkel Georg› ist er noch immer erstickt.»[83] Der Nachbar auf dem Lindberg und Freund der Familie, Georg Reinhart, war mit Lilos Tante Olga Schwarzenbach verheiratet, und der Wechsel vom gewohnten Sie zum verwandtschaftlichen Du kam dem 34-jährigen Sulzerspross offenbar nicht leicht über die Lippen.

Lili Sulzer pflegte die familiären und freundschaftlichen Bande sorgsam und brachte verschiedene Milieus scheinbar mühelos zusammen. Auch der frisch verlobte Hans Sulzer wurde schon schnell und unkompliziert in ihre Verwandtschaft aufgenommen – erleichtert dadurch, dass diese den jungen Industriellen bewunderte: «Hans war der Star bei Bernhards im Engadin», erinnert sich ihr Enkel Alfred R. Sulzer.[84] In den Bündner Bergen konnte Hans Sulzer sich entspannen, waren doch die Probleme bei der Neugestaltung der Firma weit weg. Auch Grossvater Imhoof-Blumer hielt viel vom Gatten seiner Lieblingsenkelin und empfahl ihn zwei Jahre nach der Eheschliessung als Quästor für den Kunstverein Winterthur.

Indirekte familiäre Bande zwischen Hans Sulzer und Lili Weber gab es bereits vor ihrer Bekanntschaft. Lucie Imhoof, die Schwester von Lilis Mutter, hatte 1884 Jakob Sulzer-Imhoof, einen Gründersohn, späteren Verwaltungsrat und Vizepräsidenten der Gebrüder Sulzer AG und Onkel zweiten Grades von Hans, geheiratet. Auch väterlicherseits gehörte die Familie zur Winterthurer Oberschicht. Lili Sulzers leiblicher Vater war der Sohn der Unternehmerpersönlichkeit Johann Jakob Weber sen. (1814–1901). Zusammen mit seinem Bruder Carl führte dieser die vom Vater gegründete Bleicherei und Färberei zur Schleife weiter, bekannt schliesslich als Bleicherei und Färberei Carl Weber zur Schleife. «Zugezogene» zwar, wie ihr Enkel Alfred R. Sulzer sagt, denn Johann Jakob Webers Vater war im thurgauischen Bischofszell geboren worden und kam über Frankreich und Deutschland nach Winterthur, wo er 1845 Fuss fasste. Die Familie Imhoof-Blumer, der mütterliche Zweig, stammte derweil aus Burgdorf und aus dem Glarnerland. Aus Sicht der Sulzers handelte es sich also um Repräsentanten des «neuen Winterthur», wobei beide Familien in der Industriestadt gut vernetzt waren und im kulturellen Leben tragende Rollen einnahmen.

Auch finanziell waren die Familien Weber und Imhoof gut gestellt. Die verwitwete Elisabeth Weber-Imhoof brachte bei ihrer zweiten Heirat mit Oscar Bernhard ein beachtliches Vermögen in die Ehe ein, das wohl der Grundstock

Besuch von Hans Sulzer bei Lilis Mutter Elisabeth Bernhard-Imhoof und Lilis Stiefvater Oscar Bernhard (Bildmitte) im Engadin, um 1930.

für den Bau der Familienvilla in St. Moritz war, der 1905 auf 225 000 Franken zu stehen kam.[85] Dank ihrer Herkunft verfügte Lili Sulzer ebenfalls über eigenes Geld, und bei der Vermählung wurde Gütertrennung vereinbart. Viele Jahre später liess sie sich von ihren Söhnen in Geldanlagen beraten und berichtete 1945 in einem Brief an ihren Jüngsten Alfred, dass sie ihre «Börsenräte alle befolgt» habe.[86]

SULZERSCHE SPARSAMKEIT – IM KRIEG ERST RECHT GEFRAGT

Im Ersten Weltkrieg wurde Hans Sulzer – er war jetzt Vorsitzender der Geschäftsleitung der Gebrüder Sulzer AG – in den Kavalleriedienst eingezogen. Mit der Generalmobilmachung im August 1914 schienen die sorglosen ersten Ehejahre vorüber. Hans Sulzer war an einem seiner Frau unbekannten Ort im Aktivdienst, und sie mit den kleinen Kindern allein zu Hause. Alle Frauen in der Schweiz wurden zu Sparsamkeit angehalten und aufgefordert

Vorräte anzulegen. In der unsicheren Lage machte sie sich Sorgen über die Familienausgaben. Wie jedes Jahr verbrachte sie die Sommerwochen im Bündnerland, nah bei ihrer Engadiner Verwandtschaft. Alle gaben sich Mühe, möglichst «kriegsgemäss»[87] zu leben und sich an den kleinen Dingen, wie frisches Obst, zu erfreuen.

Doch das Geld wurde knapp, und am 13. September 1914 schrieb die junge Lili Sulzer ihrem Mann aus dem St. Moritzer Hotel Westend, dass sie über die in Aussicht gestellte Geldsendung von ihm entzückt sei, berichtete ihm aber sogleich auch, wie sparsam sie und ihre Familie leben würden. Sie wende am Tag, trotz dem grossen Appetit der Kinder, im Schnitt 28 Franken auf; grössere Ausflüge mache man der Kosten wegen natürlich keine.[88] Doch sie hätte gerne seine Ansicht über etwas gehört, das ihr auf dem Herzen liege: Ihre Schwester Ella war schwanger und wollte nun mit ihrer kleinen Tochter zu ihrem Mann Max von Salis nach Neapel zurück. «So dachte ich denn wirklich daran, ob ich mich nicht dazu melden solle; das Haupthindernis ist natürlich die teure Reise, während die Buben hier bei Mama sehr gut aufgehoben wären. Es würde sich also um ein Retourbillet II. Classe handeln, da Ella sagt, dass man in Italien jetzt sehr gut so fahren könne.»[89] Auf die Reise nach Italien freute sie sich vergeblich, hatte aber bereits alles haushälterisch geplant, die kostenlosen Übernachtungsmöglichkeiten bei Bekannten waren schon organisiert. Hans Sulzer schlug ihr den Wunsch aus, und sie antwortete ihm sichtlich enttäuscht, dass «jedermann aber begreift, dass du es nicht gern hast, wenn ich mitginge».[90] Die Kostenfrage spielte dabei wohl eine untergeordnete Rolle, vielmehr war die Absage dem eher vorsichtigen Wesen Hans Sulzers zuzuschreiben, der nicht dieselbe Abenteuerlust wie seine Frau entwickelte. Drei Jahre später erst konnte Lili Sulzer im Juli 1917 die Schweizer Grenze wieder überqueren: für die Mission in Washington.

FRAU HAUSHALTSMINISTER IN WINTERTHUR

Nach der Rückkehr aus den USA bezog die Familie Sulzer im Januar 1920 das
▸ S. 24
während ihrer Abwesenheit neu gebaute Obere Alpgut. Die vom Winterthurer Architekten Lebrecht Völki entworfene Villa mit grosser Gartenanlage, Tennisplatz und Nebengebäuden lag Hans Sulzer am Herzen, auch wenn der Unterhalt eine Summe Geld verschlang und er alles «nur in der Nacht» sah.[91] Das Haus in Winterthur war Ort vieler Soireen und mangels eines entsprechenden Hotels in der Stadt auch standesgemässe Unterkunft internationaler Gäste. In Washington hatten sich die Sulzers daran gewöhnt, in einer reprä-

sentativen Residenz zu wohnen und gesellschaftlichen Verpflichtungen nachzukommen. Lili Sulzer, die sich in der amerikanischen Hauptstadt so gewandt bewegt hatte, als hätte sie bereits jahrelange Erfahrung in der diplomatischen Welt, rettete einen Teil dieser Lebensführung in die Schweiz hinüber. Sie etablierte auch hier einen gehobenen Haushalt, umgeben von ihren Söhnen, Schwiegertöchtern und später von den Enkeln. Geschickt jonglierte sie zwischen familiären Anlässen und geschäftlichen Treffen unter ihrem Dach. Nach dem Zweiten Weltkrieg wurde der Winterthurer Haushalt zum Treffpunkt vieler Bekannter und Freunde aus den USA und England, denen sie vom jagdbegeisterten Gatten geschossenes Wild servierte. Das Rehfleisch verleide ihr zwar, meinte sie, aber den Gästen munde es und sie sei ihre «Fleischsorgen» los.[92]

Ihre Schwiegertöchter nahm sie, wenn auch streng, liebevoll unter ihre Fittiche.[93] Niemand wagte es, ihre Autorität zu Hause infrage zu stellen. So wartete der mittlere der drei Söhne, Georg, auf die Rückkehr seiner Eltern aus London, bevor er sich an Weihnachten 1942 mit Lilo Schwarzenbach verlobte: «Eher altmodisch, nicht? Er behauptete, es habe ihm grossen Eindruck gemacht, als ich einmal kategorisch erklärte, ich wolle dann nicht auf einmal eine Schwiegertochter im Salon antreffen», rapportierte sie ihrem Jüngsten Alfred und seiner Frau Dorette in einem Brief nach New York.[94] Nach der Heirat am 2. Februar 1943 zog das junge Paar Sulzer-Schwarzenbach zunächst zu den Eltern ins «Güetli»; ein Haus hatte man den Eheleuten zwar schon gekauft, aber nach dem Umbau sollte es erst im April bezugsbereit sein. Auch wenn sie dem Leben mit der neuen Schwiegertochter unter einem Dach nicht nur freudig entgegenblickte, war Lili Sulzer eben doch froh, wenigstens einen ihrer Söhne um sich zu haben. Als Georg und Lilo Sulzer-Schwarzenbach im Frühsommer schliesslich auszogen, sass das alternde Ehepaar allein im Wohnzimmer: «[...] plötzlich nahm er so lieb meine Hand, und sagte, ‹so nun sind wir eben wieder allein wie am Anfang›. Natürlich fing ich neu an zu schluchzen und Vater hatte auch die Augen voller Tränen, was ja bei ihm nicht sehr oft vorkommt.»[95] Der Haushalt mit den vielen Angestellten und Gästen war zwar auch eine Belastung, aber die Ruhe im Haus wirkte auf die beiden fast noch unerträglicher. Dennoch sollte Lili Sulzer nach dem Tod ihres Mannes nicht aus dem Oberen Alpgut ausziehen, auch wenn sie ihm gegenüber äusserte, sie träume von einem übersichtlichen kleineren Appartement in Zürich.[96] Hier in der Villa war seine bibliophile Sammlung in der Bibliothek übersichtlich geordnet, hier stand sein Flügel und hier empfing sie auch als Witwe die Familienangehörigen und Bekannte aus ihrem zeitlebens sorgfältig gepflegten Netzwerk bis zu ihrem Tod am 31. Mai 1964.

DER VIEL GEREISTE NESTHOCKER UND DIE GLOBETROTTERIN

Lili Sulzers Reisefieber ist im Familiennarrativ, in Briefen und im Washingtoner Tagebuch ein stetig wiederkehrendes Thema. Ihrem Drang, die Welt zu entdecken, kam entgegen, dass die Familie und ihr Bekanntenkreis über den ganzen Globus verstreut lebten. Ihr Mann war zwar berufsbedingt viel auf Reisen, doch das häusliche Leben in Winterthur schien ihm lieber. Mit zunehmendem Alter machte er sich deshalb Sorgen, ob sich hier nicht ein Gegensatz auftue. Seinem Sohn Alfred gegenüber äusserte er seine Bedenken: «Aber wie Du weisst, ist die Mutter stets reiselustig und ich habe etwas Angst, dass meine mit dem Alter zunehmende Nesthocker-Tendenz bald etwas in fatalen Konflikt mit Mutter's Globetrotter-Lust gerät.»[97]

Die Besuche bei den im Ausland weilenden Söhnen waren für Lili Sulzer immer eine willkommene Abwechslung zum häuslichen Leben in der Schweiz und wann immer möglich begleitete sie ihren Mann auf Geschäftsreisen ins Ausland. Seit der Washingtoner Mission sehnte sie sich nach den USA. «Wenn ich nur wieder dort wäre»,[98] sei eines ihrer Bonmots gewesen.

Die beiden Söhne Hans Rudolf – der ganz amerikanisch schon als Bub John genannt wurde – und Alfred waren seit 1941 in den USA unter Vertrag, nur Georg, der später die Firma Sulzer leiten sollte, lebte in der Schweiz. Nach einem müsse sie halt immer Heimweh haben, schrieb ihm die Mutter, die ihre Kinder nur allzu gerne wieder einmal alle beisammen gesehen hätte.[99]
► S. 141 Die Geburt des ältesten Sohnes von Alfred und Dorette Sulzer-Merian fiel zeitlich zusammen mit einer Geschäftsreise der Sulzers in die USA und so konnte die Grossmama auch gleich ihren neuen Enkel in New York in die Arme schliessen. Sie freute sich auf die ihr eigene, direkte Art über den Nachwuchs, den sie liebevoll und scherzhaft «Hänsli» nannte: «Grad so furchtbar schön ist er auch nicht gerade, er hat viele schwarze Haare und eine grosse Nase und scheint ein Philosoph zu sein.»[100] Hochbeglückt war sie fast genauso über ihre Reiseerlebnisse und den Empfang in den USA: «Ich habe in diesen Tagen grad ein paar Jahre Alpgut erlebt! [...] Im Grund habe ich ja doch eine Zigeunernatur, sie wird nur meistens in der biederen Umgebung unterdrückt!»[101]

1943 war geplant, dass Hans Sulzer nochmals nach London reiste. Seine Frau fürchtete sich etwas davor, ihn nicht begleiten zu können und als Schwiegermutter mit Lilo allein im Haus zu sein. Ihre Reisen seien auch gut für ihr Gemüt, meinte sie, und sie habe «vor lauter Herumreisen schon weniger Zeit zum melancholisch sein».[102] In der Schweiz war Lili Sulzers Alltag hauptsächlich davon geprägt, ein repräsentatives Haus und Leben zu führen, eine Heiratsaussteuer für Sohn Georg zu besorgen – «die Punktschinderei

Teezeremonie in Kyoto (Japan) mit Lili und Hans Sulzer sowie Schwiegertochter Dorette und Sohn Alfred, 1951.

mit der Aussteuer ist natürlich ungeheuer»[103] – und die geliebten Enkel zu betreuen. All diese Aufgaben erfüllte sie mit grossem Verantwortungsbewusstsein, bestrebt, es allen recht zu machen. Zufrieden war sie mit diesem Leben aber nur bedingt. «Ich muss immer sitzen bleiben», beklagte sie sich.[104]

TEMPORÄRE PARALLELWELTEN

Neben der Fürsorglichkeit und der Hingabe für die Familie führte Lili Sulzer ein eigenständiges Leben, verreiste, so es die Weltlage zuliess, auf eigene Faust und widmete sich mit Freude den Freundschaften mit bekannten Forschern. Die Faszination für Wissenschaftler, Sammler und Abenteurer hatte bei ihr Familientradition. Ihr Grossvater, Friedrich Imhoof-Blumer, der weit gereiste Numismatiker und Autodidakt, war ihr ein «Halbgott».[105] Und auch ihrem Stiefvater, dem Arzt und Mitbegründer der Heliotherapie Oscar Bernhard, der die grosse Münzensammlung von Lili Sulzers Grossvater geerbt hat, stand sie sehr nah. In der Reihe berühmter Gelehrter aus Lili Sulzers Umfeld findet sich auch Reinhard Dohrn, der Leiter der Zoologischen Station in Neapel. Dessen Vater, Anton Dohrn, hatte die meeresbiologische Forschungsanstalt unter

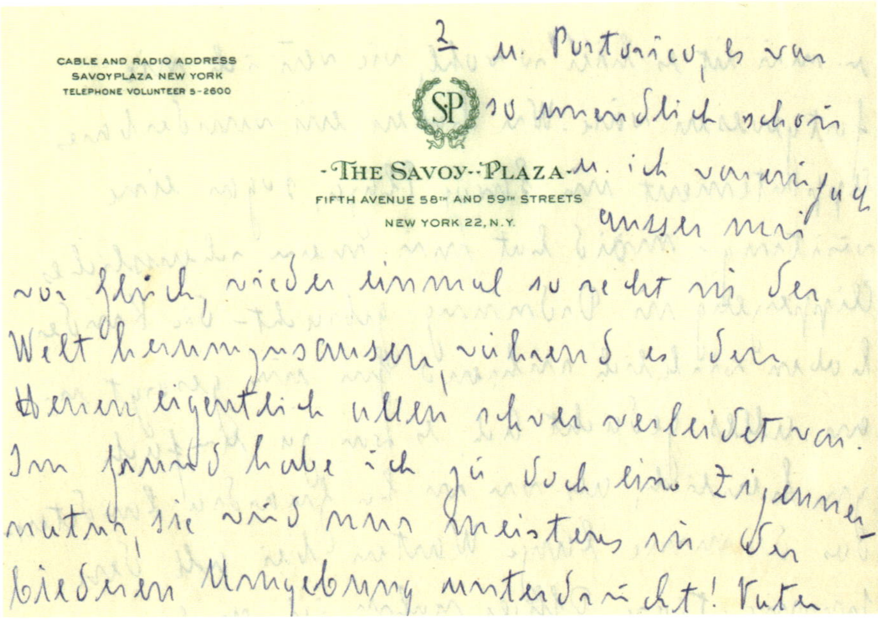
CABLE AND RADIO ADDRESS
SAVOYPLAZA NEW YORK
TELEPHONE VOLUNTEER 5-2600

SP

THE SAVOY-PLAZA
FIFTH AVENUE 58TH AND 59TH STREETS
NEW YORK 22, N.Y.

2 u. Portorico, es war so wunderlich schön u. ich [illegible] ausser mir vor Glück, wieder einmal so recht in der Welt herumzusausen, während es den Herren eigentlich allen schwer verleidet war. Im Grund habe ich ja doch eine Zigeunernatur, sie wird nur meistens in der biederen Umgebung unterdrückt! Vater

«Im Grund habe ich ja doch eine Zigeunernatur, sie wird nur meistens in der biederen Umgebung unterdrückt!»: Brief von Lili Sulzer an Georg Sulzer auf Briefpapier des Hotels Savoy-Plaza, New York, vom 9. November 1944.

anderem mit Unterstützung Charles Darwins und Rudolf Virchows gegründet. Die berühmtesten Zoologen waren dort versammelt, darunter eben auch Nansen, der 1886 drei Monate auf der «Stazione» gearbeitet hatte und später mit Dohrns Sohn befreundet blieb.[106]

Als die deutsch-russische Familie Dohrn beim Kriegseintritt Italiens 1915 in die Schweiz emigrieren musste, setzten sich Sulzers für die Familie ein und blieben mit ihr auch nach deren Rückkehr 1921 nach Italien verbunden.[107] Lili Sulzer war die Patin der Tochter Antonietta[108] und reiste gerne in die auf Ischia gelegene dohrnsche Villa – auch mit ihren Söhnen –, während Hans Sulzer seine Kuraufenthalte absolvierte. In Neapel erlebte Lili Sulzer eine Atmosphäre, die sie an das grosselterliche Blumenthal, das Haus der Neissers in Breslau und die Villa Bernhard in St. Moritz erinnerte. Hier traf sie Künstlerinnen, Intellektuelle und Forschende in einem ungezwungenen Ambiente, das so ganz anders war als die strenge und disziplinierte Industriewelt der Sulzers in Winterthur. Die Begabung, sich in unterschiedlichen Milieus scheinbar mühelos zu bewegen, ihr Interesse und ihr Wissensdrang machten es Lili Sulzer bereits während der Washingtoner Mission leicht, sich auf dem diplomatischen Parkett zu bewegen, auf Pferderücken durch den Sequoia-Nationalpark zu reiten[109] oder, ein Vierteljahrhundert später auf einer Flugbootreise von Lissabon nach New York mit der legendären Boeing 314 Clipper, in Brasilien in einem Krankenhaus zu nächtigen: «[...] in Natal blieben wir 2 1/2 Tage sitzen, und da das Hotel dort so entsetzlich schlecht ist, brachte man uns als ‹distinguished guests› im Spital unter bei den Nonnen! Es war sehr primitiv auch dort, aber ich liebe eben diese Sachen, im Grand Hotel kann ich ja immer wohnen.»[110]

In ihren Briefen und Tagebüchern begegnet uns eine Frau, die mit offenen Augen und grosser Faszination für Unbekanntes durchs Leben ging, eine Frau, die sich für das Weltgeschehen und das richtige Tenue in allen Lebenslagen interessierte und trotz ihrer Vorliebe für Luxus auch erstaunlich klaglos auf Komfort verzichten konnte – sofern der Verzicht temporär war oder selbstgewählt.

Ihr trockener Humor ging auch nicht verloren, als sie einmal in der Weihnachtszeit das Krankenbett hüten musste: «Ein paar Mal war ich entsetzlich müde, aber jetzt geht es mir besser u. ‹sie› sagen, ich sehe ‹schön u. jung aus›! Vielleicht muss ich es von jetzt an machen wie Dodo Jaeger u. überhaupt nur im Bett bleiben!!»[111]

Am 10. August 1954 feierte Lili Sulzer ihren Siebzigsten. «Ich glaube sagen zu können, dass ich mir immer Mühe gegeben habe. Aber wie Vieles ist unvollkommen geblieben, oder ich habe es auch richtig falsch gemacht»,[112] blickte sie in ihrer Ansprache selbstkritisch zurück. Ihr scheine, die grösste Aufgabe liege noch vor ihr, «nämlich, wenn irgend möglich, mit Philosophie, lächelndem Verzicht und einiger Grazie alt zu werden».[113] Und wenn sie am Ende ihrer Rede auf das Volkslied «Freut euch des Lebens»[114] anspielte, meinte sie, dass nicht nur die Rosen im Garten des Alpguts gepflückt werden sollten, «auch herrliche andere Blumen in nahen und fernen Ländern».[115]

Anmerkungen

1 Lili Sulzer-Weber führte ein USA-Tagebuch, das mit dem Tag der Abreise am 17. 7. 1917 beginnt. Die Aufzeichnungen während der Schweizer Mission erstrecken sich in drei Teilen bis in den Sommer 1919 (AfZ, NL Hans Sulzer, 6.1.).

2 «Ich lasse doch manches hier zurück, und in diesem Haus werde ich nie mehr wohnen. Und all die guten Freunde!» Tagebucheintrag Lili Sulzer, 17. 7. 1917 (AfZ, NL Hans Sulzer, 6.1.).

3 Vgl. Herold-Weber, Ida: Aus meinem Leben – Erinnerungen für meine Kinder und Enkel, S. 86. Der Band befindet sich in Privatbesitz von Marianne Herold, Zürich.

4 https://geschichte.redcross.ch/ereignisse/ereignis/oskar-bernhard-ein-pionier-des-alpinen-rettungswesens.html, 26. 9. 2022.

5 Tagebucheintrag Lili Sulzer, 17. 7. 1917 (AfZ, NL Hans Sulzer, 6.1.).

6 Zur Villa Blumenthal vgl. Waser, Otto: Dr. Friedrich Imhoof-Blumer zum achtzigsten Geburtstag (11. 5. 1918*), in: Die Schweiz, illustrierte Monatsschrift 22 (1918), S. 217–220.

7 Album «Hans und Lili Sulzer – Goldene Hochzeit – 17. Februar 1956» (AfZ, NL Hans Sulzer, 55.1.2.).

8 Ebd. Information auch von Alfred R. Sulzer, Gespräch am 26. 12. 2021.

9 www.deutsche-biographie.de/gnd118738380.html#ndbcontent, 13. 9. 2022.

10 Ebd. Für seine Menschenversuche – er infizierte zehn Frauen, darunter auch ein kleines Mädchen, mit zellenfreiem Blutserum von Syphilispatienten – wurde er im Jahr 1900 verurteilt.

11 Born, Max: Mein Leben. Die Erinnerungen des Nobelpreisträgers, München 1975, S. 114.

12 Tagebucheintrag Lili Sulzer, 17. 7. 1917 (AfZ, NL Hans Sulzer, 6.1.).

13 Ebd.

14 Weber, Florian: Die amerikanische Verheissung. Schweizer Aussenpolitik im Wirtschaftskrieg 1917/18, Zürich 2016, S. 73 f.

15 Alfred Sulzer liess das Tagebuch seiner Mutter von seiner Sekretärin Evelyne Haccius 1965 transkribieren, und Hans Sulzers ehemalige Privatsekretärin Margaretha Rebsamen und ihre Kollegin Frl. Näf haben die Niederschrift korrigiert und ergänzt, vielleicht etwas sehr «verkorrigiert», wie Margaretha Rebsamen in einem Brief an Alfred Sulzer vermerkt. Rebsamen hat Sulzers nach Washington begleitet, die Überarbeitung sei ihr ein Vergnügen gewesen und habe viele Erinnerungen wachgerufen. Begleitschreiben an Alfred Sulzer, 20. 10. 1965 (AfZ, NL Hans Sulzer, 6.1.).

16 «Tidi» wurde der jüngste Sohn Alfred Sulzer genannt.

17 Tagebucheintrag Lili Sulzer, 17. 7. 1917 (AfZ, NL Hans Sulzer, 6.1.).

18 Tagebucheintrag Lili Sulzer, 19.–24. 7. 1917 (AfZ, NL Hans Sulzer, 6.1.).

19 Tagebucheintrag Lili Sulzer, 24. 7. 1917 (AfZ, NL Hans Sulzer, 6.1.).

20 Tagebucheintrag Lili Sulzer, 19.–24. 7. 1917 (AfZ, NL Hans Sulzer, 6.1.).

21 Tagebucheintrag Lili Sulzer, 24. 7. 1917 (AfZ, NL Hans Sulzer, 6.1.).

22 Joseph Durand-Ruel, Paris, 28. 7. 1917, Transkript, 2021 zur Verfügung gestellt von Lukas Gloor (AfZ, NL Hans Sulzer, 54.10.).

23 Tagebucheintrag Lili Sulzer, 27. 7. 1917 (AfZ, NL Hans Sulzer, 6.1.).

24 Der dritte Teilnehmer der Swiss Mission war der Jurist und Verleger Wilhelm Stämpfli. Zusammen mit seinem Bruder führte er die traditionsreiche Berner Buchdruckerei Stämpfli und leitete deren Ausbau zum Verlagshaus. Als Oberstleutnant wurde er 1916 zum Präsidenten der Zentralkommission für die Interniertenbeschäftigung ernannt. In dieser Funktion kümmerte er sich um die Beschäftigung der internierten Kriegsgefangenen in der Schweiz. Dank seiner Ehe mit einer Amerikanerin und verschiedenen Aufenthalten in den USA kannte er das Land aus eigener Erfahrung.

25 Tagebucheintrag Lili Sulzer, 27. 7. 1917 (AfZ, NL Hans Sulzer, 6.1.).

26 Tagebucheintrag Lili Sulzer, 1. 8. 1917 (AfZ, NL Hans Sulzer, 6.1.).

27 Vgl. The Washington Times, 4. 3. 1920, S. 2.

28 «Mme. Sulzer called and asked about pictures for her house in Washington and I went to Washington on the night train returning the next night. She has a very fine house and will entertain a good deal. I measured the spaces and have sent her twenty pictures, which she saw here at our galleries, and she especially likes a Sisley which she may buy also a Monet, ‹Palais Ducal›.» Holston, New Yorker Galeriedirektor, an Durand-Ruel, Paris, 26. 10. 1917, Transkript, 2021 zur Verfügung gestellt von Alfred R. Sulzer (AfZ, NL Hans Sulzer, 54.10). Unser Dank geht an Lukas Gloor, der 2021 zu den geliehenen französischen Bildern in der Washingtoner Residenz recherchiert und einen unveröffentlichten Beitrag dazu verfasst hat.

29 Im Haus hingen auch Werbebilder für die Schweiz: «According to friends of Judge Lamar, the outraged feeling experienced by Minister Sulzer were nothing compared to the Judge's when he learned, that the Swiss diplomat, while a tenant in his residence here, had removed the portraits of the ancestral Lamars and in their places hung pictures of the Jungfrau and other places of interest in Switzerland.» The Washington Times, 4. 3. 1920, S. 2.

30 Vgl. Weber (2016, wie Anm. 14), S. 84 und Foto S. 85 (AfZ, NL Hans Sulzer, 30.10.).

31 Vgl. Speisekarte (AfZ, NL Hans Sulzer, 53.2.1.).
32 The Washington Times, 2. 9. 1917.
33 Vgl. Weber, Florian: Wirtschaftsdiplomatie im Totalen Krieg. Die Swiss Mission in den USA 1917, in: Jahrbuch für Wirtschaftsgeschichte 56/2 (2015), S. 569.
34 Vgl. The Sunday Star, Washington D. C., 28. 10. 1917.
35 www.prewarcar.de/288998-locomobile-model-38-limousine-1917, 3. 7. 2022.
36 Vgl. Weber (2016, wie Anm. 14), S. 81.
37 Vgl. Weber (2015, wie Anm. 33).
38 AfZ, NL Margaretha Rebsamen, 2.
39 Bei Mrs. Saulsbury handelt es sich wahrscheinlich um May Lammot du Pont Saulsbury, die mit dem demokratischen Senator Willard Saulsbury Jr. verheiratet war. https://en.wikipedia.org/wiki/Willard_Saulsbury_Jr., 4. 2. 2022.
40 Tagebucheintrag Lili Sulzer, 6. 6. 1918 (AfZ, NL Hans Sulzer, 6.1.).
41 Tagebucheintrag Sophie Schaeppi, 27. 12. 1917. Abschrift zur Verfügung gestellt von François Guex, Bern. Eine auszugsweise Übersetzung der Tagebücher von Sophie Schaeppi wird von Nachfahren bearbeitet und in der Reihe «Neujahrsblätter der Stadtbibliothek Winterthur» erscheinen.
42 Vgl. Weber (2016, wie Anm. 14), S. 87.
43 Tagebucheintrag Lili Sulzer, 11. 12. 1917 (AfZ, NL Hans Sulzer, 6.1).
44 Vgl. Weber (2016, wie Anm. 14), S. 83.
45 Tagebucheintrag Lili Sulzer, 12. 1. 1918 (AfZ, NL Hans Sulzer, 6.1.).
46 Tagebucheintrag Lili Sulzer, 23. 2. 1918 (AfZ, NL Hans Sulzer, 6.1.).
47 Tagebucheintrag Lili Sulzer, 9. 3. 1918 (AfZ, NL Hans Sulzer, 6.1.).
48 Tagebucheintrag Lili Sulzer, 14. 3. 1918 (AfZ, NL Hans Sulzer, 6.1.).
49 Tagebucheintrag Lili Sulzer, 2. 5. 1918 (AfZ, NL Hans Sulzer, 6.1.). Die «Fräuleins der Legation» stimmten es zum Beispiel zum grossen Fest für die Stauffacherin am 2. 5. 1918 im mit Schweizer Fahnen dekorierten Haus der Sulzers an.
50 Tagebucheintrag Lili Sulzer, 26. 2. 1918 (AfZ, NL Hans Sulzer, 6.1.).
51 Tagebucheintrag Lili Sulzer, 4. 3. 1918 (AfZ, NL Hans Sulzer, 6.1.).
52 Tagebucheintrag Lili Sulzer, 22. 5. 1918 (AfZ, NL Hans Sulzer, 6.1.).
53 Ebd.
54 Ebd.
55 Tagebucheintrag Lili Sulzer, 5. 2. 1918 (AfZ, NL Hans Sulzer, 6.1.).
56 Engadiner Post, 1. 1. 1918, Zeitungsausschnitt, im Familienfotoalbum eingeklebt (AfZ, NL Hans Sulzer, 55.1.1.) (Hervorhebung im Original).
57 Hans Sulzer an Lili Sulzer, 26. 4. 1922 (AfZ, NL Hans Sulzer, 54.1.).
58 Ebd.
59 Nansen-Høyer, Liv: Mein Vater Fridtjof Nansen. Forscher und Menschenfreund, Wiesbaden 1957, S. 212.
60 Nansen, Fridtjof: Brev, Bd. IV: 1919–1925, Oslo 1966, S. 68.
61 Vgl. Appell an das Gewissen – Fridtjof Nansen und die Russische Hungerhilfe 1921–23, Daniel R. Maul, www.europa.clio-online.de/essay/id/fdae-1554, 3. 1. 2022.
62 Nansen (1966, wie Anm. 61), S. 69.
63 Hans Sulzer aus Paris an Lili Sulzer in Washington, 7. 7. 1918 (AfZ, NL Hans Sulzer, 54.1.).
64 Lili Sulzer an Margaretha Rebsamen, 30. 8. 1958 (AfZ, NL Margaretha Rebsamen, 4).
65 Letztwillige Verfügung vom 12. 3. 1942 (AfZ, NL Hans Sulzer, 52.5.).
66 Hans Sulzer an Lili Sulzer, 26. 4. 1942 (AfZ, NL Hans Sulzer, 54.3.).
67 Lili Sulzer an Hans Sulzer, 26. 5. 1942 (AfZ, NL Hans Sulzer, 54.3.).
68 Bundesrat Marcel Pilet-Golaz an Lili Sulzer, 1. 6. 1942 (AfZ, NL Hans Sulzer, 54.8.).
69 Ebd.
70 Telegramm Lili Sulzer an Georg Sulzer, 12. 9. 1942 (AfZ, NL Hans Sulzer, 54.4.).
71 Lili Sulzer an Alfred Sulzer, 26. 2. 1943 (AfZ, NL Hans Sulzer, 54.5.).
72 Ebd.
73 Vgl. Schröter, Christina: Fritz Erler. Leben und Werk, Hamburg 1992, S. 84.
74 Ebd.
75 Transkription der Aufzeichnungen von Erich Erler-Samaden aufgrund von Fotokopien, welche die Schwiegertochter von Erler-Samaden am 26. 7. 2021 anlässlich eines Besuchs von Alfred R. Sulzer in Icking (Bayern) zur Verfügung gestellt hat. Bei «Lili» handelt es sich um Lili Sulzer, beim «Rivalen» unzweifelhaft um Max Born.
76 Hans Sulzer an Lili Sulzer, 7. 7. 1918 (AfZ, NL Hans Sulzer, 54.1.).
77 Lili Sulzer an Alfred Sulzer, 23. 9. 1945 (AfZ, NL Hans Sulzer, 54.5.).
78 Lili Sulzer an Georg Sulzer, 17. 5. 1945 (AfZ, NL Hans Sulzer, 54.4.).
79 Hans Sulzer an Alfred Sulzer, 4. 4. 1943 (AfZ, NL Hans Sulzer, 54.5.).
80 Lili Sulzer an Alfred Sulzer, 26. 4. 1945 (AfZ, NL Hans Sulzer, 54.5.).
81 Hans Sulzer an Lili Sulzer, 7. 7. 1918 (AfZ, NL Hans Sulzer, 54.1.).
82 Gespräch mit Alfred R. Sulzer am 26. 12. 2021.
83 Lili Sulzer an Alfred und Dorette Sulzer-Merian, 3. 2. 1943 (AfZ, NL Hans Sulzer, 54.5.).
84 Gespräch mit Alfred R. Sulzer am 23. 11. 2021.
85 Schweizerische Bauzeitung, Bd. 49/50, 22. 6. 1907, S. 307.
86 Lili Sulzer an Alfred Sulzer, 17. 5. 1945 (AfZ, NL Hans Sulzer, 54.5.).
87 Lili Sulzer an Hans Sulzer, 10. 9. 1914 (AfZ, NL Hans Sulzer, 54.1.).

88 Lili Sulzer an Hans Sulzer, 13. 9. 1914 (AfZ, NL Hans Sulzer, 54.1.).
89 Ebd.
90 Ebd.
91 Lili Sulzer an Alfred Sulzer, 3. 4. 1943 (AfZ, NL Hans Sulzer, 54.5.).
92 Lili Sulzer an Alfred und Dorette Sulzer-Merian, 20. 8. 1945 (AfZ, NL Hans Sulzer, 54.5.).
93 In der Rede zu ihrem siebzigsten Geburtstag vom 10. 8. 1954 sagte Lili Sulzer: «Meinen Söhnen habe ich einen guten und sicheren Geschmack für Frauen beigebracht [...].» (AfZ, NL Hans Sulzer, 54.5.)
94 Lili Sulzer an Alfred und Dorette Sulzer-Merian nach New York, 3. 2. 1943 (AfZ, NL Hans Sulzer, 54.5.).
95 Lili Sulzer an Alfred Sulzer, 12. 6. 1943 (AfZ, NL Hans Sulzer, 54.5.).
96 Letztwillige Verfügung vom 12. 3. 1942 (AfZ, NL Hans Sulzer, 52.5.).
97 Hans Sulzer an Alfred Sulzer, 15. 9. 1952 (AfZ, NL Hans Sulzer, 54.5.).
98 Vgl. Album «Hans und Lili Sulzer – Goldene Hochzeit – 17. Februar 1956» (AfZ, NL Hans Sulzer, 55.1.2.).
99 Lili Sulzer an Georg Sulzer, Briefpapier Hotel Savoy-Plaza, New York, 9. 11. 1944 (AfZ, NL Hans Sulzer, 54.4.).
100 Ebd.
101 Ebd.
102 Lili Sulzer an Alfred und Dorette Sulzer-Merian nach New York, 3. 2. 1943 (AfZ, NL Hans Sulzer, 54.5.).
103 Ebd.
104 Lili Sulzer an Alfred Sulzer nach New York, 15. 2. 1943 (AfZ, NL Hans Sulzer, 54.5.).
105 Gespräch mit Alfred R. Sulzer am 23. 11. 2021.
106 http://geb.uni-giessen.de/geb/frontdoor.php?source_opus=9822&la=de, 4. 2. 2022.
107 Wie die Bekanntschaft zustande kam, ist nicht klar. Vermutlich hatten Ella und Max von Salis Dohrns in Neapel kennengelernt.
108 *1915 in Zürich, vgl. www.geni.com/people/Antonietta-Dohrn/6000000013350986735, 4. 2. 2022.
109 Tagebucheintrag Lili Sulzer, 3. 7. 1919 (AfZ, NL Hans Sulzer, 6.1.).
110 Lili Sulzer an Georg Sulzer, 9. 11. 1944 (AfZ, NL Hans Sulzer, 54.4.).
111 Lili Sulzer an an Alfred und Dorette Sulzer-Merian, 18. 12. 1950 (AfZ, NL Hans Sulzer, 54.5.).
112 Manuskript der Rede Lili Sulzers am Fest zu ihrem 70. Geburtstag vom 10. 8. 1954 (AfZ, NL Hans Sulzer, 54.5.).
113 Ebd.
114 «Freut Euch des Lebens / Weil noch das Lämpchen glüht, / Pflücket die Rose, / Eh' sie verblüht!» Text 1831, https://de.wikipedia.org/wiki/Freut_euch_des_Lebens_(Lied), 12. 9. 2022.
115 Manuskript der Rede Lili Sulzers am Fest zu ihrem 70. Geburtstag vom 10. 8. 1954 (AfZ, NL Hans Sulzer, 54.5.).

und dem verfluchten staatlichen Dirigismus den Kampf anzusagen

Hans Sulzer an Alfred Sulzer, 1. 1. 1951

Zentrale Figur der neoliberalen Bewegung

ANDREA FRANC

DIE DENKSCHULE AM GENFERSEE

Der internationalen Forschung ist Hans Sulzer zwar als prägende Figur im Aufbau der 1947 in der Schweiz gegründeten neoliberalen Mont Pèlerin Society (MPS) bekannt.[1] Die Denkschule des Neoliberalismus wird allerdings meist über die Debatten der neoliberalen Intellektuellen innerhalb dieser Gesellschaft erforscht. Sehr oft richteten Forscher ihr Augenmerk auf die Ökonomen und Nobelpreisträger Milton Friedman und Friedrich August von Hayek, die bekanntesten Vertreter des Neoliberalismus. Die deutschsprachige Literatur fokussiert auf den deutschen Ökonomen Wilhelm Röpke, der von 1937 bis zu seinem Tod 1966 am Institut für internationale Beziehungen der Universität Genf lehrte. Von dort aus orchestrierte er die Umsetzung der sozialen Marktwirtschaft, der ordoliberalen Variante des Neoliberalismus, in der Bundesrepublik Deutschland nach dem Zweiten Weltkrieg.

Lange hat sich die Forschung also nur für die grossen Ökonomen, das deutsche Wirtschaftswunder nach der Schocktherapie der D-Mark-Freigabe 1948 und die neoliberale Wirtschaftspolitik der Reagan- und Thatcher-Ära interessiert. Zudem kam der Begriff Neoliberalismus in den 1980er-Jahren in Verbindung mit den erbarmungslosen Strukturanpassungsprogrammen in Entwicklungsländern in Verruf. In den vergangenen Jahren entstanden jedoch zahlreiche neue Forschungsarbeiten zum «frühen» Neoliberalismus der 1930er- und 40er-Jahre, als sich diese Denkschule langsam formierte und organisierte.[2]

In den Fussnoten dieser Publikationen tauchen immer wieder die Namen von Schweizern auf. Insbesondere der erste Sekretär und spätere Vizepräsident der MPS, der Zürcher Ökonom Albert Hunold, ist in der internationalen Forschung ein Begriff, allerdings fälschlicherweise bezeichnet als «busi-

▸ Hôtel du Parc auf dem Mont Pèlerin in der Nähe von Vevey, 1949. In diesem Hotel fand das erste Treffen der Mont Pèlerin Society statt.

nessman» anstatt als schlichter Mitarbeiter der Zürcher Börse und später des Schweizerischen Instituts für Auslandforschung (SIAF) in Zürich, welches sich um administrative Belange der MPS kümmerte.[3] Der in den USA lehrende Schweizer Ökonom Karl Brunner wurde im Jubiläumsband der MPS gar zum Österreicher.[4] Er prägte zusammen mit Milton Friedman die Lehre des Monetarismus, also der Abkehr von fixen Wechselkursen und Währungskontrollen hin zur reinen Geldmengensteuerung durch die Zentralbanken.

Unbestritten ist: Die Schweiz stellte in den ersten Jahren am meisten Mitglieder in der MPS.[5] Die Schweizer Gruppe umfasste mehrere Ökonomen wie Karl Brunner oder den Genfer Professor William Rappard,[6] die Zürcher Professoren Max Silberschmidt, Hans Barth und Werner Kägi, den Berner (aus Österreich stammenden) Professor Alfred Ammon,[7] fast die gesamte Redaktion der «Neuen Zürcher Zeitung» (NZZ) – und Hans Sulzer. Eine Aufnahme in den Kreis erfolgte ausschliesslich auf Vorschlag mehrerer Mitglieder. Obwohl sich die Gelehrten der MPS gegen die Aufnahme von Geschäftsleuten sträubten, war Sulzer als einziger Schweizer Unternehmer dabei und wurde 1951 vom «observer» zu einem vollwertigen Mitglied der MPS.[8] Eine absolute Ausnahme für einen Geschäftsmann. Wie kam es dazu?

DIE ANFÄNGE DES NEOLIBERALISMUS IN ZÜRICH

Im Mai 1938, am Vorabend des Zweiten Weltkriegs, empfing die Zürcher Volkswirtschaftliche Gesellschaft den österreichischen Ökonomen Friedrich August von Hayek, damals bereits im Exil in Grossbritannien an der London School of Economics. Am öffentlichen Vortrag in Zürich skizzierte Hayek die Grundzüge seines späteren Bestsellers «Der Weg zur Knechtschaft», in dem er aufzeigte, wie die Beschneidung der wirtschaftlichen Freiheit unausweichlich auch zur Beschneidung der politischen Freiheit führen würde.[9] Hayek verwendete den Begriff «Totalitarismus» für das System der Planwirtschaft, sei dies nun unter rechten oder linken Vorzeichen. Er plädierte für den Kapitalismus als einzig mögliche Wirtschaftsform, welche die Demokratie nicht gefährde und die politische Freiheit des Individuums nachhaltig garantiere. Die NZZ druckte den Vortrag in ganzer Länge.[10] Im Sommer 1938 traf sich Hayek mit weiteren liberalen Exilökonomen in Paris zum Colloque Lippmann, wo sich die Gruppe auf den neuen Begriff «Neoliberalismus» einigte.[11] Wer interessierte sich in Zürich für diese junge, sich gerade erst formierende Denkschule?

Der Vorstand der Zürcher Volkswirtschaftlichen Gesellschaft, der Hayek eingeladen hatte, ist ein Abbild der Akteure, die in den kommenden Jahren über die Bedeutung der neoliberalen Theorie für die Schweiz diskutieren würden. Vonseiten der Industrie sassen Hans Sulzer und der Textilunternehmer Caspar Jenny im Vorstand.[12] Die Banken waren durch Charles Zoelly (Schweizerische Bankiervereinigung), Paul Jaberg (Schweizerische Bankgesellschaft) und Adolf Jöhr (Schweizerische Kreditanstalt) vertreten. Mit dem Vizepräsidenten des Vororts Ernst Wetter und dem jungen Sozialdemokraten Willy Spühler befanden sich gleich zwei spätere Bundesräte in der Runde, die Hayek nach Zürich holte. Als Präsident amtete der Volkswirtschaftsprofessor Manuel Saitzew, der die Doktorarbeit von Albert Hunold betreut hatte.[13]

Hayeks Vortrag ergänzte das einheimische Programm vorzüglich und stärkte den liberalen Flügel, zu dem Hans Sulzer gehörte. Vor Hayek debattierte Ernst Wetter, der im gleichen Jahr in den Bundesrat gewählt wurde, mit dem Sozialdemokraten Robert Grimm über die Bedeutung der in der Schweizerischen Bundesverfassung verankerten Handels- und Gewerbefreiheit.[14] Die Schweizer Liberalen übernahmen den international üblichen Begriff Kapitalismus nie, sondern verwendeten stets den eidgenössischen Ausdruck «Handels- und Gewerbefreiheit». Sulzer und Zoelly unterstützten während der kommenden Jahre den Aufbau einer neoliberalen Denkschule um Hayek und engagierten sich besonders stark für das SIAF, welches zum Zentrum des Neoliberalismus in der Schweiz werden sollte.

Das nächste Mal konnte Hayek erst wieder lange Kriegsjahre später, im Oktober 1945, in Zürich vortragen.[15] Sein öffentlicher Auftritt an der Universität Zürich markierte das Ende des Krieges, zugleich aber auch eine Kampfansage an den bei den Alliierten sowie an den angelsächsischen Universitäten vorherrschenden Keynesianismus. Der Zweite Weltkrieg war vorbei, doch das versprengte Grüppchen neoliberaler Ökonomen befürchtete massiven Staatsinterventionismus, kontrazyklisches *deficit spending* und Währungskontrollen, wie es der britische Ökonom John Maynard Keynes in seiner «General Theory of Employment, Interest and Money» 1936 vorgeschlagen hatte.[16] Referenzpunkt dieser Befürchtungen war die Konferenz von Bretton Woods 1944. Die Alliierten hatten Keynes eingeladen und fixe Wechselkurse sowie die Gründung des Internationalen Währungsfonds und der Weltbank beschlossen, um den Wiederaufbau der Weltwirtschaft in der Nachkriegszeit zu planen. Die Gruppe der allesamt im Exil lebenden neoliberalen Ökonomen um Hayek, Röpke, Ludwig von Mises, Gottfried von Haberler oder Alexander Rüstow, die sich daraufhin in der MPS organisierten, blieb ungehört aussen vor. Sie kritisierte den Nachkriegskeynesianismus der westlichen Staaten – und sprach damit Schweizer Wirtschaftsführern aus der Seele. Hans Sulzer war ein regelmässiger Gesprächspartner Wilhelm Röpkes, der seit 1937 im

Exil in der Schweiz weilte und, soweit es die schwierigen Postverhältnisse zuliessen, mit Hayek Briefe wechselte.[17] Sulzer verwies in seinen Reden denn auch namentlich auf Hayek und Röpke, wenn es um seine Sicht der Freiheit ging: «Ein Bekenntnis zum Liberalismus, Liberalismus im ganzen Umfang seines Begriffes, als Begriff menschlicher Würde, als unser Kulturideal des freien, politisch und wirtschaftlich freidenkenden und freihandelnden Menschen, als Gegensatz zur unfreien sklavischen Vermassung. Ein Volk, das auf die politische Freiheit seiner Bürger Wert legt, muss auch auf die Erhaltung der wirtschaftlichen ängstlich bedacht sein. Verlust der wirtschaftlichen zieht unvermeidlich den Verlust der politischen nach sich. Menschliche Würde verlangt Streben nach Selbsthilfe, nach Aufstieg aus eigener Kraft, Freiheit von Bevormundung und Zwang. Sie allein kann den Menschen den Wiederaufstieg zu Wohlstand und Frieden bringen. Liberalismus bedeutet nicht die Freiheit zu schrankenloser Ausnützung politischer oder wirtschaftlicher Macht; er verlangt Eingliederung in das Allgemeinwohl, Rücksicht auf die Mitmenschen, Unterwerfung unter das Gesetz menschlicher Ethik. Diesem Ideal menschlicher Würde Treue zu halten, zu kämpfen gegen Vermassung, Diktatur und Kollektivismus, muss heute unser Losungswort sein. In glänzender Beweisführung haben in ihren kürzlich erschienenen Schriften zwei prominente Nationalökonomen, Röpke und Hayek, den Weg gezeichnet, in den uns der Kollektivismus führt, in die Knechtschaft.»[18]

In der einer Predigt gleichenden Präsidialansprache flehte Hans Sulzer kurz nach Kriegsende im September 1945 die Delegierten des Vororts an, sich auf die Grundwerte des Liberalismus zu besinnen. Er konnte davon ausgehen, dass seine Zuhörer sowohl Hayeks «Der Weg zur Knechtschaft» wie Wilhelm Röpkes 1942 erschienenes Buch «Die Gesellschaftskrisis der Gegenwart» kannten.[19] Hayeks «The Road to Serfdom» wurde innert Kürze zum internationalen Bestseller und war im Herbst 1945 nicht nur in der Schweiz in aller Munde. Wilhelm Röpkes Ehefrau Eva hatte eiligst das in Englisch verfasste Manuskript ins Deutsche übertragen und der kleine Eugen Rentsch Verlag in Erlenbach nahe Zürich brachte die deutsche Erstausgabe heraus. Zunächst mussten die Exemplare jedoch in die alliierte Besatzungszone geschmuggelt werden – die Alliierten hatten Hayeks «Weg zur Knechtschaft» verboten, zu fragil war das Gleichgewicht mit den sowjetischen Besatzern.[20] Auch Röpkes «Gesellschaftskrisis» war bereits im Eugen Rentsch Verlag erschienen und während des Kriegs nach Deutschland und Österreich geschmuggelt worden.[21] In der Schweiz der geistigen Landesverteidigung erlangte die «Gesellschaftskrisis» Kultstatus, und Wilhelm Röpke schrieb in den Kriegsjahren ständig in der NZZ.[22] Nicht nur Hans Sulzer, auch andere Schweizer Entscheidungsträger

Originalcover der ersten deutschen Ausgabe von «The Road to Serfdom» von Friedrich August Hayek mit einem Vorwort von Wilhelm Röpke, 1945.

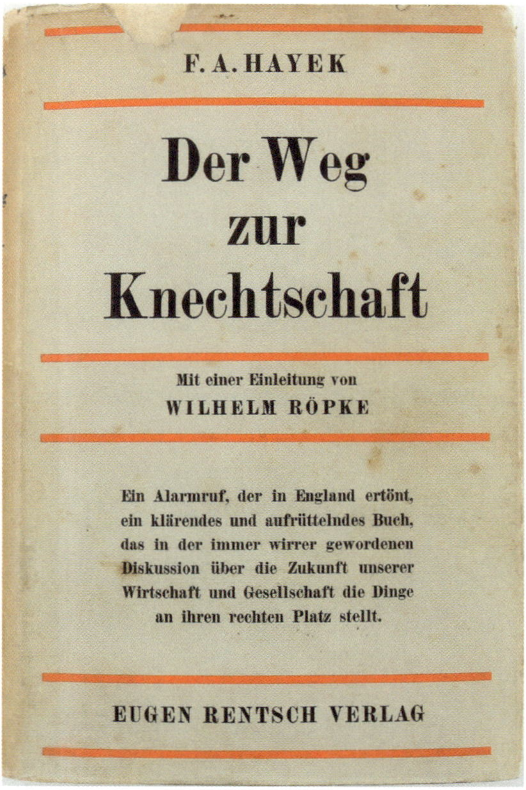

wie etwa die Bundesräte Marcel Pilet-Golaz und später Hans Schaffner schätzten Röpke als Gesprächspartner.[23]

Wilhelm Röpke und Friedrich August von Hayek fanden während der Kriegszeit in Zürich wichtige, noch funktionierende Netzwerke, die ihnen Leser und im Falle Röpkes Zuhörer bescherten. In Schweizer Zeitungen, Zeitschriften und Verlagen erschienen ab den späten 1930er-Jahren Texte des frühen Neoliberalismus. Bei den «Schweizer Monatsheften» erfolgte sogar während des Kriegs eine inhaltlich-politische Wende, welche die Zeitschrift praktisch zum deutschen Publikationsorgan der späteren MPS machte. Die 1921 von Gegnern des Beitritts der Schweiz zum Völkerbund gegründete Monatszeitschrift verfolgte zunächst einen frontistischen Kurs. Erst nach 1942 konnte die im selben Jahr gegründete Gesellschaft zur Förderung der schweizerischen Wirtschaft (kurz: Wirtschaftsförderung) liberale Autoren wie Röpke oder Rappard in den «Schweizer Monatsheften» platzieren. Später folgten Artikel der MPS-Mitglieder von Hayek, von Mises oder Friedrich A. Lutz.[24]

Röpke und Hayek waren aber auch beide hartnäckig darauf bedacht, sich nicht von politischen oder wirtschaftlichen Interessen vereinnahmen zu lassen. Vergebens versuchte etwa die Wirtschaftsförderung, Röpke zu einer noch engeren Zusammenarbeit zu bewegen.[25] Dies bedeutet jedoch nicht, dass die Finanzierung und die Kontakte, die Hans Sulzer bieten konnte, nicht zentral waren für den Aufbau der neoliberalen Gesellschaft.[26] Deutlich wurde dies nach dem Tod Sulzers 1959: Die MPS geriet in eine tiefe Krise und in der Folge der sogenannten Hunold-Affäre trat der Sekretär Albert Hunold gemeinsam mit dem amtierenden Präsidenten Wilhelm Röpke aus der Gesellschaft aus.[27] Mit Sulzer verstarb ein Förderer und massgeblicher Mittelbeschaffer, der Hunolds Stelle als Geschäftsführer am Institut für Auslandforschung in Zürich und die damit verbundene Geschäftsführung der Mont Pèlerin Society finanziert hatte.[28] Als dieses Fundament wegbrach, redimensionierte sich die MPS und verlor an Bedeutung.

NEOLIBERALISMUS ALS GEISTIGE LANDESVERTEIDIGUNG

An der Rolle Hans Sulzers wird sichtbar, wie es zwischen der frühen neoliberalen Bewegung und der geistigen Landesverteidigung in der Schweiz konzeptuell und personell zuweilen sehr grosse Überschneidungen gab. Wilhelm Röpke, William Rappard, Albert Hunold und Sulzer selbst sind zentrale Akteure der frühen neoliberalen Bewegung wie auch der geistigen Landesverteidigung. Auch NZZ-Chefredaktor Willy Bretscher und Wirtschaftsredaktor Carlo Mötteli gehörten als unverzichtbare Weggefährten Röpkes und als MPS-Mitglieder zur frühen neoliberalen Bewegung, gerade weil sie Wilhelm Röpke zum NZZ-Hausautor machten. Röpke publizierte unablässig in der NZZ und wurde damit in der Schweiz zum *household name*.[29] Seine «Gesellschaftskrisis der Gegenwart» von 1942 gehört nicht nur zum Kanon der frühen neoliberalen Literatur, sondern ist gleichzeitig auch ein Schweizer Bestseller der geistigen Landesverteidigung.[30] Der Eugen Rentsch Verlag, der fast sämtliche frühen neoliberalen Werke in deutscher Sprache herausgab, ist gleichzeitig für das Lebenswerk des Verlegers Eugen Rentsch bekannt: die Gesamtausgabe der Schriften von Jeremias Gotthelf.[31] Die für die geistige Landesverteidigung typische Wiederentdeckung eines helvetischen Schriftstellers des 19. Jahrhunderts ging einher mit der Unterstützung neoliberaler deutscher Ökonomen, welche die ländlich-gewerbliche Schweiz und ihr direktdemokratisch-föderales System zum Ideal erhoben.

Die geistige Landesverteidigung im Sinne der Bildung einer nationalen schweizerischen Identität oder einer Art *story-telling* setzte bereits in den 1930er-Jahren ein.[32] Der gemeinsame Nenner, unter dem sich die Vertreter zahlreicher politischer Richtungen fanden, war die *bottom-up*-Struktur der politischen Kultur der Schweiz und ihre eigentliche «Führer-losigkeit».[33] Die Grundelemente der geistigen Landesverteidigung waren kongruent mit den Anliegen der frühen Neoliberalen. Der Neoliberalismus, wie ihn Hayek und Röpke vertraten, war die Antithese zum Zentralstaat, sei dies nun der totalitäre Staat des Faschismus oder des Kommunismus oder der in den Markt eingreifende Wohlfahrtsstaat à la Keynes. Der historisch gewachsene direktdemokratische Föderalismus der Schweiz, der die politische Entscheidungsgewalt stets bei der tiefstmöglichen Institution belässt und eigentlich «Führer-los» ist, entsprach der neoliberalen Theorie.[34] Hayek prägte dazu den Begriff der «spontanen Ordnung», wonach historisch gewachsene Institutionen sich selbst gebildet haben.[35] Röpke sah in der kleinräumigen, bäuerlich-gewerblichen Schweiz mit ihren Myriaden von historisch gewachsenen Selbstverwaltungsinstitutionen den neoliberalen Sonderfall, die «Ausnahme in dem Sinne wie alles in der Geschichte einigermassen Gelungene, aber doch nicht in dem Sinne von etwas, dem nicht als einem Ideal überall kräftig nachzustreben wäre».[36] Kurz: Für neoliberale Denker war die Schweiz das ideale Gegenstück zum nationalsozialistischen Deutschland, zur Sowjetunion, aber auch zu den keynesianisch eingreifenden USA der New-Deal-Ära.

Hatte in den 1930er-Jahren die Frontenbewegung in der Schweiz durchaus nach mehr Zentralstaat oder gar nach Zensur gerufen, wandte sich nach 1940 das Blatt. Die «Schweizerische Eigenart» der geistigen Landesverteidigung setzte dem totalitären Führerkult die Selbstverantwortung und individuelle Freiheit jedes einzelnen Bürgers entgegen.[37] Damit einher ging auf wirtschaftspolitischer Ebene das Weitermachen wie bisher, sprich: die Aufrechterhaltung der Wirtschaftsbeziehungen zum Deutschen Reich. Als Minister in London musste Hans Sulzer diesen Courant normal vertreten und hörte von den Diplomaten der Alliierten, die Schweiz müsse den Handel mit Deutschland unterbinden. Im Oktober 1943 machten die Alliierten ihre Drohungen wahr und setzten die Firma Gebrüder Sulzer auf die schwarze Liste.[38]

DAS SCHWEIZERISCHE INSTITUT FÜR AUSLANDFORSCHUNG UND DIE FRAGE DER LEHRSTUHLBESETZUNG

Hans Sulzer bot Friedrich August von Hayek nach dessen Vortrag im Oktober 1945 einen festlichen Empfang im Zürcher Nobelhotel Baur au Lac.[39] Für die oft jüdischen und im Exil lebenden neoliberalen Ökonomen war die Schweizer Ehrerbietung Balsam für die Seele. In der Nachkriegszeit wurden Autoren wie Hayek zwar zu medialen Stars der neokonservativen Bewegung in den USA, die akademische Anerkennung blieb aber lange aus. Erst in den 1970er-Jahren, lange nach Sulzers Tod, nach der von den neoliberalen Ökonomen korrekt prognostizierten Stagflation und dem darauf folgenden Zusammenbruch des Bretton-Woods-Systems 1973 erhielten Hayek und danach Friedman den Nobelpreis für Ökonomie zugesprochen. Und erst in den 1980er-Jahren wurde an den Wirtschaftsfakultäten die Berufung von monetaristisch ausgebildeten Ökonomen zur Regel.[40] In der Kriegszeit waren neoliberale Ökonomen Flüchtlinge, die auf Hilfe angewiesen waren.

Im Oktober 1945 ging es zunächst darum, die wenigen, in der ganzen Welt versprengten neoliberalen Akademiker in einer Organisation zu vernetzen, um ihre Schlagkraft zu erhöhen. Dies soll am Apéro im Hotel Baur au Lac in Zürich mit Hans Sulzer besprochen worden sein.[41] Bereits während des Kriegs hatte sich Albert Hunold, damals Sekretär der Zürcher Börse, in der Zürcher Privatwirtschaft um Zuwendungen für ein Zeitschriftenprojekt bemüht und war der inoffizielle Fundraiser und Sekretär der neoliberalen Bewegung.[42] Hunold hatte Wilhelm Röpke 1943 bei einem Vortrag in Zürich kennengelernt.[43] Dieser wollte sich von keinem bestehenden oder frisch gegründeten Schweizer Verein vereinnahmen lassen und versuchte sich im Gegenteil etwa vom Redressement national und dessen Aushängeschild, dem Frontisten Robert Eibel, zu distanzieren.[44] Röpke schwebte ein akademischer Studienkreis vor, wie er ihn von Ludwig von Mises kannte, der vor seiner Flucht aus Wien nach Genf gemeinsam mit Hayek und Gottfried von Haberler den legendären Mises-Kreis der österreichischen Schule der Nationalökonomie unterhalten hatte.[45] Auf Röpkes Wunsch hin verfasste Hunold zusammen mit Karl Brunner, damals noch Ökonom bei der SNB, sowie dem Wirtschaftsredaktor der NZZ Carlo Mötteli bereits im Dezember 1943 eine Skizze für eine liberale Forschungsgemeinschaft. Ziel war ursprünglich, «in der Schweiz eine ‹ökonomische Schule› heranzuziehen». Diese Skizze gilt als Gründungsdokument der Mont Pèlerin Society.[46] Gleichzeitig zeigt das Dokument aber auch, wie die Gründung der MPS verflochten war mit dem Ziel der Schweizer Intellektuellen und Unternehmer, die neoliberale Theorie als schweizerische Eigenart

Albert Hunold (Zweiter von rechts) zwischen dem deutschen Wirtschaftsminister Ludwig Erhard und Wilhelm Röpke an einem Treffen in den 1950er-Jahren.

anzuerkennen und zu stärken. Zwischen 1943 und 1949 waren in Zürich verschiedene Ideen und Projektskizzen im Umlauf. Während Röpke mit Hayek eine internationale Vernetzung anstrebte, wollten die Schweizer Liberalen die beiden Professoren auf Lehrstühle in Zürich holen und so den Liberalismus in Zürich verankern. Vor allem der Geschäftsführer der Wirtschaftsförderung, Hermann Büchi,[47] trieb diese Sache voran. Es war das erklärte Ziel der Wirtschaftsförderung, in der Schweiz eine «Schule Röpke» zu gründen.[48] Noch während des Kriegs versuchte Büchi in Absprache mit den Unternehmern in den Wirtschaftsverbänden, Wilhelm Röpke zu einem Lehrstuhl in Zürich zu verhelfen. In einer Sitzungsvorbereitung der Wirtschaftsförderung von 1944 heisst es: «Das Thema ‹Lehrstuhl/Röpke› ist für die Ausschusssitzung und für die Besprechung mit den Herren Dr. Koechlin und Dr. Sulzer vorzumerken.»[49]

Hunold setzte sich gleichzeitig für die Gründung der Mont Pèlerin Society wie auch für die Gründung eines Instituts in Zürich ein.[50] Nach dem Krieg schauten Hunold und Büchi dazu, dass nicht nur die internationale Mont

Pèlerin Society, sondern auch diese Schweizer Schule zustande kam – mit gewichtiger Rückendeckung, wie Hunold berichtet: «Am 18. August 1949 überreichte ich Herrn Dr. Büchi ein Exposé für die Errichtung eines ‹Instituts für Advanced Studies for Economics› und es war beabsichtigt, für diese liberale Forschungsschule ein Budget von Fr. 60 000.– auszusetzen und als Direktor des Instituts den damals in Chicago weilenden Prof. A. Hayek zu gewinnen, für den im Budget ein Honorar von Fr. 30 000.– ausgesetzt war. [...] Herr Minister Dr. Hans Sulzer mit dem sich Herr Dr. H. Büchi in Verbindung gesetzt hatte, versuchte verschiedene Herren, die sich später zu einem Initiativkomitee zusammenschlossen, an der Sache eines solchen Schulungszentrums zu interessieren.»[51]

1950 berichtete die NZZ schliesslich öffentlich über konkrete Pläne. Das 1943 gegründete, kulturwissenschaftlich ausgerichtete SIAF sollte um eine volkswirtschaftliche Abteilung ergänzt werden:[52] «[...] unter dem Vorsitz von Minister Sulzer [beschäftigte sich] ein kleines Gremium von Vertretern der zürcherischen Privatwirtschaft, die gleichzeitig auch dem Kreis der bisherigen Donatoren des Auslandforschungsinstituts angehören, mit dem Gedanken, welche Mittel und Wege gefunden werden könnten, um dem Studium der Volkswirtschaftslehre vermehrte Förderung angedeihen zu lassen.»[53]

Was in der NZZ unverfänglich als Förderung des Studiums der Volkswirtschaftslehre formuliert war, führte Chefredaktor Willy Bretscher, der dem SIAF-Initiativkomitee wie auch der MPS angehörte, dann vor dem Verwaltungskomitee der Zeitung noch präziser aus: «Interessante Ausführungen Bretschers über eine volkswirtschaftliche Abteilung am Institut für Auslandsforschung. Soll Gegengewicht gegen die sozialistischen Tendenzen der Zürcher Volkswirtschafter sein.»[54]

Dies schrieb der Präsident des NZZ-Verwaltungskomitees und Generaldirektor der Maschinenfabrik Oerlikon Hans Schindler in sein Tagebuch.[55] Er stiess ebenfalls zum Kuratorium des SIAF. Noch klarer fasste sich Hans Sulzer selber, als er 1951 an seinen Sohn schrieb, dass er nun das Präsidium des Kuratoriums übernommen habe: «Ich habe in den vergangenen Monaten wirklich etwas ‹übermarcht› und mir neben den normalen Geschäften noch einige Lasten aufgeladen, die nicht absolut notwendig gewesen wären. Aber was willst Du, es gibt eben immer wieder Aufgaben, wo es mich gelüstet mitzumachen. So habe ich, aber nur vorübergehend, das Praesidium des Instituts für Auslandsforschung an der Universität Zürich übernommen, in dem wir eine Abteilung für volkswirtschaftliche Studien gegründet haben, die den Zweck verfolgt, der freien Marktwirtschaft durch Heranziehung geeigneter in- und ausländischer Wissenschafter zu Vorträgen wieder mehr Gehör zu verschaffen und dem verfluchten staatlichen Dirigismus den Kampf anzusagen. Die Sache ist aber heute bereits so gut organisiert, dass sie mir nicht mehr viel Arbeit verursacht. Sie hat recht grossen Erfolg und macht mir viel Freude.»[56]

Zunächst sollte das SIAF eine Diplomatenschule nach dem Vorbild des Instituts für internationale Beziehungen in Genf werden und Gastprofessuren anbieten.[57] Doch im März 1951 verstarb der Zürcher Volkswirtschaftsprofessor Manuel Saitzew und seine Nachfolge war offen. Die liberalen Zürcher Unternehmer wünschten sich Friedrich August von Hayek auf die Professur – es war die einmalige Chance, die neoliberalen Theorien direkt ins Curriculum der Universität einzubringen.[58] Doch manche Unternehmer forderten die Berufung von Walter Adolf Jöhr, der an der Handelshochschule St. Gallen lehrte und in den 1930er-Jahren bei Werner Sombart in Berlin promoviert hatte. In den «Schweizer Monatsheften» hatte Jöhr 1945 in einer Rezension von «Der Weg zur Knechtschaft» Hayek scharf angegriffen. Er störte sich daran, dass Hayek den Nationalsozialismus dem Kommunismus als Totalitarismus gleichstellte.[59] In den 1950er-Jahren hatte auch Jöhr längst auf eine liberale Haltung umgeschwenkt, doch gehörte er nicht zur neoliberalen Bewegung.[60] Hans Schindler notierte im Juni 1951 in sein Tagebuch: «Nachher [nach dem Vortrag von Hayek] Gespräch mit Hans Sulzer wegen der eventuellen Berufung von Professor Hayek nach Zürich. Starke Kräfte wollen Jöhr nach Zürich ziehen.»[61]

Die Nachfolge Saitzew zeigt exemplarisch auf, wie in der Nachkriegszeit das Zürcher Netzwerk um die NZZ, das SIAF und liberale Unternehmerkreise klar neoliberal ausgerichtet war. Diese neoliberale Haltung galt auch gegenüber Walter Adolf Jöhr, Sohn des Verwaltungsratspräsidenten der Schweizerischen Kreditanstalt (SKA) Adolf Jöhr, wie Hans Schindler berichtet: «Generaldirektor Lindner von der SKA möchte bei Bretscher NZZ vorsprechen zugunsten der Berufung von Professor Walter Adolf Jöhr Zürich. Wegen seiner seinerzeitigen Fröntlertätigkeit wird er heftig bekämpft. Ich sage, dass er mir sehr kompliziert vorkomme und dass ich Hayek vorziehen würde, wenn er käme.»[62]

Doch Hayek war mittlerweile auf einem Lehrstuhl an der University of Chicago und wollte nicht mehr nach Zürich wechseln. Vergebens bot ihm das Kuratorium an, einen Lehrstuhl am SIAF privat zu finanzieren.[63] Somit kamen schliesslich weder Röpke noch Hayek auf einen Lehrstuhl in Zürich. Trotzdem erhielt 1953 ein international renommierter neoliberaler Ökonom und MPS-Gründungsmitglied den Ruf nach Zürich: Friedrich A. Lutz.[64] Mit seiner Frau, der Ökonomin Vera C. Smith, übersiedelte er von Princeton in die Schweiz. Vera C. Smith hatte in den 1930er-Jahren bei Hayek an der London

School of Economics promoviert und forschte und publizierte zur Rolle der Zentralbanken.[65] Lutz sollte 1965 von Hunold die Leitung des SIAF übernehmen und im gleichen Jahr das Präsidium der MPS.

Nachdem die Wunschkandidaten der Neoliberalen nicht auf Lehrstühlen an der Universität Zürich platziert werden konnten, gewann das SIAF nochmals an Bedeutung. Nach der Einsetzung des neuen Kuratoriums um Hans Sulzer verdreifachte sich das Budget und mit Albert Hunold erhielt es 1950 einen vollamtlichen Mitarbeiter. Gebrüder Sulzer waren dabei die grössten Geldgeber, gefolgt von den Banken.[66] Hunold hatte bereits ein Jahr lang in Eigeninitiative verschiedene Projekte Röpkes und Hayeks unterstützt, insbesondere das Projekt der Zeitschrift «Occident», das jedoch scheiterte.[67] Beide Professoren waren praktisch etwas unbeholfen und Hunold kannte sich in der Schweizer Verbands-, Stiftungs- und Unternehmerwelt aus.[68] So war es naheliegend, dass der umtriebige Hunold die Leitung der neuen volkswirtschaftlichen Abteilung übernahm und in dieser Rolle ab 1950 nicht nur Hayek und Röpke, sondern eine ganze Reihe internationaler Akademiker als öffentliche Aushängeschilder für die wirtschaftspolitische Haltung der liberalen Zürcher Unternehmerschaft gewinnen konnte. Tatsächlich ermöglichte ihm diese Anstellung, zugleich die MPS aufzubauen, die weiteren Treffen, davon drei in der Schweiz, zu organisieren und danach bis 1961 das Sekretariat der Gesellschaft zu führen. Das SIAF unterhielt auch eine Bibliothek mit einer Sammlung der Publikationen der MPS-Mitglieder.[69] Auch die weiteren Angestellten des SIAF, etwa Sekretärin Magdalena (Lena) Schwendener, waren bei den Jahrestreffen der MPS im Einsatz.[70]

Die Geschichte der von Hans Sulzer mitgegründeten volkswirtschaftlichen Abteilung des SIAF ist nicht von der Geschichte des Zirkels rund um die MPS zu trennen. In den Nachkriegsjahren gaben sich in den Vortragsreihen des Instituts in Zürich das Who's who des Neoliberalismus praktisch die Klinke in die Hand. So befand sich etwa der junge Milton Friedman im akademischen Jahr 1953/54 im Forschungsaufenthalt im britischen Cambridge, wo er mit der Keynesianerin Joan Robinson die Klingen kreuzte. Über die Weihnachtsfeiertage fuhr er samt Familie nach Zürich, wo er zwei Vorlesungen hielt. Danach fuhren die Friedmans mit Friedrich A. Lutz und Vera C. Smith nach Arosa in die Skiferien.[71] Das SIAF finanzierte damit nebst Urlaub in den Schweizer Bergen auch einen mehrtägigen Austausch zwischen den damals innovativsten Geldtheoretikern. Wir wissen aus erhaltenen Rechnungen, dass die Ökonomen fürstliche Gagen erhielten.[72] Hayek bekam 1951 1000 Franken für eine Vorlesung sowie einen Artikel in einer Publikation des SIAF, dies entsprach fast der Hälfte eines Monatslohns eines Schweizer Profes-

SCHWEIZERISCHES INSTITUT FÜR AUSLANDFORSCHUNG · ZÜRICH ·

Abteilung für volkswirtschaftliche Studien

Bureau: Münstergasse 9/V, Tel. (051) 34 42 20

Heute 18.15—19 Uhr Universität Aud. 119	**Prof. Milton Friedman** University of Chicago The Classical Revival in Monetary Theory and Policy I
Do. 17. Dez. 18.15—19 Uhr Universität Aud. 119	**Prof. Milton Friedman** University of Chicago The Classical Revival in Monetary Theory and Policy II

Ergänzung des Winterprogramms im 1954

Do. 7. Jan. 18.15—19 Uhr	**Dr. Per Jacobsson, Basel** Die Konvertibilität der europäischen Währungen als realisierbares Ziel
Di. 12. Jan. 18.15—19 Uhr	**Prof. W. Röpke, Genf** Wege zur Konvertibilität I
Di. 19. Jan. 18.15—19 Uhr	**Prof. W. Röpke, Genf** Wege zur Konvertibilität II
Do. 28. Jan. 18.15—19 Uhr	**Ministerialdirigent R. Risse, Bonn** Die Montanunion und die Konsumentenländer
Do. 18. Febr. 18.15—19 Uhr	**Prof. F. Böhm, Frankfurt a. M.** Die gesetzliche Behandlung von Kartellen und Monopolen

Vom Institut herausgegebene Bücher:

„Wirtschaft ohne Wunder"
eine internationale Würdigung der sozialen Marktwirtschaft, erschienen im Eugen Rentsch-Verlag, Erlenbach-Zürich.

„Varia Politica"
eine Sammlung der kleineren Schriften von William E. Rappard, erschienen im Polygraphischen Verlag AG., Zürich.

„Vollbeschäftigung, Inflation und Planwirtschaft"
eine Auseinandersetzung mit Planwirtschaft und Keynesianismus, erschienen im Eugen Rentsch-Verlag, Erlenbach-Zürich.

In Vorbereitung:

„Die Konvertibilität der europäischen Währungen"
Erscheint voraussichtlich im Frühjahr 1954 im Eugen Rentsch-Verlag, Erlenbach-Zürich.

SCHWEIZERISCHES INSTITUT FÜR AUSLANDFORSCHUNG · ZÜRICH ·

Abteilung für volkswirtschaftliche Studien

Bureau: Münstergasse 9/V, Tel. (051) 34 42 20

Di. 15. Juni 18.15—19 Uhr Universität Aud. 119	**Prof. F. A. Hayek** Universität Chicago Progressiv- oder Proportionalsteuer?
Do. 17. Juni 18.15—19 Uhr Universität Aud. 119	**Prof. F. A. Hayek** Universität Chicago Kapitalismus und Geschichtsschreibung

Die Konvertibilität der europäischen Währungen
erscheint Ende Juni im Eugen Rentsch-Verlag, Erlenbach-Zch.

I. Die Konvertibilität als allgemeines Problem: G. Haberler, Cambridge, Mass., USA: Konvertibilität der Währungen — W. Röpke, Genf: Wege zur Konvertibilität. — Per Jacobsson, Basel: Die Konvertibilität der Währungen als realisierbares Ziel.

II. Die Konvertibilität vom Standpunkt der einzelnen Länder: G. Carli, Rom: Die Konvertibilität der italienischen Lira — F. Collin, Brüssel: Die Konvertibilität des belgischen Frankens — H. Germain-Martin, Paris: Die Konvertibilität des französischen Frankens — H. Homberger, Zürich: Die schweizerische Außenhandelspolitik und die Krise der Zahlungsbilanz im Zeichen der internationalen Zusammenarbeit — J. E. Meade, London: Sterling-Konvertibilität — F. W. Meyer, Bonn: Die Währung der Bundesrepublik, Deutschland auf dem Wege zur Konvertibilität — S. Posthuma, Amsterdam: Die Niederlande auf dem Wege zur Konvertibilität

III. Schlußbetrachtung: F. A. Lutz, Zürich: Die Konvertibilitätsdiskussion.
330 Seiten. Geheftet Fr. 11.65; Leinen Fr. 15.30.

Wirtschaft ohne Wunder
erschienen im Eugen Rentsch-Verlag, Erlenbach-Zch.
360 Seiten. Geheftet Fr. 11.95; Leinen Fr. 15.40.

Vollbeschäftigung, Inflation und Planwirtschaft
erschienen im Eugen Rentsch-Verlag, Erlenbach-Zch.
362 Seiten. Geheftet Fr. 12.50; Leinen Fr. 16.10.

Varia Politica
eine Sammlung der kleineren Schriften von William E. Rappard, herausgegeben bei Anlaß seines 70. Geburtstages, erschienen im Polygraphischen Verlag AG, Zürich.
368 Seiten. Leinen Fr. 38.50.

The Industrial Development of Switzerland
by Albert Hunold.
National Bank of Egypt-Commemoration Lectures, First Lecture: Preliminary Remarks-Similarity between Egyptian an Swiss Situation - Switzerland's Pluralism - Human and Educational Factors.
Second Lecture: The Cotton Industry - The Engineering Industry.
Third Lecture: The Watch Industry - The Chemical Industry.
Fourth Lecture: Balance of Payments - Capital Wealth and Tourism - The problem of Industrialisation - Social, Political and Institutional Factors.
64 Seiten. Leinen Fr. 5.—. Erscheint anfangs Juli 1954 als Sonderdruck der National Bank of Egypt im Selbstverlag unseres Institutes.

Wesen und Ziele des Ordoliberalismus
von Wolfram Dürr
erschienen im Verlag P. G. Keller, Winterthur, 1954.
196 Seiten. Geheftet Fr. 10.50.

Das Salomon Geßner-Haus in Zürich
erschienen im Selbstverlag unseres Institutes.
112 Seiten, mit 15 ganzseitigen Photographien und reich illustriert mit Radierungen von Salomon Geßner. Geheftet Fr. 4.—.

Anzeige für die Vorträge der Abteilung für volkswirtschaftliche Studien am Institut für Auslandforschung in der «Neuen Zürcher Zeitung» vom 15. Dezember 1953 und 13. Juni 1954.

sors.[73] Diese Vorträge waren stets gratis und gut besucht, Röpke etwa sprach vor 650 Zuhörern.[74] Carlo Mötteli schrieb jeweils ausführliche Zusammenfassungen für die NZZ.[75] Nach den Vorträgen trafen sich Hans Sulzer, Hans Schindler, Charles Zoelly und die Zürcher Professoren der MPS mit den neoliberalen Gästen beim Apero im Baur au Lac oder zum privaten Abendessen.[76] Schindler schrieb darüber in sein Tagebuch: «Abends 6 Uhr in einen Vortrag von Hayek über Kapitalismus und Geschichtsschreibung. [...] Abendessen bei Charles Zoelly. Anwesend als Hauptpersonen Professor Hayek, Prof. Rüstow, später Professor Haberler, dann Hans Sulzer und Frau, [Emil] Bührle und Frau, Fritz Rieter und Frau, Prof. Silberschmidt und Frau, Ilda und ich. Ausgezeichnetes Gespräch mit Rüstow. [...] Haberler sagte später am Abend, dass Eisenhower stark an Prestige verloren habe, er wurde als schwach beurteilt. Mac Carthy zerstöre wahrscheinlich die republikanische Partei, die November Wahlen würden darüber Aufschluss geben.»[77]

Dank diesen privaten Aufzeichnungen erhalten wir Einblick in ein Abendessen des Jahres 1954, als die Zürcher Geschäftsleute Hans Sulzer, Hans Schindler und Emil Bührle, der Herausgeber der «Schweizer Monatshefte» Fritz Rieter mit den neoliberalen Vordenkern Hayek, Haberler, Rüstow und Silberschmidt bei Gastgeber Charles Zoelly und seiner Frau am Tisch sassen und angeregt über amerikanische Politik diskutierten. Für Sulzer war ein derartiger Austausch in den 1940er- und 50er-Jahren alltäglich. Seine Ehefrau Lili bewirtete manche Referenten des SIAF im Oberen Alpgut.[78]

▸ S. 174

Um die zwanzig öffentliche Vorträge im Namen der SIAF organisierte Hunold pro Semester in den Räumlichkeiten der Universität, wobei ein Grossteil der Referenten der MPS angehörten. Friedrich August von Hayek beispielsweise hielt zwischen 1950 und 1958 sechs Vorlesungen in Zürich.[79] Zudem gab Hunold über das SIAF in der Nachkriegszeit die «Volkswirtschaftlichen Studien» heraus.[80] In diesen Sammelbänden publizierte das SIAF Artikel der neoliberalen Denker in deutscher Sprache. Sie machten den deutschsprachigen Leser nach dem Krieg erstmals mit dem Neoliberalismus und neoliberalen Ansätzen zu zahlreichen Themen bekannt. Mit diesen Sammelbänden erreichte die MPS über das SIAF den wohl bedeutendsten Einfluss im deutschsprachigen Raum. Das Schweizer Publikum erhielt durch die SIAF-Reihe Zugang zu öffentlichen Vorträgen neoliberaler Denker, als diese sich noch längst nicht akademisch durchgesetzt hatten. Umgekehrt bestärkte jeder weitere Vortrag eines österreichischen, amerikanischen oder deutschen neoliberalen Ökonomen «das Bekenntnis zum Liberalismus», wie es Hans Sulzer eindringlich predigte.

MITGLIED DER MONT PÈLERIN SOCIETY

Beim ersten Treffen auf dem Mont Pèlerin im Frühjahr 1947 durften einige Unternehmer, die aus den USA angereist waren, zwar teilnehmen, wurden jedoch nicht als Mitglieder, sondern lediglich mit dem Beobachterstatus, als «observer», zugelassen. Für die Schweizer Unternehmer organisierte Hunold ebenfalls eine gebührende Kontaktaufnahme mit den Gelehrten der Gesellschaft. Die Inszenierung des Aufeinandertreffens der Schweizer Unternehmer mit den neoliberalen Akademikern trägt die Handschrift Hunolds und folgte der symbolischen Klaviatur der geistigen Landesverteidigung. Von Montreux aus machten die MPS-Gründungsmitglieder einen Ausflug in die Urschweiz, und das Galadiner, an dem nebst Hans Sulzer auch etwa Ernst Speiser, BBC-Direktor, Präsident der Wirtschaftsförderung und Nationalrat, teilnahm, fand im Gasthaus Wysses Rössli in Schwyz statt.[81] Noch hatte vor allem Rappard einen Teil der Organisation des Treffens übernommen und Hunold war lediglich freiwilliger Helfer. Doch sobald Hunold an seiner neuen Stelle am SIAF war, organisierte er die nächsten Treffen der MPS von 1949 und 1953, zwar nicht gerade auf dem Rütli, aber doch im nächstgelegenen Konferenzhotel in Seelisberg.[82] Hunold verwies mit dieser symbolträchtigen Wahl unmissverständlich auf die Parallelen zwischen der föderalen Schweiz und dem neoliberalen Idealstaat.

Hans Sulzer hatte die Vorgeschichte der Mont Pèlerin Society ermöglicht und mitgeprägt, was ihm letztlich auch die vollwertige Mitgliedschaft in der Vereinigung einbrachte. Allerdings waren auch andere Unternehmer bei der Finanzierung behilflich gewesen. Was Sulzer von anderen Wirtschaftsvertretern unterschied, war seine langjährige Freundschaft mit William Rappard, dem Mitgründer der MPS, dessen akademischer Status durch zahlreiche Publikationen unangreifbar war, nicht zuletzt durch den Band «The Crisis of Democracy» (1938), eine Sammlung von Vorlesungen an der University of Chicago kurz vor Ausbruch des Krieges.[83] Es war Rappard, der im Sommer 1938 den liberalen amerikanischen Publizisten Walter Lippmann – per Zufall auf Hochzeitsreise in Europa – in Genf zum Tee lud.[84] Auf dieses Treffen folgte das sogenannte Colloque Lippmann in Paris am Vorabend des Zweiten Weltkriegs, an dem die europäischen liberalen Denker sich mit Lippmann austauschten und Alexander Rüstow den Begriff «Neoliberalismus» vorschlug.[85] Dies in Abgrenzung zum Nachtwächterstaat des Liberalismus des 19. Jahrhunderts. Der neue Liberalismus, der Neoliberalismus, sprach dem Staat doch eine starke Rolle zu. Der Staat sollte die Rechtsordnung schaffen und durchsetzen, damit die Spielregeln für alle Unternehmer gleich sind. Aus wirtschaftswissenschaftlicher Sicht am relevantesten waren die neoliberalen Vorschläge zur freien Konvertibilität der Währungen und der Rolle der Zentralbanken. In den 1930er-Jahren diskutierten die liberalen Ökonomen insbesondere, wie die Finanzkrise nach dem Schwarzen Freitag von 1929 hätte verhindert werden können. Die neoliberalen Lehren aus der amerikanischen Great Depression der 1930er-Jahre sowie die Erkenntnisse der deutschen Ökonomen aus der Hyperinflation von 1923 prägen bis heute die Ökonomielehrbücher. Für global agierende Schweizer Unternehmer, die wie Sulzer gleichzeitig auch staatliche Aufgaben übernahmen, war die Währungspolitik hoch relevant. Dessen Mitstreiter Hans Schindler schrieb dazu im Juni 1951 in sein Tagebuch: «Von 18.15 bis 19.00 2. Vorlesung von Hayek über Geldtheorie. Er weist auf den inneren Widerspruch hin in den Pflichten der Notenbank, einmal die nötigen Zahlungsmittel zu beschaffen (die aus der Geldschöpfung der Banken notwendig werden), andererseits die Zahlungsmittel nicht über alle Massen steigen zu lassen. Zuletzt macht er auf die perverse Instabilität des Kredit- und Geldmarktes hin [sic], die darin beruht, dass die Kreditbedürfnisse des Individuums, der Einzelfirma und der ganzen Volkswirtschaft praktisch parallel gehen. Deswegen erfolgt eine Übersteigerung der Kreditausdehnung und -Einschränkung. Die automatische Gegenwirkung fehlt.»[86]

Die Diskussion der Weltwirtschaftskrise hatte bereits in den 1930er-Jahren begonnen und führte in der Nachkriegszeit zu weiteren wirtschaftswissenschaftlichen wie wirtschaftspolitischen Debatten. Auch nach dem Krieg stärkten Sulzer, Schindler und das Kuratorium des SIAF die wenigen international bekannten neoliberalen Ökonomen, die das Bretton-Woods-System der fixen Wechselkurse kritisierten.

ZUSAMMENARBEIT UND FREUNDSCHAFT MIT WILLIAM RAPPARD

Die wichtigste Person für Hans Sulzer auf seinem Weg in den engsten Zirkel der neoliberalen Bewegung war wie erwähnt William Rappard. Dieser hatte in den 1930er-Jahren am Institut für internationale Beziehungen in Genf praktisch eine Auffangstation für liberale Akademiker eingerichtet. Rappard lehrte vor dem Ersten Weltkrieg kurz Ökonomie in Harvard, bevor er 1913 an die Universität Genf berufen wurde. 1919 nahm er als offizieller Vertreter der Schweiz an den Friedensverhandlungen in Paris teil und konnte den Beitritt der neutralen Schweiz zum Völkerbund erwirken. Er amtierte als Delegierter der Schweiz beim Völkerbund und gründete 1927 das Institut für internationale Beziehungen, um dort das Personal für den Völkerbund in Genf und weitere internationale Organisationen auszubilden. Es war Rappard, der von seiner Lehrtätigkeit in Harvard den amerikanischen Ökonomen Jacob Viner kannte. Dieser lehrte in den 1930er-Jahren in Chicago und begründete dort die Chicago School; Milton Friedman gehörte zu seinen Studenten. Rappard gab selber Vorlesungen in Chicago, wo er das System der direkten Demokratie der Schweiz und seine Bedeutung für die wirtschaftliche Freiheit erklärte.[87] Vor und nach dem Krieg lud Rappard auch Ökonomen der Chicago School auf Gastprofessuren an sein Institut in Genf.[88] Gleichzeitig stiessen in der Zwischenkriegszeit stets Ökonomen im Dienst des Völkerbunds wie Gottfried von Haberler zur (neo)liberalen Genfer Gruppe.

Nebst Wilhelm Röpke lehrten etwa Ludwig von Mises oder der spätere Staatspräsident von Italien Luigi Einaudi, ebenfalls Gründungsmitglied der MPS, längere Zeit in Genf. Auch Hayek lehrte als Gastprofessor am Institut.[89] Das eher zufällige Colloque Lippmann von 1938 in Paris war im Rückblick zentral für die Vernetzung der europäischen Neoliberalen.[90] Kurz darauf brach der Zweite Weltkrieg aus und viele der 23 Teilnehmer mussten in die USA fliehen, darunter Ludwig von Mises. Nach 1940 blieb Röpke alleine und isoliert in Genf zurück. Diese «Genfer Schule» um William Rappard und Wilhelm Röpke sollte 1947 das akademische Kernteam der Mont Pèlerin Society bilden.[91] Die Zürcher MPS-Mitglieder um Albert Hunold, die NZZ-Redaktion und Hans Sulzer waren aber entscheidend für das Administrative im Hintergrund.

Dass die MPS für die Schweizer Gruppe stets auch, wie ursprünglich in der ersten Skizze von 1943 angedacht, eine «Schweizer Schule» war, wurde Hunold nicht müde zu erinnern.[92] Für Sulzer war denn auch die Stärkung der neoliberalen Schule in der Schweiz prioritär und die Unterstützung der international bekannten Ökonomen Mittel zum Zweck. Das SIAF sollte gemäss ihm und seinen Mitstreitern schlicht eine «liberale Wirtschaftsschule» ähnlich dem Genfer Institut sein.[93] Für die weltgewandten Diplomaten Sulzer und Rappard war eine weltoffene, marktwirtschaftlich-freie Schweiz denn auch selbstverständlicher Kern der geistigen Landesverteidigung und ihr Verständnis von Freiheit des Einzelnen war von ihrem Verständnis des freien Unternehmertums nicht zu trennen.[94] Dafür hatten sie sich beide jahrzehntelang eingesetzt.

Sulzers und Rappards Freundschaft ging auf den Ersten Weltkrieg zurück, ▸ S. 118
als Sulzer zum Minister in Washington ernannt wurde und ihm der etwas jüngere William Rappard als Mitglied der Swiss Mission kurz zur Seite gestellt wurde.[95] So schrieb Sulzer 1918 an Rappard: «Vielleicht komme ich ja einmal plötzlich in Genf vorbei, um Ihnen die Hand zu drücken, wer weiss. Mit herzlichsten Grüssen, Ihr stets getreuer Freund.»[96]

Die Aufgabe Sulzers und Rappards in Washington war, für die Schweiz Getreideimporte aus den USA sicherzustellen. Die Februarrevolution in Russland 1917 hatte die Schweiz, die bereits zur Zeit des Ersten Weltkriegs ein hoch industrialisiertes Agrarimportland war, von den Lieferungen aus Russland abgeschnitten. Sulzer und Rappard mussten somit in Washington die Rohstoffzufuhr sichern, da ihrem Heimatland als Folge der kommunistischen Revolution Getreideknappheit drohte. Die beiden befanden sich also an vorderster Front, als die sogenannte erste Globalisierung mit dem Ersten Weltkrieg ein abruptes Ende nahm. Die hoch spezialisierte, kleine offene Volkswirtschaft Schweiz war tief in den Weltmarkt integriert und auf den globalen Handel angewiesen. Der Erste Weltkrieg setzte einer beispiellosen Ära des globalen Handels ein Ende, erst in den 1950er-Jahren erreichte der Welthandel wieder das Volumen der Belle Époque.[97] Diese Erfahrung machte Sulzer und Rappard zu Unterstützern eines vor staatlichen Eingriffen geschützten Freihandels, wie er erst später von neoliberalen Ökonomen wie Gottfried von Haberler und Wilhelm Röpke theoretisiert wurde.[98]

Im Zweiten Weltkrieg standen die beiden bei einer handelspolitischen Mission in London wiederum gemeinsam an der Front, Sulzer als Leiter, Rappard als Zuständiger für die Kontaktpflege gegen aussen und Verfasser von Noten und Memoranden.[99] Beide sahen diese «Front» der Schweiz immer auch als eine geistige und in der Denkschule des Neoliberalismus die Bestätigung der schweizerischen Eigenart, die sie unterstützen und stärken wollten. Umgekehrt hat Sulzer wie kaum ein anderer die Theorie der neoliberalen Denker für die geistige Landesverteidigung während und kurz nach dem Krieg fruchtbar gemacht. Andere spätere Neoliberale standen in den 1930er-Jahren oder noch bis 1940 dem Frontismus nahe und fanden über den steten Austausch mit neoliberalen Denkern und über deren Schriften zu einem Liberalismus, den sie als zutiefst schweizerisch erfassten. Sie schworen den frontistischen Ansichten ab, und es galt lediglich noch, einen «mit dem Wesenskern des Liberalismus wieder in Einklang stehenden Weg zu suchen».[100] Typisch für diese geistige Wendung ist Carlo Mötteli, der in den 1930er-Jahren noch das Sekretariat des frontistischen Vaterländischen Verbandes führte.[101] Erst während des Krieges wurde er zu einem vehementen Vertreter des Neoliberalismus, besuchte sämtliche Vorträge des SIAF sowie die Jahresversammlungen der MPS und berichtete in der NZZ ausführlich darüber. Eine noch stärkere Wandlung machte Berufsoffizier Fritz Rieter durch, der im Jahr 1940 die «Eingabe der 200» orchestrierte und damit auch gegen den NZZ-Chefredaktor Willy Bretscher und seinen bekanntesten Schreiber Wilhelm Röpke schoss.[102] Bretscher hatte sich klar gegen den damals bekannten Publizisten

Robert Eibel und dessen Organisation Redressement national positioniert. Auch die Unternehmerverbände bekundeten zu Beginn der 1940er-Jahre zunächst noch Mühe, sich klar von der Bewegung um Eibel abzugrenzen, und sollten noch während Jahren Beiträge ans Redressement national zahlen. Eine klare Positionierung für einen Liberalismus im Sinne Röpkes und Hayeks war auch eine Unterstützung der NZZ-Haltung um Bretscher. Fritz Rieter machte diese Wende in der geistigen Landesverteidigung intellektuell mit und finanzierte die «Schweizer Monatshefte» als MPS-Publikationsorgan aus dem Familienvermögen.[103] Dort schuf er für die neoliberalen Autoren den Raum, längere Artikel zu publizieren, die den Rahmen einer Tageszeitung wie der NZZ sprengten. Waren Fritz Rieter und Hans Sulzer im Jahr 1940 noch Opponenten, so sassen sie 1954 gemeinsam mit Friedrich August von Hayek zu Tisch. Die Entwicklung hin zu einem Verständnis des Neoliberalismus, der mit der schweizerischen Wesensart eng verbunden war, ist unverkennbar. Carlo Mötteli sollte dies in Sulzers Todesjahr 1959 in einem Buchkapitel unter dem Titel «Der Neoliberalismus und die Schweiz» ausführen.[104]

HANS SULZER ALS NEOLIBERALER UNTERNEHMER

Hans Sulzer hat es verstanden, den Duktus Hayeks und Röpkes auf den profanen Boden der schweizerischen Wirtschaftspolitik zu übertragen. Als Verbandspräsident hat er sich nicht gescheut, seine neoliberalen Überzeugungen gegen die einzelnen Lobbygruppen zu vertreten. So sprach er sich etwa 1950 gegen den staatlichen Schutz der Uhrenindustrie aus, auf die Gefahr hin, ein wichtiges Branchenmitglied des Vororts zu verärgern: «Wenn der Abschnitt II [des Uhrenstatuts] Ihres Entwurfs Gesetz werden sollte, dann werden wir den Stolz, ein Land der Handels- und Gewerbefreiheit zu sein, begraben können. Meine innerste Überzeugung [...] lehnt sich gegen diesen Staatsdirigismus auf. [...] Ich kann nicht anders. Wir müssen den Mut zur klaren Rückkehr zur Verfassung haben und auch die Uhrenindustrie muss diesen Mut aufbringen.»[105] ▸ S. 106

In diesem Zitat ist ersichtlich, wie Sulzer die neoliberale Ablehnung des zentralstaatlich-dirigistischen Eingreifens und Planens und die aus der geistigen Landesverteidigung stammende Besinnung auf die in der Verfassung verankerte Handels- und Gewerbefreiheit zu einem untrennbaren Ganzen macht. Spannend auch, wie sich Sulzer in solchen Wortmeldungen, wenn er vom nötigen «Mut» spricht, vielleicht unabsichtlich als Unternehmer verrät. Gerade der Minister Sulzer, der in Washington und London auf diplomatischem Parkett unterwegs war, der beim Bund ein kriegswirtschaftliches Amt führte und in Verbänden und Vereinen aktiv war, ist in seiner eigenen Denkweise zunächst Unternehmer. Friedrich August von Hayek, Wilhelm Röpke, William Rappard oder Sekretär Albert Hunold formten die Theorie der politischen Bedeutung des freien Unternehmertums. Sulzer ist einer dieser Unternehmer; er musste zusehen, wie seine Firma auf die schwarze Liste gesetzt wurde. Er wird damit für die Öffentlichkeit glaubwürdiger, als es ein Ökonomieprofessor mit seinen Theoriekonstrukten sein kann. Denn Sulzer war nicht nur für sich selber verantwortlich, sondern für einen Grosskonzern mit zahlreichen Angestellten, die um ihre Arbeitsplätze bangten. Es war Sulzer selber, der Verantwortung trug, der die Angst vor dem Scheitern kannte und den Begriff «Mut» einbrachte. Er verteidigte infolgedessen auch den relativen Reichtum der Unternehmer, weil sie ein Risiko eingingen: «Ein Volk aber, das sich diese Einkommensverteilkonzeption des Staatszweckes als allgemeines Prinzip zu eigen macht, befindet sich auf dem Weg der Dekadenz. [...] Man wird aber dann sehr bald erfahren, dass, wenn dem Unternehmerrisiko keine Kompensationsmöglichkeit eines diesem Risiko angemessenen Gewinnes mehr gegenübersteht, wenn dem Menschen der Lohn seines Strebens nach Leistung abgeschöpft wird, die Lust zum Unternehmer, zum Einsatz neuer Mittel, zur Schaffung neuer Unternehmungen, erlischt, mit der Folge, dass dann eben die Kapitalbildung und mit ihr die Abschöpfung aufhört zum Schaden des ganzen Volkes, das damit der Verarmung entgegengeht.»[106]

Hier spricht Sulzer nicht als ein Bewunderer Hayeks, sondern als Verwaltungsratspräsident eines Grosskonzerns, für den er die volle Verantwortung trägt. Er wusste im Gegensatz zu den neoliberalen Ökonomen genau, wie sich das «Unternehmerrisiko» anfühlt.

Als Sulzer 1959 starb, war die soziale Marktwirtschaft in Deutschland, die deutsche Variante des Neoliberalismus, auf ihrem Höhepunkt. In Zürich wechselten sich am Institut für Auslandforschung Milton Friedman, der deutsche Wirtschaftsminister und spätere Bundeskanzler Ludwig Erhard, Karl Brunner, Wilhelm Röpke und das internationale Who's who des Neoliberalismus mit Vorträgen ab. Während sich die Schweiz so gegen aussen intellektuell einen neoliberalen Anschein gab, blieb sie innenpolitisch mit einer hoch protektionistischen Landwirtschaftspolitik und Elementen der geistigen Landesverteidigung im Konservatismus stecken. Die frühere Freihandelspionierin konnte aufgrund ihrer Agrarzölle 1947 nicht einmal das Freihan-

▸ Hans Sulzer in seinem «Herrenzimmer» im Oberen Alpgut, 1956.

delsabkommen General Agreement on Tariffs and Trade (GATT) ratifizieren. Dies war eine Absage an die Werte der neoliberalen «Schweizer Schule», wie sie von Sulzer und Rappard gepflegt worden war. Das GATT war ein Resultat der Bemühungen der Völkerbundsökonomen um Gottfried von Haberler und hätte ausgerechnet für kleine offene Volkswirtschaften wie die Schweiz einen den Grossmächten ebenbürtigen Zugang zum Weltmarkt bieten sollen. Auch in anderen Bereichen blieb die Schweizer Binnenwirtschaft hoch kartelliert. Die Post, die Telekommunikation, der öffentliche Verkehr erfuhren in der Schweiz erst in den 1990er-Jahren eine vorsichtige Deregulierung. Es waren Länder wie zunächst die Bundesrepublik (im Sinne der ordoliberalen Wettbewerbsordnung), dann in den 1980er-Jahren die USA und Grossbritannien (im Sinne der Privatisierung von Staatsunternehmen), die zu neoliberalen Musterländern wurden. Im Inland hatten die sehr aktiven Schweizer Neoliberalen um Hans Sulzer und William Rappard, Ironie des Schicksals, also kaum neoliberale Wirkung.

Anmerkungen

1 Siehe zur Neoliberalismusforschung Harvey, David: A Brief History of Neoliberalism, Oxford 2007; Mirowski, Philip; Plehwe, Dieter (Hg.): The Road from Mont Pèlerin. The Making of the Neoliberal Thought Collective, Cambridge, Massachusetts, 2009; Burgin, Angus: The Great Persuasion. Reinventing Free Markets since the Depression, Cambridge, Massachusetts, 2012.

2 Siehe zum frühen Neoliberalismus Slobodian, Quinn: Globalists. The End of Empire and the Birth of Neoliberalism, Cambridge, Massachusetts, 2018; Innset, Ola: Reinventing Liberalism, Berlin 2020.

3 Das SIAF hat kein offizielles Archiv. Vereinzelte Dokumente sind über diverse Bestände verstreut im Archiv der Universität Zürich vorhanden. Die Angaben in diesem Beitrag stützen sich auf die hervorragende Forschung von Yves Steiner, der am SIAF noch einige Dokumente einsehen durfte. Zudem hat Steiner mit den Akten Albert Hunolds am Hoover Institution Archives in Stanford, Kalifornien, gearbeitet, die dorthin überführt und in den Bestand der Mont Pèlerin Society integriert wurden. Siehe Steiner, Yves: Les riches amis suisses du néolibéralisme, in: Traverse 14/1 (2007), S. 114–126, und Longchamp, Olivier; Steiner, Yves: Comment les banquiers et industriels suisses ont financé le renouveau libéral, in: L'Économie politique 44 (2009), S. 76–92.

4 Hartwell, R. M.: A History of the Mont Pelerin Society, Indianapolis 1995, S. 204.

5 Ebd., S. 88. Gemäss Hunold kamen 1960 ein Dutzend der 250 Mitglieder aus der Schweiz. Siehe dazu Albert Hunold, Institutsorgane, 1960 (Archiv der Universität Zürich, I.004.082, Schweizerisches Institut für Auslandforschung [SIAF]: Vorstand).

6 Insbesondere Angus Burgin hat mit dem Nachlass William Rappard im Schweizerischen Bundesarchiv ausführlich gearbeitet.

7 Winterberger, Gerhard: Über Schumpeters Geschichtsdeterminismus, Tübingen 1983.

8 Steiner (2007, wie Anm. 3), S. 126.

9 Von Hayek, Friedrich August: Der Weg zur Knechtschaft, Erlenbach-Zürich 1945.

10 N. N.: Die politischen Folgen der Planwirtschaft, in: Neue Zürcher Zeitung, 6. 5. 1938.

11 Reinhoudt, Jurgen; Audier, Serge: The Walter Lippmann Colloquium. The Birth of Neo-Liberalism, Cham 2018.

12 Caspar Jenny unterzeichnete zwei Jahre später die «Eingabe der 200».

13 Hunold, Albert: Die Reorganisation des englischen Kohlenbergbaues, Zürich 1934.

14 Volkswirtschaftliche Gesellschaft, Jahresbericht 1937/38 (Schweizerisches Wirtschaftsarchiv, Institute 423).

15 Mötteli, Carlo: Vollbeschäftigung. Ein Vortrag von Prof. F. A. Hayek, London, in: Neue Zürcher Zeitung, 14. 10. 1945.

16 Keynes, John Maynard: The General Theory of Employment, Interest and Money, London 1936.

17 Hennecke, Hans Jörg: Wilhelm Röpke. Ein Leben in der Brandung, Zürich 2005, S. 140.

18 Wirtschaftsfragen der Nachkriegszeit, Referat gehalten von Dr. Hans Sulzer, Präsident des Schweizerischen Handels- und Industrie-Vereins, an der Delegiertenversammlung des Schweizerischen Handels- und Industrie-Vereins in Zürich, am 29. 9. 1945 (AfZ, NL Hans Sulzer, 36.1.).

19 Röpke, Wilhelm: Die Gesellschaftskrisis der Gegenwart, Erlenbach-Zürich 1942.

20 Hennecke (2005, wie Anm. 17), S. 169.

21 Ebd., S. 139.

22 Ebd., S. 129. Zu Röpkes Bedeutung für die geistige Landesverteidigung siehe vor allem Solchany, Jean: Wilhelm Röpke, l'autre Hayek. Aux origines du néolibéralisme, Paris 2015.

23 Solchany, Jean: Wilhelm Röpke et la Suisse. La dimension helvétique d'un parcours transnational, in: Traverse 17/2 (2010), S. 23–37, hier S. 32. Röpke-Biograf Solchany hat aufgrund der Korrespondenz im Nachlass die Rolle Röpkes als Gesprächspartner zahlreicher Schweizer Entscheidungsträger belegt.

24 Wirtschaftsförderung: Gründungsakten 1, Produktive Arbeit. Bericht der Geschäftsstelle an den Vorstand (AfZ, IB wf-Archiv); Sprecher, Thomas: Schweizer Monat, 1921–2012. Eine Geschichte der Zeitschrift, Zürich 2013, S. 77. Siehe dazu die digitalisierten Artikel der «Schweizer Monatshefte» auf www.e-periodica.ch. Siehe auch Hunold, Albert: Kurzer geschichtlicher Abriss der Gründung des Schweizerischen Instituts für Auslandforschung und der Errichtung der Abteilung für Volkswirtschaftliche Studien, Zürich, 1. 7. 1964 (Archiv der Universität Zürich, I.004.082, Schweizerisches Institut für Auslandforschung [SIAF]: Vorstand).

25 Solchany (2010, wie Anm. 23), S. 30; Wirtschaftsförderung: Gründungsakten 1, Produktive Arbeit. Bericht der Geschäftsstelle an den Vorstand (AfZ, IB wf-Archiv).

26 Siehe dazu die von Yves Steiner in den Hoover Institution Archives zusammengetragenen Zahlen.

27 Hartwell (1995, wie Anm. 4), S. 100–133. Hunold hatte zunehmend die Macht über die Geschicke der Gesellschaft an sich gerissen und es sich mit zahlreichen Exponenten, darunter Milton Friedman, verdorben.

28 Plickert, Philip: Wandlungen des Neoliberalismus. Eine Studie zu Entwicklung und Ausstrahlung der «Mont Pèlerin Society» (Marktwirtschaftliche Reformpolitik, N. F. 8), Stuttgart 2008, S. 176. Plickert bezieht sich hier auf die Korrespondenz

zwischen Hunold und Hayek, die sich im MPS-Archiv der Hoover Institution Archives befindet.
29 Solchany (2010, wie Anm. 23), S. 30.
30 Solchany (2015, wie Anm. 22), S. 43–45.
31 Gotthelf, Jeremias: Sämtliche Werke in 24 Bänden, Erlenbach-Zürich 1922–1977.
32 Jorio, Marco: Geistige Landesverteidigung, in: Historisches Lexikon der Schweiz, Bd. 5, Basel 2006, S. 163–165.
33 Zimmer, Oliver: «A Unique Fusion of the Natural and the Man-made»: The Trajectory of Swiss Nationalism, 1933–39, in: Journal of Contemporary History 39/1 (2004), S. 5–24.
34 Franc, Andrea: Wilhelm Röpke's Utopia and Swiss Reality: From Neoliberalism to Neoconservatism, in: Patricia Commun, Stefan Kolev (Hg.): Wilhelm Röpke (1899–1966). A Liberal Political Economist and Conservative Social Philosopher, Cham 2018, S. 31–40.
35 Sugden, Robert: Spontaneous order, in: The Journal of Economic Perspectives 3/4 (1989), S. 85–97.
36 Röpke (1942, wie Anm. 19), S. 47.
37 Mötteli, Carlo: Der Neoliberalismus und die Schweiz, in: Wirtschaft und Recht 11/1 (1959), S. 1–17.
38 Inglin, Oswald Paul: Der stille Krieg. Der Wirtschaftskrieg zwischen Grossbritannien und der Schweiz im Zweiten Weltkrieg, Zürich 1991, S. 172–181.
39 Hartwell (1995, wie Anm. 4), S. 30 f.; Plickert (2008, wie Anm. 28), S. 129.
40 Borner, Silvio; Frey, Bruno S.; Schiltknecht, Kurt: Was vermag Ökonomie? Zu wirtschaftlichem Wert, Wachstum, Wandel und Wettbewerb, Zürich 2007.
41 Plickert (2008, wie Anm. 28), S. 129. Plickert bezieht sich auf die Korrespondenz zwischen Hayek, Hunold und Röpke. Diese befindet sich zum Teil im Bestand der Akten der Mont Pèlerin Society in den Hoover Institution Archives in Stanford, zum Teil im Nachlass Wilhelm Röpkes im Archiv des Instituts für Wirtschaftspolitik der Universität Köln.
42 Steiner (2007, wie Anm. 3), S. 118 f.
43 Solchany (2010, wie Anm. 23), S. 30.
44 Ebd.
45 Hülsmann, Jörg Guido: Mises. The Last Knight of Liberalism, Auburn, Alabama, 2007.
46 Mont Pelerin Society records, meetings file, 1945–1990, Box 5, Folder 10, Zur Frage der Gründung einer sozialwissenschaftlichen Studiengemeinschaft (Hoover Institution Archives).
47 Der von Wilhelm Röpke geschätzte Journalist Hermann Büchi hatte den Frontisten Robert Eibel in der Geschäftsführung des Vereins ersetzt, vgl. Wirtschaftsförderung: Gründungsakten 1, Besprechung [von Dr. Bührer] mit den Herren Dr. Büchi und Dr. Eibel (AfZ, IB wf-Archiv).
48 Wirtschaftsförderung: Gründungsakten 1, Produktive Arbeit. Bericht der Geschäftsstelle an den Vorstand (AfZ, IB wf-Archiv).
49 Ebd.
50 Albert Hunold, Kurzer geschichtlicher Abriss der Gründung des Schweizerischen Instituts für Auslandforschung und der Errichtung der Abteilung für Volkswirtschaftliche Studien, Zürich, 1. 7. 1964 (Archiv der Universität Zürich, I.004.082, Schweizerisches Institut für Auslandforschung [SIAF]: Vorstand).
51 Ebd.
52 N. N.: Schweizerisches Institut für Auslandforschung, in: Neue Zürcher Zeitung, 18. 4. 1950.
53 Ebd.
54 Tagebuch Hans Schindler, 25. 1. 1950 (Schweizerisches Wirtschaftsarchiv, PA 582 A).
55 Wiesmann, Matthias: Zauderer mit Charme. Hans Schindler und die Zwänge einer Zürcher Industriellenfamilie, Baden 2020.
56 Hans Sulzer an Alfred Sulzer, 1. 1. 1951 (AfZ, NL Hans Sulzer, 54.5.).
57 N. N.: Schweizerisches Institut für Auslandforschung, in: Neue Zürcher Zeitung, 18. 4. 1950.
58 Longchamp/Steiner (2009, wie Anm. 3), S. 79 f.
59 Jöhr, Walter Adolf: Sozialismus? Kritische Bemerkungen zu den Büchern von Schumpeter und Hayek, in: Schweizer Monatshefte 6 (1945), S. 354–372.
60 Jöhr, Walter Adolf: Die Leistungen des Konkurrenzsystems und seine Bedeutung für die Wirtschaft unserer Zeit, in: Schweizerische Zeitschrift für Volkswirtschaft und Statistik 5/2 (1950), S. 398–415.
61 Tagebuch Hans Schindler, 21. 6. 1951 (Schweizerisches Wirtschaftsarchiv, PA 582 A).
62 Tagebuch Hans Schindler, 13. 9. 1951 (Schweizerisches Wirtschaftsarchiv, PA 582 A).
63 Longchamp/Steiner (2009, wie Anm. 3), S. 83.
64 Gemäss Steiner und Longchamp teilte die Universität Zürich die Nachfolge Saitzews auf zwei Lehrstühle auf, den von Friedrich A. Lutz, und den von Jürg Niehans. Ebd., S. 79 f.
65 Smith, Vera C.: The Rationale of Central Banking, London 1936.
66 Longchamp/Steiner (2009, wie Anm. 3), S. 83.
67 Plickert (2008, wie Anm. 28), S. 127–132.
68 Solchany (2015, wie Anm. 22).
69 Longchamp/Steiner (2009, wie Anm. 3), S. 85.
70 Hartwell (1995, wie Anm. 4), S. 117.
71 Friedman, Milton; Friedman, Rose D.: Two Lucky People. Memoirs, Chicago 1998.
72 Handakten Gerhard Winterberger, Korrespondenz mit Gottfried von Haberler (AfZ, IB Vorort-Archiv, 12.1.8.).
73 Longchamp/Steiner (2009, wie Anm. 3), S. 85.
74 Ebd., S. 89.
75 Siehe dazu das Zeitungsarchiv der «Neuen Zürcher Zeitung».
76 Longchamp/Steiner (2009, wie Anm. 3), S. 78.

77 Tagebuch Hans Schindler, 17. 6. 1954 (Schweizerisches Wirtschaftsarchiv, PA 582 A).

78 Albert Hunold an Georg Sulzer, 2. 6. 1964 (Archiv der Universität Zürich, I.004.082, Schweizerisches Institut für Auslandforschung [SIAF]: Vorstand).

79 Longchamp/Steiner (2009, wie Anm. 3), S. 86.

80 Hunold, Albert (Hg.): Volkswirtschaftliche Studien für das Schweizerische Institut für Auslandforschung, 6 Bände, Erlenbach-Zürich 1951–1957.

81 Steiner (2007, wie Anm. 3), S. 121.

82 Walpen, Bernhard: Die Schweiz – Kaderschmiede des Neoliberalismus, in: Widerspruch 24/46 (2004), S. 141–151.

83 Rappard, William Emmanuel: The Crisis of Democracy (Lectures on the Harris Foundation 1938), Chicago 1938.

84 Burgin (2012, wie Anm. 1), S. 70.

85 Reinhoudt/Audier (2018, wie Anm. 11).

86 Tagebuch Hans Schindler, 21. 6. 1951 (Schweizerisches Wirtschaftsarchiv, PA 582 A).

87 Rappard (1938, wie Anm. 38).

88 Hülsmann (2007, wie Anm. 45), S. 688.

89 Monnier, Victor: William E. Rappard. Défenseur des libertés, serviteur de son pays et de la communauté internationale, Genf und Basel 1995, S. 491.

90 Reinhoudt/Audier (2018, wie Anm. 11).

91 Slobodian (2018, wie Anm. 2).

92 Albert Hunold, Kurzer geschichtlicher Abriss der Gründung des Schweizerischen Instituts für Auslandforschung und der Errichtung der Abteilung für Volkswirtschaftliche Studien, Zürich, 1. 7. 1964 (Archiv der Universität Zürich, I.004.082, Schweizerisches Institut für Auslandforschung [SIAF]: Vorstand).

93 Tagebuch Hans Schindler, 1. 3. 1950 (Schweizerisches Wirtschaftsarchiv, PA 582 A).

94 Monnier (1995, wie Anm. 89), S. 517.

95 Steiner, Yves: The Neoliberals Confront the Trade Unions, in: Philip Mirowski, Dieter Plehwe (Hg.): The Road from Mont Pèlerin. The Making of the Neoliberal Thought Collective, Cambridge, Massachusetts, 2009, S. 181–203, hier S. 183.

96 Hans Sulzer an William Rappard, 4. 5. 1918 (AfZ, NL Hans Sulzer, 28.5.).

97 Rodrik, Dani: Das Globalisierungs-Paradox. Die Demokratie und die Zukunft der Weltwirtschaft, München 2011, S. 108.

98 Von Haberler, Gottfried: Theory of International Trade. With its Applications to Commercial Policy, London 1936; Röpke, Wilhelm: Internationale Ordnung, Erlenbach-Zürich 1945.

99 Zur Aufgabenteilung siehe Hans Sulzer an Lili Sulzer, 12. 4. 1942 (AfZ, NL Hans Sulzer, 54.3.).

100 Mont Pelerin Society records, meetings file, 1945–1990, Box 5, Folder 10, Zur Frage der Gründung einer sozialwissenschaftlichen Studiengemeinschaft (Hoover Institution Archives).

101 Hartwell (1995, wie Anm. 4), S. 51.

102 Brassel-Moser, Ruedi: Eingabe der Zweihundert, in: Historisches Lexikon der Schweiz, Bd. 4, Basel 2005, S. 134.

103 Sprecher (2013, wie Anm. 24), S. 77.

104 Mötteli (1959, wie Anm. 37).

105 Unvollständiger Entwurf eines Referats, etwa Juni 1950 (AfZ, NL Hans Sulzer, 36.3.).

106 Wirtschaftsfragen der Nachkriegszeit, Referat gehalten von Dr. Hans Sulzer, Präsident des Schweizerischen Handels- und Industrie-Vereins, an der Delegiertenversammlung des Schweizerischen Handels- und Industrie-Vereins in Zürich, am 29. 9. 1945 (AfZ, NL Hans Sulzer, 36.1.).

beanspruche keinen an-
dern Titel als den, ein anständiger, brauch-
baren, mit den besten Intentionen erfüllter
Mensch gewesen zu sein

Hans Sulzer, letztwillige Verfügung, 12. 3. 1942.

Hans Sulzer und die «zweite Gründung» der Schweiz

TOBIAS STRAUMANN

Als Hans Sulzer 1876 auf die Welt kam, war die Schweiz ein Land, das politisch von den Liberalen und den Demokraten geprägt war.[1] Sie beherrschten Bundesrat und Parlament fast nach Belieben und setzten ihre Reformagenda ohne Rücksicht auf die Katholisch-Konservativen um. Ein Meilenstein war die Verfassungsrevision von 1874. Die neue Bundesverfassung stärkte die Gesetzgebungskompetenz des Bundes, garantierte die Glaubens- und Gewissensfreiheit für alle Religionen, erweiterte die Niederlassungsfreiheit, verbot die Gründung neuer Orden und Klöster, schloss Schweizer Geistliche von der Wahl in den Nationalrat aus und führte das Referendum auf Bundesebene ein.

Auch wirtschaftspolitisch gaben Liberale und Demokraten den Ton an. Sie verstanden die Schweiz als kleine offene Volkswirtschaft mit rund 2,5 Millionen Einwohnern, die auf Freihandel und liberale Rahmenbedingungen angewiesen war, um wirtschaftlich vorwärtszukommen. Die Bundesverfassung von 1874 garantierte ausdrücklich die Handels- und Gewerbefreiheit. Noch war die Schweiz aber kein von der Industrie dominiertes Land. 1880 wiesen die Landwirtschaft und der gewerbliche Sektor etwa gleich viel Beschäftigte auf, nämlich je rund 550 000 beziehungsweise 42 Prozent aller Erwerbstätigen.[2] Der Tourismus war im Wachstum begriffen, aber noch von bescheidenem Umfang. Erst 1871 nahm die erste Bergbahn, die Vitznau-Rigi-Bahn, ihren Betrieb auf.

Schliesslich war auch die Kulturpolitik des Bundes bestimmt von liberalen und demokratischen Vorstellungen. Sie verstanden die Schweiz nicht als modernen Nationalstaat wie die Nachbarländer. Es gab zwar das Rütli als Erinnerungsort, aber es gab weder einen Nationalfeiertag noch das Tell-Denkmal in Altdorf oder das Landesmuseum in Zürich. Viele Immigranten trugen entscheidend zum Aufbau des modernen Kulturlebens und der Hochschulen bei. Auch die Schweizer Wirtschaft verdankte ihren Aufschwung zu einem wesentlichen Teil dem Pioniergeist von ausländischen Unternehmern.

Als Hans Sulzer 1959 starb, sah die Schweiz ganz anders aus. Die Freisinnigen, wie sich Liberale und Demokraten mittlerweile nannten, wiesen immer noch eine starke Stellung auf, aber hatten die Mehrheit in der Bundespolitik längst verloren. Im Dezember 1959 wurde die «Zauberformel» für den Bundesrat eingeführt: Die Freisinnigen, die Katholisch-Konservativen und die Sozialdemokraten erhielten je zwei Sitze, die Bauern-, Gewerbe- und Bürgerpartei (BGB) einen Sitz. Ausgeschlossen von der Bundespolitik blieben jedoch weiterhin die Schweizer Frauen. Im Februar 1959 lehnten 70 Prozent der Urnengänger die Einführung des Frauenstimm- und -wahlrechts ab.

Die Schweiz war immer noch eine kleine offene Volkswirtschaft, aber zählte nun rund 4,5 Millionen Einwohnerinnen und Einwohner, also fast doppelt so viel wie zur Zeit von Hans Sulzers Geburt. In der Landwirtschaft arbeiteten nur noch 12 Prozent aller Erwerbstätigen, in der Industrie 50 Prozent und im Dienstleistungssektor 38 Prozent. Gleichzeitig hatte die Bedeutung des Bundes in der Wirtschaft enorm zugenommen. Er erhob direkte Steuern und eine Reihe von neuen indirekten Steuern, die vor 1914 undenkbar gewesen waren. Seit 1947 waren die sogenannten Wirtschaftsartikel in der Verfassung verankert, die dem Bund weitreichende Kompetenzen bei der Steuerung der Wirtschaft verliehen. Seit demselben Jahr existierte die Alters- und Hinterlassenenversicherung.

Schliesslich war die Schweiz auch kulturpolitisch ein anderes Land geworden. Der 1. August hatte sich als Bundesfeiertag eingebürgert, das Landesmuseum empfing Jahr für Jahr Zehntausende von Besuchern, in Altdorf stand ein Tell-Denkmal, und in Schwyz existierte seit 25 Jahren das Bundesbriefarchiv. Anders als im späten 19. Jahrhundert war das Kulturleben durchdrungen vom Kalten Krieg, nicht mehr von der Nähe zu Deutschland, Frankreich und Italien. Die Schweiz war offiziell neutral, aber gehörte mit ihren demokratischen Institutionen und ihrer marktwirtschaftlichen Ausrichtung eindeutig zum westlichen Lager, und die USA als neue Weltmacht übten einen starken Einfluss auf das schweizerische Alltags- und Kulturleben aus.[3]

Diese wenigen Stichworte zur Situation im Geburts- und Todesjahr von Hans Sulzer dürften genügen, um zu verdeutlichen, wie fundamental sich die Schweiz in jener Zeit verändert hat. Besonders rasant und drastisch war der Wandel während der Periode der Kriege und Krisen von 1914 bis 1945, die vom britischen Historiker Eric Hobsbawm als «Zeitalter der Katastrophen» bezeichnet wird.[4] Es lässt sich sogar von einer Art zweiten Gründung der Schweiz sprechen, da der Bundesstaat sich nicht nur vorübergehend und situativ anpasste, sondern neue institutionelle und politische Regeln schuf, die auch nach dem Ende des Zweiten Weltkriegs bestehen blieben. Der liberale Staat des 19. Jahrhunderts, in dem die Macht des Bundes eng begrenzt war, hörte auf zu existieren. An seine Stelle trat eine Schweiz, in der die eidgenössische Politik alles andere überragte.

Aufgewachsen in der liberalen Belle Époque, geriet Hans Sulzer unversehens in den Sog der Krisen und Kriege, jedoch nicht nur als Betroffener, sondern auch als Akteur. Als Vorsitzender der Geschäftsleitung (1914–1934) und als Verwaltungsratspräsident (1935–1959) des bedeutenden Winterthurer Sulzer-Konzerns nahm er wie selbstverständlich eine einflussreiche Stellung innerhalb der Schweizer Elite ein. Dazu gehörte auch, dass er während vieler Jahre Mitglied des Verwaltungsrats von grossen Schweizer Unternehmen war, eine militärische Karriere absolvierte und in der Freisinnig-Demokratischen Partei (FDP) ein grosses Gewicht hatte.[5]

Dass er als Unternehmer, Wirtschaftspolitiker und hoher Offizier eine privilegierte Stellung innehatte, war aber wohl nicht der entscheidende Grund, warum er zu einer prägenden Figur bei der zweiten Gründung der Schweiz wurde. Nur dank drei ausserordentlich wichtigen Mandaten erreichte er jene historische Rolle, die bis heute in Erinnerung geblieben ist: der Gesandtschaft in Washington (1917–1920), dem Präsidium des Vororts (1935–1951) und den handelsdiplomatischen Missionen während des Zweiten Weltkriegs. Seit seinem Einsatz in Washington trug Hans Sulzer den Ministertitel. Er war unter den Industriellen des Landes etwas Besonderes.

Natürlich war er kein Solist. Die «zweite Gründung» der Schweiz war das Resultat einer Vielzahl von Entscheidungen, an denen alle politischen Parteien und Verbände beteiligt waren. Und wie Hans Sulzer gehörten die meisten Persönlichkeiten, die von 1914 bis 1945 prägend wirkten, derjenigen Generation an, die in der Belle Époque aufgewachsen war und bereits vor dem Ersten Weltkrieg ihre ersten Karriereschritte getan hatte. Dazu zählen etwa der freisinnige Bundesrat Edmund Schulthess und der Direktor der Handelsabteilung Walter Stucki, der Bauernverbandspräsident Ernst Laur und der erste BGB-Bundesrat Rudolf Minger, der Generalstreikführer Robert Grimm und der erste SP-Bundesrat Ernst Nobs, die beiden Architekten des Friedensabkommens von 1937 Ernst Dübi und Konrad Ilg oder die Frauenrechtlerinnen Émilie Gourd und Annie Leuch-Reineck.

Auch bei der Ausübung seiner Ämter und Tätigkeiten war Hans Sulzer keineswegs allein. Als er in Washington als Gesandter amtete, erhielt er zu Beginn grosse Unterstützung von der Schweizer Mission, bestehend aus William Rappard, Wilhelm Stämpfli und John Syz, drei bestens ausgewiesenen Experten. Beim Vorort konnte er sich auf die Arbeit des Sekretariats unter der kundigen Leitung von Heinrich Homberger[6] verlassen. Bei den Missionen während des Zweiten Weltkriegs bestand eine enge Zusammenarbeit mit den bewährten Handelsdiplomaten Jean Hotz und Robert Kohli und wiederum mit Heinrich Homberger. Dennoch war Hans Sulzer mehr als ein kleines Rädchen im grossen Getriebe. Er hatte Einfluss und wusste ihn zu nutzen.

Warum nahm gerade Hans Sulzer diese herausragende Stellung ein? Zuallererst war er durch seine Herkunft für eine aussergewöhnliche Rolle prädestiniert. Als Sohn einer wohlhabenden Familie erhielt er eine hervorragende Ausbildung, die sich nur wenige leisten konnten. Er studierte Rechtswissenschaft und Nationalökonomie an den Universitäten Genf, Berlin und Leipzig, wo er 1900 den Doktor beider Rechte erlangte. Darauf folgte eine mehrjährige Lehrzeit in der Schweiz, Italien und England in verschiedenen Branchen und Betrieben.[7] 1906 heiratete er standesgemäss Lili Weber, deren Eltern und Grosseltern dank dem Erfolg in der Textilindustrie zu Reichtum und Ansehen gelangt waren.

Zudem spielte die Familie Sulzer seit Jahrzehnten eine wichtige Rolle in Wirtschaft und Politik, und es war üblich, dass die Sulzer-Vertreter in zahlreichen Verwaltungsräten Einsitz nahmen und sich in den Verbänden für wirtschaftsliberale Ansichten einsetzten. Und es war auch keineswegs aussergewöhnlich, dass Industrielle in der Kriegswirtschaft eine Schlüsselrolle einnahmen. Die Handelsdiplomatie beruhte bis Mitte des 20. Jahrhunderts zu einem wesentlichen Teil auf dem Milizsystem, weil die Bundesverwaltung nicht über ausreichendes Wissen und Personal verfügte.

Aber damit lässt sich nicht alles erklären. Innerhalb der Familiendynastie gehörte Hans Sulzer der dritten Generation an, die nicht selten den Niedergang eines Unternehmens zu verantworten hat. «Der Vater erstellt's, der Sohn erhält's, dem Enkel zerfällt's», schrieb Thomas Mann (1875–1955), ein Zeitgenosse Hans Sulzers, in seinem grossen Familienroman «Buddenbrooks».

Die ausserordentliche Karriere Hans Sulzers hat demnach auch mit seiner Persönlichkeit zu tun. Sie ist allerdings nicht einfach zu erfassen. Die neu zugängliche Privatkorrespondenz enthält zwar persönliche Bemerkungen, die Brieftexte sind jedoch insgesamt in einem sehr sachlichen Ton gehalten. In den Quellen stechen immerhin einige Merkmale hervor, die relevant gewesen sein dürften. Zunächst fällt auf, dass Hans Sulzer schon in jungen Jahren grosse Ambitionen hegte und eine hohe Durchsetzungsfähigkeit bewies. So gelang es ihm 1914, gegen den Widerstand seines ältesten Bruders Carl die Gründung der Aktiengesellschaft nach seinen Vorstellungen durchzusetzen und sich an die Spitze der Geschäftsleitung zu stellen. Hans, das jüngste von insgesamt sechs Geschwistern, war 1903 im Alter von 27 Jahren ins Unternehmen eingetreten und übernahm bereits elf Jahre später die wichtigste Funktion.[8]

Des Weiteren scheint Hans Sulzer eine äusserst verlässliche, engagierte und kompetente Führungsperson gewesen zu sein. Das klingt trivial, denn das sollte für einen Angehörigen der Wirtschaftselite selbstverständlich sein, ist es aber nicht. Zahlreich sind die Fälle von ungeeigneten Unternehmern, Managern und Verbandspräsidenten.[9] Die Schweizer Elite war klein und die Zahl der talentierten Führungskräfte geradezu winzig, da in der Zeit von 1914 bis 1945 die Immigration von ehrgeizigen und fähigen Ausländern unterbunden wurde, nicht nur in der Schweiz, sondern in allen europäischen Ländern. Kriege und Krisen führten zum Zusammenbruch des grenzüberschreitenden Arbeitsmarkts. Und in einem Familienunternehmen wurden die Führungskräfte meist innerhalb der engeren Verwandtschaft gesucht, was die Auswahl nochmals drastisch verkleinerte.

Im Kondolenzbrief von Vorort-Direktor Heinrich Homberger an Lili Sulzer-Weber kommen die Charakterzüge, die eine gute Führungskraft auszeichnen, klar zum Ausdruck: «Die Jahre unter dem Präsidium des Herrn Sulzer im Vorort zähle ich zu meinen reichsten», schrieb Homberger. «Hier habe ich die beglückende Lauterkeit, Tiefe und Grösse dieser Persönlichkeit unter den verschiedenartigsten Verhältnissen ermessen gelernt [...]. Unvergleichlich war Herr Sulzer als Berater und Gesprächspartner in wirtschaftlichen Dingen. Für alles aufgeschlossen und beschlagen in seinem universellen Geist, nie gelangweilt, stets bereit, seinen Teil der Verantwortung zu übernehmen, wich er keinem Urteil aus und half damit das Steuer der Wirtschafts- und Handelspolitik auch in der turbulenten Zeit des Krieges sicher zu führen. Es ist ganz unschätzbar, was wir ihm in Zürich und in Bern für solche stille Beratertätigkeit verdanken. Nichts war ihm dabei zu viel, keine Reise, kein Telephongespräch und kein Aktenstudium.»[10]

Drittens stand Hans Sulzer bei der wesentlichsten Frage jener Zeit, dem Verhältnis zu Deutschland, auf der richtigen Seite. Bereits im Ersten Weltkrieg fühlte er sich mit den angelsächsischen Ländern weit mehr verbunden als mit dem grossen Nachbarn im Norden, der im August 1914 das neutrale Belgien überfiel. Er sprach neben Französisch und Italienisch auch hervorragend Englisch und wurde nicht zuletzt wegen seiner Anglophilie für die Gesandtschaft in Washington ausgewählt. Während des Zweiten Weltkriegs gehörte er zu denjenigen Industriellen, die vor einer allzu engen Verflechtung mit Nazideutschland warnten.[11] Das bedeutete nicht, dass die von ihm präsidierten Firmen Sulzer und Saurer jeglichen Export von kriegswichtigen Gütern einstellten, denn damit wäre ein grosser Arbeitsplatzabbau verbunden gewesen. Das effektive Verhalten war durchaus widersprüchlich und widerspiegelte die Dilemmata der Schweizer Exportwirtschaft und Aussenwirtschaftspolitik.

Hier war er keine Ausnahme, weswegen die Firma Sulzer trotz seiner Anglophilie und seinen guten Beziehungen zu den Alliierten auch auf die schwarze Liste gesetzt wurde, was ihn mehr als alle Niederlagen geschmerzt hat.

Schliesslich gehörte Hans Sulzer zu jenen Wirtschaftsführern, die nicht nur betriebswirtschaftlich dachten und sich für ihre Brancheninteressen einsetzten, sondern sich auch für intellektuelle und kulturelle Themen interessierten. Seine Vorauswahl der Musikstücke für eine (nicht durchgeführte) Erinnerungsfeier ein Jahr nach seinem Tod zeugt von einer grossen Vertrautheit mit den klassischen Werken. Sein Einsatz für die Wiederbelebung des Liberalismus nach 1945 zeigt, dass er sich grundsätzliche Gedanken über Sinn und Zweck von staatlichen Institutionen machte. Dass er zeitlebens ein Liberaler blieb, hatte natürlich auch mit seiner sozialen Herkunft, seinem Aufwachsen in der freiheitlichen Belle Époque und seiner Tätigkeit als privater Unternehmer zu tun. Aber Sulzers weltanschauliche Überzeugungen lassen sich nicht einfach auf strukturelle Ursachen zurückführen. Dahinter stand auch eine ernsthafte und ausdauernde Denkarbeit, die ihn gegenüber vielen Standesgenossen auszeichnete und ihn in den Kreis der frühen Neoliberalen um Hayek und Röpke führte.[12]

Es gibt also durchaus eine Reihe von Anhaltspunkten, die darauf hinweisen, dass Hans Sulzers ausserordentlicher Lebenslauf im Zeitalter der Katastrophen alles andere als zufällig war. Aber es spielte auch Glück mit. Hätte John Syz nicht die Übernahme der Gesandtschaft in Washington abgelehnt, wäre der 41-jährige Hans Sulzer wohl in der Schweiz geblieben, und weil dieses Ministeramt für die weitere Karriere Sulzers grosse Bedeutung erhielt, wäre er möglicherweise auch nicht Chef der Sektion Eisen und Maschinen und Präsident der Eidgenössischen Kommission zur Überwachung der Ein- und Ausfuhr während des Zweiten Weltkriegs geworden. Ganz zu schweigen vom Prestige, das der Titel «Minister» ausstrahlte und ihm viele weitere Türen öffnete. Und wenn sein Bruder Carl, der für das Präsidium des Vororts vorgesehen gewesen war, nicht kurz vor Amtsantritt gestorben wäre, hätte Hans Sulzer später diese Spitzenposition im wichtigsten Wirtschaftsverband kaum noch einnehmen können.

Glück hatte er auch in der Ehe. Lili Sulzer-Weber (1884–1964) leistete nicht nur mit grossem Engagement den in diesen Kreisen üblichen Beitrag zur Kindererziehung, Haushaltsführung und Beziehungspflege, um dem Ehemann den Rücken freizuhalten, sondern spielte auch eine ganz entscheidende Rolle in Washington. Dank Bildung, Sprachkenntnissen und Charme machte sie die Schweizer Gesandtschaft innert kurzer Zeit zu einem wichtigen Ort in diplomatischen Kreisen. Sie knüpfte Kontakte zu einflussreichen Persönlichkeiten und vermochte die amerikanische Presse auf die Schweiz aufmerksam zu machen, was wesentlich zum Durchbruch der Verhandlungen mit dem Weissen Haus beitrug.[13] Und wie bereits erläutert, erwies sich die Washingtoner Zeit als das grosse Sprungbrett für die weitere Karriere.

Hans Sulzer war sich der Bedeutung der günstigen Umstände nur zu bewusst. In einem sehr persönlichen Dokument, das für seine Frau und seine Söhne bestimmt war, streicht er deshalb nicht die eigenen Verdienste heraus, sondern geht stärker auf seine Charaktereigenschaften ein. So schrieb er in seiner «letztwilligen Verfügung», die er vor der Abreise nach London 1942 aufsetzte, weil er nicht sicher war, ob er einen möglichen Bombenhagel in Englands Hauptstadt überleben würde: «Ich bin mir zeitlebens der Unvollkommenheit meines Wissens und Könnens bewusst gewesen und beanspruche keinen andern Titel als den, ein anständiger, brauchbarer, mit den besten Intentionen erfüllter Mensch gewesen zu sein.»[14]

Anmerkungen

1 Zur Schweiz von 1848 bis 1914 siehe Wecker, Regina: Neuer Staat – neue Gesellschaft. Bundesstaat und Industrialisierung (1848–1914), in: Georg Kreis (Hg.): Geschichte der Schweiz, Basel 2014, S. 430–481.

2 Historische Statistik der Schweiz, 2012, Tab. F.10, hsso.ch/2012/f/10, 19. 9. 2022.

3 Zur Schweiz im Zeitalter der Katastrophen siehe Zala, Sacha: Krise, Konfrontation, Konsens (1914–1949), in: Georg Kreis (Hg.): Geschichte der Schweiz, Basel 2014, S. 490–539.

4 Hobsbawm, Eric: Das Zeitalter der Extreme: Weltgeschichte des 20. Jahrhunderts, Frankfurt am Main 1996.

5 Vgl. den Beitrag von Pierre Eichenberger in diesem Band.

6 Anna Guhl, die eine Dissertation zu Heinrich Homberger verfasst, danke ich für ihre Anregungen und kritischen Kommentare zu diesem Beitrag.

7 Vgl. den Beitrag von Miguel Garcia in diesem Band.

8 Vgl. den Beitrag von Florian Adank in diesem Band.

9 Vgl. beispielsweise Wiesmann, Matthias: Zauderer mit Charme. Hans Schindler und die Zwänge einer Zürcher Industriellenfamilie, Baden 2020.

10 Heinrich Homberger an Lili Sulzer, 5. 1. 1959 (AfZ, IB Vorort-Archiv, 10.1.3.1.4.).

11 Zu den diplomatischen Missionen in den beiden Weltkriegen vgl. den Beitrag von Florian Weber in diesem Band.

12 Vgl. den Beitrag von Andrea Franc in diesem Band.

13 Vgl. den Beitrag von Eva Schumacher in diesem Band.

14 Letztwillige Verfügung vom 12. 3. 1942 (AfZ, NL Hans Sulzer, 52.5.).

Chronologie

HANS ADOLF SULZER-WEBER (1876–1959)

1876
Geburt am 17. 3. 1876 in Winterthur. Die Familie wohnt im Stammhaus an der Zürcherstrasse.

1895
Die Familie zieht in die Villa Alpgut.

1897
Kavallerierekrutenschule in Zürich

1900
Abschluss als Dr. iur. an der Universität Leipzig, nach Studium der Rechtswissenschaften und der Nationalökonomie an den Universitäten Genf, Berlin und Leipzig

1900–1903
Kaufmännische Lehrzeit im Bankwesen, Handel und Industrie in der Schweiz (Basel), Italien (Rom) und England (Newcastle)

1903
Eintritt in die Firma Gebrüder Sulzer

1904/05
Geschäftliche Studienreise durch Süd-, Zentral- und Nordamerika

1905
Prokura bei der Firma Gebrüder Sulzer

1906
Heirat mit Elisabeth («Lili») Weber (1884–1964). Bezug des Hauses an der Trollstrasse 36 (Villenviertel Inneres Lind)

1907
Geburt des Sohns Hans Rudolf («John»)

1907–1914
Hauptmann und Kommandant der Dragonerschwadron 17

1907–1917
Mitglied des Grossen Stadtrats in Winterthur (Legislative)

1909
Aufnahme in die Firma Gebrüder Sulzer als unbeschränkt haftender Teilhaber

1909
Geburt des Sohns Johann Georg («Gög»)

1914
Treibende Kraft bei der Umwandlung der Kommanditgesellschaft Gebrüder Sulzer in eine Holding (Sulzer Unternehmungen AG, Schaffhausen), die alle in- und ausländischen Sulzer-Gesellschaften umfasste. Das Stammhaus in Winterthur läuft unter dem Namen Gebrüder Sulzer AG, Winterthur. In beiden Gesellschaften Vorsitzender der geschäftsleitenden Delegation des Verwaltungsrats

1914
Geburt des Sohns Alfred Eduard («Tidi»)

1914–1917
Major und Kommandant der Guidenabteilung 5 der (alten) fünften Division

1917
Beförderung zum Oberstleutnant aus Anlass der Ernennung zum Gesandten in den USA, kurzzeitige Führung des Dragonerregiments 6, dann Ende der militärischen Karriere

1917–1920
Ausserordentlicher Gesandter und bevollmächtigter Minister der Schweiz in Washington zur Sicherung von Lebensmittel- und Rohstoffzufuhren

1920
Umzug in die Villa Oberes Alpgut

1920–1934
Vizepräsident und weiterhin Delegierter der Gebrüder Sulzer AG

1923–1939
Vorsitzender des Aufsichtsrats der Gebrüder Sulzer AG, Ludwigshafen am Rhein

1934
Tod des Bruders Carl. Übergabe der operativen Geschäftsleitung an Heinrich Wolfer-Sulzer. Führt als Vizepräsident den Verwaltungsrat bis zur ordentlichen Ernennung zum Präsidenten.

1935–1959
Verwaltungsratspräsident bei Gebrüder Sulzer AG und Sulzer Unternehmungen AG als Nachfolger des Bruders Carl. Die Sulzer Unternehmungen AG wird 1941 in die Gebrüder Sulzer AG überführt.

1935–1951
Präsident des Schweizerischen Handels- und Industrie-Vereins (Vorort)

1935–1953
Vizepräsident der Internationalen Handelskammer

1939–1941
Chef der Sektion Eisen und Maschinen im Kriegsindustrie- und Arbeitsamt

1939–1945
Präsident der Eidgenössischen Kommission zur Überwachung der Ein- und Ausfuhr
Mitglied der Eidgenössischen Kommission für Kriegswirtschaft und der Beratenden Kommission des Eidgenössischen Kriegstransportamts

1939
Handelspolitische Mission nach London

1940
Handelspolitische Mission nach Berlin

1942
Zweite handelspolitische Mission nach London

Oktober 1943 bis März 1944
Gebrüder Sulzer AG von den Alliierten auf die schwarze Liste gesetzt

1944–1945
Reise an die Business Conference in Rye und Familienbesuch in New York

1947
Vorsitz am Kongress der Internationalen Handelskammer in Montreux

1951
Reise nach Japan mit Besuch des Sohns Alfred

1953
Ernennung zum «ständigen Ehrengast» der Universität Zürich in Anerkennung der ausserordentlichen Verdienste für die Universität Zürich und Würdigung der hervorragenden Tätigkeit für Industrie und Wirtschaft der Schweiz

1959
Tod am 3. Januar 1959 in Winterthur

Engagement in der Wirtschaft

Präsident Verwaltungsrat

Adolph Saurer AG, Arbon (1928–1956)
Schweizerische Unfallversicherungs-Aktiengesellschaft, Winterthur (1913–1957)
Eisenbergwerk Gonzen AG, Sargans (1920–1959)
Jura-Bergwerke AG, Frick (1941–1959)
Eulachgarage AG vormals J. J. Denzler, Winterthur (1908–1943)

Vizepräsident Verwaltungsrat

Adolph Saurer AG, Arbon (1919–1928)
Maag-Zahnräder und -Maschinen AG, Zürich (1920–1954)
Schweizerische Rückversicherungs-Gesellschaft (1942–1959)
Schweizerische Handels- und Industriegesellschaft für Brasilien, Zürich (1913–1934)
Stehle & Gutknecht AG, Basel (1916–1923)

Verwaltungsrat

Schweizerische Unfallversicherungs-Aktiengesellschaft, Winterthur (1906–1913)
Schweizerische Lokomotiv- und Maschinenfabrik, Winterthur (1910–1926)
Schweizerische Rückversicherungs-Gesellschaft (1921–1942)
Schweizerische Bankgesellschaft, Zürich (1911–1959)
Ed. Dubied & Cie. SA, Neuenburg (1929–1959)

Allgemeine Maggi-Gesellschaft AG (ab 1934: Alimentana), Kemptthal (1927–1947)
Sibner Hegner & Co. AG, Zürich (1932–1955)
Kraftwerke Laufenburg, Laufenburg (1914–1943)
Gesellschaft der Ludwig von Roll'schen Eisenwerke, Gerlafingen (1939–1954)
Erste schweizerische Rheinhafen AG, Basel (1905–1920)
Eulachgarage AG vormals J. J. Denzler, Winterthur (1943–1949)
Buchdruckerei Winterthur (1913–1924)
Internationale Petroleum-Union, Zürich (1921–1924)
Foreign Light & Power Company, Montreal (1928–1947)
Studiengesellschaft zur Gründung einer Flugzeugfabrik AG, Stans (1938–1940)
Aktiengesellschaft Emmenhof, Derendingen (keine Zeitangabe)

Weitere Engagements

Arbeiterkolonie Herdern (Zentralkommission, 1913–1945)
Schweizerische Kohlengenossenschaft, Basel (Vorstand, 1919–1925)
Schweizerische Nationalbank (Bankrat, 1930–1951)
APPLIC, Paris (Conseil, 1911–1917)

Engagement in Wirtschaftsverbänden

Verein Schweizerischer Maschinen-Industrieller (VSM), Zürich
Vorstand: 1924–1951
Vizepräsident: 1934–1938
Präsident (ad interim): 1938/39

Arbeitgeberverband schweizerischer Maschinen- und Metall-Industrieller (ASM), Zürich
Vorstand und Ausschuss: 1924–1947
Vertretung des Bruders Carl Sulzer im Vorstand: 1913–1916

Zentralverband Schweizerischer Arbeitgeberorganisationen, Zürich
Zentralvorstand und geschäftsleitender Ausschuss: 1921–1930

Handelskammer Winterthur
Vorstand: 1906–1945

Schweizerischer Handels- und Industrie-Verein (Vorort), Zürich
Präsident: 1935–1951
Ernennung zum Ehrenpräsidenten: 1951

Internationale Handelskammer, Paris
Vizepräsident: 1935–1953
Präsident des schweizerischen Landesausschusses: 1935–1953
Ernennung zum Ehrenpräsidenten: 1953

Engagement in den Bereichen Kultur, Gesellschaft, Wissenschaft

Neue Helvetische Gesellschaft, Gruppe Winterthur
Präsident: 1920–1932
Ernennung zum Ehrenmitglied: 1955

Zürcher Volkswirtschaftliche Gesellschaft, Zürich
Vorstand: 1929–1944

Zürcher Hochschulverein, Zürich
Vorstand: 1923–1929

Hochschulkommission, Zürich
Mitglied: 1932–1939

Kuratorium der Stiftung für wissenschaftliche Forschung an der Universität Zürich
Mitglied: 1935–1947

Grosse Ausstellungskommission für die Landesausstellung 1939
Zweiter Vizepräsident: 1936–1940

Swiss-American Society for Cultural Relations, Zürich
Mitglied: 1940–1959
Zentralvorstand und Vizepräsident: 1940–1953
Präsident ad interim: 1953–1956

American Society for Friendship with Switzerland, New York
Präsident des Swiss Advisory Committee: 1946–1959

Swiss-British Society, Zürich
Vorstand: 1946–1959

Musikkollegium Winterthur
Vorsteherschaft: 1905–1912

Kunstverein Winterthur
Vorstand (Quästorat): 1908–1920

Schweizerisches Institut für Auslandforschung, Zürich
Mitglied des Kuratoriums: 1943–1959
Präsident: 1950/51
Initiativkomitee/Ausschuss der Abteilung für volkswirtschaftliche Studien: 1949–1959

Betriebswissenschaftliches Institut, Zürich
Vorstand und Ausschuss: 1929–1939

Schweizer Verband Volksdienst, Zürich
Komiteemitglied (um 1920)

Jagdgesellschaft Ossingen-Trüllikon
Präsident: um 1930–1957

Hauptquelle der Chronologie

Lebenslauf Hans Sulzer
(AfZ, NL Hans Sulzer, 10.1.)

Wichtige Personen

Heinrich Sulzer-Steiner (1837–1906)

Vater. Lehre im Familienbetrieb, Maschineningenieurstudium am Polytechnikum Karlsruhe, 1860 Eintritt in die Gebrüder Sulzer, von 1872 bis zu seinem Tod Leitung des Unternehmens, Gründungsmitglied des Vereins Schweizerischer Maschinen-Industrieller.

Bertha Louise Sulzer-Steiner (1841–1927)

Mutter. Tochter des Winterthurer Stadtpräsidenten Karl Eduard Steiner, Heirat 1862 mit Heinrich Sulzer.

Elisabeth («Lili») Sulzer-Weber (1884–1964)

Ehefrau. Nach Unfalltod des Vaters Johann Jakob Weber, Industrieller aus Winterthur, Umzug mit Mutter und Geschwister ins Engadin zu Stiefvater Oscar Bernhard, Arzt und Kunstliebhaber. Besuch der Höheren Mädchenschule in Winterthur und Sprachaufenthalte in Genf und London, bedeutende Rolle als Gesandtengattin in Washington 1917–1920, rege Reisetätigkeit.

Carl Sulzer-Schmid (1865–1934)

Bruder. Maschineningenieurstudium in Dresden, 1881 Eintritt in die Gebrüder Sulzer, ab 1895 Teilhaber, von 1920 bis zu seinem Tod Verwaltungsratspräsident, 1915–1934 Präsident des Vereins Schweizerischer Maschinen-Industrieller, 1917–1934 Mitglied des Nationalrats für die Freisinnig-Demokratische Partei. Verheiratet mit Fanny Rosa Schmid.

Jenny Brown-Sulzer (1871–1968)

Schwester. Heirat 1896 mit Sidney W. Brown. Er war technischer Leiter und Delegierter des Verwaltungsrats bei BBC. Gemeinsamer Aufbau einer Kunstsammlung, insbesondere mit Bildern des Münchner Realismus und von Impressionisten. Ihr Wohnhaus, die Villa Langmatt in Baden, ist heute ein Museum.

Robert Sulzer-Forrer (1873–1953)

Bruder. Ingenieurstudium an der ETH Zürich. Eintritt in die Gebrüder Sulzer 1901, Teilhaber ab 1906. 1914–1942 Mitglied der geschäftsführenden Verwaltungsratsdelegation. Bekannt für seinen Auftritt bei der Betriebsversammlung von 1937, als ein Streik knapp abgewendet werden konnte. Verheiratet mit der Bildhauerin Emma Forrer.

Hans Rudolf («John») Sulzer-Knowlton (1907–1990)

Sohn. Promovierter Jurist, Bankier in den USA. Verheiratet mit Mary Christine Knowlton.

Johann Georg («Gög») Sulzer-Schwarzenbach (1909–2001)

Sohn. ETH-Maschineningenieur. Arbeitete ab 1935 bei der Sulzer-Tochtergesellschaft in Paris, dann am Hauptsitz im Bereich Dieselmotoren. 1954 Übernahme der operativen Leitung, 1959–1982 Verwaltungsratspräsident als Nachfolger seines Vaters. Orchestrierte die Übernahmen von SLM, Escher Wyss und Burckhardt. Letzter Vertreter der Sulzer-Familie im Verwaltungsratspräsidium. Verheiratet mit Anne Elizabeth («Lilo») Schwarzenbach.

Alfred Eduard («Tidi») Sulzer-Merian (1914–1987)

Sohn. Dr. iur. Universität Zürich, arbeitete 1941–1948 in New York für verschiedene Unternehmen, 1950–1955 als Kaufmann für Sibner Hegner in Yokohama (Japan), 1956–1971 CEO der Ursina AG (ab 1970 Ursina-Franck AG) in Bern, 1970–1985 Verwaltungsratspräsident der Handelsbank in Zürich. Verheiratet mit Dorette M. Merian.

Jakob Sulzer-Imhoof (1855–1922)

Onkel zweiten Grades. Maschineningenieurstudium an der ETH Zürich, ab 1888 Teilhaber bei Gebrüder Sulzer, später Verwaltungsratsvizepräsident, 1914–1920 Verwaltungsratspräsident der Sulzer Unternehmungen AG. Erkannte das Potenzial des Dieselmotors für den Schiffbau. Verheiratet mit Lucie Imhoof, Tante von Lili Sulzer-Weber.

Richard Ernst-Sulzer (1870–1949)

Ingenieur. 1899–1914 Leiter der Sulzer-Werke in Ludwigshafen, ab 1906 Teilhaber bei Gebrüder Sulzer, 1914–1920 in der geschäftsführenden Verwaltungsratsdelegation, danach im Verwaltungsrat bis 1949. Verheiratet mit Helene Sulzer, Cousine von Hans Sulzer.

Gottlieb Bachmann-Herold (1874–1947)
Schulfreund von Hans Sulzer. Professor für Handelswissenschaften an der Universität Zürich, 1939–1947 Präsident des Bankrats der Schweizerischen Nationalbank, 1939–1943 Nationalrat für die Freisinnig-Demokratische Partei. Auf seine Initiative geht die Schaffung der (späteren) Zentrale für Wirtschaftsdokumentation zurück. Verheiratet mit Ida Herold, Cousine von Lili Sulzer-Weber.

Robert Corti-Weber (1875–1964)
Schulfreund von Hans Sulzer. Stammt aus dem Winterthurer Bauunternehmen Corti. Anwaltstätigkeit, unter anderem für Gebrüder Sulzer in der Maag-Angelegenheit, 1934–1959 im Verwaltungsrat von Gebrüder Sulzer, 1925–1955 Verwaltungsratspräsident von Rieter. Verheiratet mit Fanny Weber, Cousine von Lili Sulzer-Weber.

Fritz Oederlin-Ziegler (1880–1968)
ETH-Maschineningenieur. Ab 1911 für Gebrüder Sulzer tätig, kaufmännischer Mitarbeiter von Hans Sulzer, 1917–1919 mit diesem bei der Gesandtschaft in Washington, beteiligt an der Vermittlung des Waffenstillstands zwischen dem Deutschen Reich und den USA. Darauf Direktor des Ressorts Technik bei Sulzer, ab 1935 Mitglied der geschäftsführenden Verwaltungsratsdelegation, 1954–1961 Präsidialausschuss des Verwaltungsrats. Verheiratet mit Henriette Ziegler, Nichte von Hans Sulzer.

Heinrich Wolfer-Sulzer (1882–1969)
Jurastudium in Zürich und Doktorat in Leipzig. Ab 1910 für Gebrüder Sulzer tätig, ab 1920 Mitglied und ab 1935 Vorsitzender der geschäftsführenden Verwaltungsratsdelegation, 1954–1959 im Präsidialausschuss des Verwaltungsrats, 1939–1946 Präsident des Vereins Schweizerischer Maschinen-Industrieller. Verheiratet mit Lucie Sulzer, Cousine zweiten Grades von Hans Sulzer.

William Emmanuel Rappard-Gautier (1883–1958)
In New York aufgewachsen. Promotion als Jurist an der Universität Genf, ab 1913 dort Professor für Wirtschaftsgeschichte und ab 1915 Professor für öffentliche Finanzen, 1917 Teilnahme an der Swiss Mission unter Hans Sulzer in den USA, 1927 Gründung des Genfer Institut universitaire de hautes études internationales, Engagements für den Völkerbund, das Rote Kreuz und die Internationale Arbeitsorganisation, einer der Gründer der Mont Pèlerin Society.

Margaretha Lucia Rebsamen (1889–1968)
Handelsschule im Technikum Winterthur, ab 1908 als Chefsekretärin bei Gebrüder Sulzer in London und Winterthur tätig, ab 1917 Privatsekretärin von Hans Sulzer, kurz nach seinem Tod pensioniert.

Bildnachweis

S. 14 Archiv Museum Langmatt, B.01.13.06.03
S. 17 AfZ, NL Hans Sulzer, 55.1.1.
S. 19 AfZ, NL Hans Sulzer, 55.2.4.
S. 23 AfZ, NL Hans Sulzer, 55.1.2.
S. 26 AfZ, NL Hans Sulzer, 55.2.18.
S. 28 AfZ, NL Hans Sulzer, 55.1.1.
S. 33 Kunst Museum Winterthur, © Hans Humm, Zürich
S. 35 AfZ, NL Hans Sulzer, 55.2.5.
S. 37 Konzernarchiv Sulzer, Schachtel 255, A2
S. 49 AfZ, NL Hans Sulzer, 16.8.
S. 51 AfZ, NL Hans Sulzer, 55.2.8.
S. 55 ETH-Bibliothek, Ki-00112
S. 59 AfZ, E Einzelstücke, 141
S. 61 Schweizerische Bauzeitung, Heft 12, 1917
S. 66 ETH-Bibliothek Zürich, Bildarchiv, Com_F70-17130
S. 71 Schweizer Finanzmuseum
S. 73 AfZ, NL Hans Sulzer, 55.1.4.
S. 82 Baugeschichtliches Archiv Zürich, BAZ_072117
S. 85 AfZ, IB Vorort-Archiv, 480.2.6.3.3.
S. 90 AfZ, NL Hans Sulzer, 54.5.
S. 93 Baugeschichtliches Archiv Zürich, BAZ_055397
S. 98 AfZ, NL Hans Sulzer, 30.7.
S. 101 Konzernarchiv Sulzer, Schachtel 278, CCM-Drucksachen.
S. 103 AfZ, IB Vorort-Archiv, 480.1.2.2.1.
S. 105 Jean-Pierre Grisel © StAAG/RBA1-1-9989_2
S. 116 AfZ, NL Hans Sulzer, 55.2.16.
S. 121 AfZ, NL Hans Sulzer, 55.1.1.
S. 123 AfZ, NL Margaretha Rebsamen, 3.
S. 128 AfZ, NL Hans Sulzer, 25.2.
S. 135 AfZ, NL Hans Sulzer, 54.3.
S. 141 AfZ, NL Hans Sulzer, 18.1.
S. 142 AfZ, NL Hans Sulzer, 55.1.1.
S. 155 AfZ, NL Hans Sulzer, 55.2.3.
S. 160 AfZ, NL Hans Sulzer, 55.1.1.
S. 162 AfZ, NL Hans Sulzer, 55.1.2.
S. 166 AfZ, NL Hans Sulzer, 55.1.3.
S. 169 Nasjonalbiblioteket, Oslo
S. 171 AfZ, NL Hans Sulzer, 55.1.2.
S. 173 AfZ, NL Hans Sulzer, 55.1.1.
S. 177 AfZ, NL Hans Sulzer, 55.1.1.
S. 178 AfZ, NL Hans Sulzer, 54.4.
S. 186 ETH-Bibliothek Zürich, Bildarchiv, LBS_H1-012380
S. 191 https://www.dorotheum.com/de/l/6989848 (besucht am 23.11.2022)
S. 195 Heimatbuch Meilen 1977, S. 84
S. 199 Neue Zürcher Zeitung
S. 207 AfZ, NL Hans Sulzer, 16.8.
S. 220 AfZ, NL Hans Sulzer, 55.1.1.
S. 227 oben: Winterthurer Bibliotheken, Sammlung Winterthur
S. 227 unten: Archiv Museum Langmatt, 13_5_3
S. 228 oben: AfZ, NL Hans Sulzer, 55.2.2.
S. 228 mittig: Winterthurer Bibliotheken, Sammlung Winterthur
S. 228 unten: Archiv Museum Langmatt, 3_4_11
S. 229 oben: Winterthurer Bibliotheken, Sammlung Winterthur
S. 229 mittig: AfZ, NL Hans Sulzer, 55.1.1.
S. 229 unten: Winterthurer Bibliotheken, Sammlung Winterthur
S. 230 oben: AfZ, NL Hans Sulzer, 55.1.1.
S. 230 mittig: Winterthurer Bibliotheken, Sammlung Winterthur
S. 230 unten: Gebrüder Sulzer AG Winterthur (Hg.): Lebensbilder verdienter verstorbener Mitarbeiter, Winterthur 1960, S. 9
S. 231 oben: UZH-Archiv AB.1.0029. Fotograf: Franz Schmelhaus, Zürich
S. 231 mittig: Stadtarchiv Zürich, Nachlass Anne-Marie Blanc, VII. 237, 4.4.1.
S. 231 unten: AfZ, NL Fritz Oederlin, 1.
S. 232 oben: Gebrüder Sulzer AG Winterthur (Hg.): 150 Jahre Sulzer. Winterthur 1984, S. 8
S. 232 mittig: notrehistoire.ch (Bibliothèque de Genève)
S. 232 unten: AfZ, NL Margaretha Rebsamen, 3.

Herausgeber, Autorinnen und Autoren

Florian Adank
* 1970, lic. phil., ist Historiker. Er war wissenschaftlicher Mitarbeiter der Unabhängigen Expertenkommission Schweiz – Zweiter Weltkrieg. Heute arbeitet er bei der Zürcher Kantonalbank.

Pierre Eichenberger
* 1984, Dr. sciences politiques, ist Maître d'enseignement et de recherche en Histoire internationale contemporaine an der Universität Lausanne. Er ist Autor von «Mainmise sur l'État social. Mobilisation patronale et caisses de compensation en Suisse (1908–1960)» (2016).

Andrea Franc
* 1977, PD Dr. phil., ist Wirtschaftshistorikerin. Sie forscht zu Nord-Süd-Handel und ökonomischer Ideengeschichte. Sie ist Autorin von «Im Austausch mit der Welt. Schweizer Unternehmen im 19. und 20. Jahrhundert» (2021), «Von der Makroökonomie zum Kleinbauern» (2020), «Wie die Schweiz zur Schokolade kam» (2008) und hat dem Redaktionsteam des «Historischen Lexikons der Schweiz» angehört.

Miguel Garcia
* 1984, lic. phil., ist Historiker und Mittelschullehrer für Geschichte an einem Gymnasium für Erwachsene. In seiner freischaffenden Tätigkeit widmet er sich schwerpunktmässig der Geschichte Winterthurs. Er ist Vorstandsmitglied im Stadtführungsverein Kehrseite Winterthur. 2016 veröffentlichte er eine Biografie über den verstorbenen Winterthurer Unternehmer und Sammler Bruno Stefanini.

Daniel Nerlich

* 1962, Dr. phil., ist Archivar und Historiker. Nach seiner Promotion zu politisch-diplomatischen Kulturkontakten zwischen Ost- und Westkaisern war er Lehrbeauftragter an verschiedenen Hochschulen. Er ist stellvertretender Leiter des Archivs für Zeitgeschichte der ETH Zürich. In nationalen und internationalen Gremien engagiert er sich für die archivfachliche Aus- und Weiterbildung.

Eva Schumacher

* 1965, lic. phil., ist Historikerin und Ethnologin. Sie arbeitet freischaffend als Publizistin und Organisationsberaterin. Ihr Portfolio umfasst zahlreiche Buchpublikationen, Ausstellungs- und Filmprojekte mit Schwerpunkt Frauen- und Geschlechtergeschichte der Schweiz im 19. und 20. Jahrhundert.

Tobias Straumann

* 1966, ist Professor für Geschichte der Neuzeit und Wirtschaftsgeschichte und leitet den MAS Applied History an der Universität Zürich. Daneben schreibt er regelmässig Kolumnen in der «NZZ am Sonntag». Seine neusten Bücher sind «1931. Die Finanzkrise und Hitlers Aufstieg» (2020) und «Unruhe im Kleinstaat. Der schweizerische Generalstreik von 1918 im internationalen Vergleich» (2022, mit Martin A. Senn).

Florian Weber

* 1986, Dr. phil., studierte Wirtschaftsgeschichte und Ökonomie an der Universität Zürich und Madrid. Er war zudem Gastforscher an der Harvard University in Cambridge (Massachusetts) und am German Historical Institute in Washington D. C. Seine Publikationen widmen sich der schweizerischen Wirtschaftsgeschichte sowie finanz- und währungsgeschichtlichen Themen.

Matthias Wiesmann

* 1975, lic. phil., ist Historiker und Autor. Er war Leiter des Schweizerischen Wirtschaftsarchivs und betreut heute das Historische Archiv der Zürcher Kantonalbank. Er publizierte unter anderem die Monografien «Bier und wir» (2011), «150 Jahre Kispi» (2018) und «Zauderer mit Charme» (2020) über den Industriellen Hans Schindler.

VERÖFFENTLICHUNGEN DES ARCHIVS FÜR ZEITGESCHICHTE DES INSTITUTS FÜR GESCHICHTE DER ETH ZÜRICH

Band 1
Uriel Gast: Von der Kontrolle zur Abwehr. Die Eidgenössische Fremdenpolizei im Spannungsfeld von Politik und Wirtschaft 1915–1933. Zürich 1997

Band 2
Karin Huser Bugmann: Schtetl an der Sihl. Einwanderung, Leben und Alltag der Ostjuden in Zürich 1880–1939. Zürich 1998

Band 3
Christian Werner: Für Wirtschaft und Vaterland. Erneuerungsbewegungen und bürgerliche Interessengruppen in der Deutschschweiz 1928–1947. Zürich 2000

Band 4
Patrick Kury: Über Fremde reden. Überfremdungsdiskurs und Ausgrenzung in der Schweiz 1900–1945. Zürich 2003

Band 5
Madeleine Lerf: «Buchenwaldkinder» – eine Schweizer Hilfsaktion. Humanitäres Engagement, politisches Kalkül und individuelle Erfahrung. Zürich 2010

Band 6
Zsolt Keller: Abwehr und Aufklärung. Antisemitismus in der Nachkriegszeit und der Schweizerische Israelitische Gemeindebund. Zürich 2011

Band 7
Gregor Spuhler: Gerettet – Zerbrochen. Das Leben des jüdischen Flüchtlings Rolf Merzbacher zwischen Verfolgung, Psychiatrie und Wiedergutmachung. Zürich 2011

Band 8
Gregor Spuhler (Hg.): Anstaltsfeind und Judenfreund. Carl Albert Looslis Einsatz für die Würde des Menschen. Zürich 2013

Band 9
Erich Keller: Bürger und Juden. Die Familie Wyler-Bloch in Zürich 1880–1954. Biografie als Erinnerungsraum. Zürich 2015

Band 10
Michael Hagemeister: Die «Protokolle der Weisen von Zion» vor Gerich. Der Berner Prozess 1933–1937 und die «antisemitische Internationale» Zürich 2017

Band 11
Dorothe Zimmermann: Antikommunisten als Staatsschützer. Der Schweizerische Vaterländische Verband, 1930–1948. Zürich 2019